COORDENAÇÃO

Cristiano Lagôas Andréia Roma

SEGREDOS DO SUCESSO

VOLUME V

Da teoria ao topo: histórias de executivos da ALTA GESTÃO

1ª edição

São Paulo, 2019

Copyright© 2019 by Editora Leader e Alta Gestão
Todos os direitos da primeira edição são reservados à **Editora Leader**

Diretora de projetos: Andréia Roma
Diretor executivo: Alessandro Roma
Marketing editorial: Tauane Cezar
Apoio editorial: Juliana Correia e Milton Campos
Gerente comercial: Liliana Araujo
Atendimento: Rosângela Barbosa

Idealização do projeto: Cristiano Lagôas e Andréia Roma
Jornalista responsável: Cristiano Lagôas - MTb Nº 36787
Diagramação: Editora Leader
Revisão: Miriam Franco Novaes

Dados Internacionais de Catalogação na Publicação (CIP)
Bibliotecária responsável: Aline Graziele Benitez CRB-1/3129

S433 Segredos do sucesso: volume V [Coord.]. Andréia Roma,
Cristiano Lagôas. - 1. ed. - São Paulo: Leader, 2019

ISBN: 978-85-5474-059-7

1. Autobiografia - executivos. 2. Administração de empresa.
3. Gestão de pessoas. 4.Negócios. I. Lagôas, Cristiano.
II. Título.

CDD 658

Índices para catálogo sistemático:
1. Autobiografia: executivos
2. Administração de empresas
3. Gestão de pessoas

2019
Editora Leader Ltda.
Rua Nuto Santana, 65, sala 1
02970-000 – São Paulo – SP – Brasil
Tel.: (11) 3991-6136
andreiaroma@editoraleader.com.br
www.editoraleader.com.br

Agradecimento

por Cristiano Lagôas
(presidente da Alta Gestão / jornalista - MTb Nº 36787)

Ao longo de mais de 12 anos ouvindo histórias de executivos da Alta Gestão, em nossos eventos, programas de rádio e TV, sempre considerei importante registrar a biografia dos líderes, para que, no futuro, a família e a sociedade pudessem resgatar o legado intelectual de cada autor. Ao mesmo tempo, essa obra é um reconhecimento e a nossa homenagem à história de vida dos autores. Revelando curiosidades do início da carreira, sonhos e desafios, que certamente irão inspirar a todos nós.

Só tenho a agradecer, principalmente a Deus, que nos inspirou na realização desta quinta edição da obra literária.

Não poderia também deixar de registrar o meu agradecimento à minha querida família, amigos e colaboradores da Alta Gestão, que me inspiram com motivação, compaixão e alegria.

O meu agradecimento especial a todos os autores que aceitaram gentilmente o nosso convite, para compartilharem conosco as suas histórias de vida e carreira.

Agradecimento também a Andréia Roma, da Editora Leader, pelo apoio na realização desta obra.

Agradeço a todos que colaboraram com esta obra porque tenho certeza que a publicação servirá como livro de cabeceira, para os que estão no início da carreira, assim como para os líderes encontrarem soluções nas experiências compartilhadas. A obra é um verdadeiro compêndio de gestão, que apresenta *cases* do dia a dia da liderança, e tem como finalidade contribuir para o registro biográfico da alta gestão, e deixar um legado dos líderes para a humanidade.

Boa leitura!

Muito obrigado e um cordial abraço em todos vocês.

Cristiano Lagôas

Presidente

Academia Europeia da Alta Gestão

Agradecimento

por Andréia Roma
(CEO e diretora de projetos da Editora Leader)

É com muita satisfação que apresentamos este Volume V da Coletânea *Segredos do Sucesso – Da teoria ao topo: histórias de executivos da alta gestão*. Nele estão reunidos 43 executivos que, por meio das respostas a um questionário, relatam sua trajetória profissional, as competências e habilidades utilizadas no dia a dia das corporações até se tornarem bem-sucedidos em suas áreas de atuação.

No entanto, não é abordado somente o lado profissional como também os aspectos da vida pessoal que colaboraram para esses profissionais atingirem o topo em suas carreiras.

A Leader é a única Editora no País que vem registrando desde 2015 as histórias desses renomados profissionais da alta gestão brasileira, com recordes reconhecidos e homologados pelo RankBrasil pelo número de executivos reunidos numa mesma obra.

Chegar a este Volume V é uma conquista de diversas pessoas, às quais gostaria de agradecer. Como em todos os projetos que a Leader concretiza, o envolvimento e dedicação de todas é imprescindível.

Além da equipe de colaboradores com quem conto cotidianamente, agradeço a Cristiano Lagôas, jornalista, escritor, executivo da área de Comunicação e Marketing e presidente e fundador da Alta Gestão, que idealizou esta Série junto comigo. Nossa parceria prossegue, pois o país conta com muitos profissionais competentes e com histórias inspiradoras que nos permite projetar ainda muitos volumes.

Agradeço a cada um dos 43 executivos que vislumbraram a importância de ter sua história registrada nesta obra, que falaram não só de sua formação, os degraus galgados até chegar ao topo, mas também de seus valores, suas crenças, sua visão de mundo.

Meu muito obrigada a cada homem e mulher que, generosamente, compartilha as dificuldades e desafios ultrapassados para conquistar seus objetivos e dá dicas para quem está começando sua vida profissional, mas também para os que pretendem se aperfeiçoar e galgar novas e mais altas posições.

Agradeço a Deus, pela inspiração e a oportunidade de colaborar com o mercado editorial por meio de obras de valor.

Minha gratidão a você, leitor, que nos prestigia e confia em nossa missão, que é oferecer conhecimento relevante para o seu desenvolvimento pessoal e profissional.

Boa leitura!

Andréia Roma

CEO e diretora de projetos da
Editora Leader

Sumário

1. Adriana Netto 11
2. Anderson Dias Perea 21
3. André Candido 29
4. André Machado 35
5. Catia Sueli Moraes Tamanini 45
6. Cláudia Mariane Lourenço 55
7. Elaine Saad 63
8. Eliana Bruno de Lima e Silva 69
9. Eloi Prata Alves Junior 81
10. Érika Maria Porto Magalhães 91
11. Felipe Pereira Coelho 99
12. Felipe Vieiralves Azevedo 109
13. Fermanda Muradas 117
14. Grazielle da Silva Melo 123
15. Jordana Garcia dos Santos 131
16. José Carlos Mattiuzzi 137
17. Júlio dos Santos Correia Neto 145
18. Luiz Fabiano de Oliveira Muniz 153
19. Luiz Fernandes Mallmann 163
20. Maria José Martinez F. Campos 171
21. Maria Lucilene Silva Aguiar 175

22. Marcelo Guimarães Conte 185
23. Marcelo Madarász 195
24. Marcia Saad Pierucci 203
25. Marly Vidal Silva 213
26. Michel Daud Filho 219
27. Mylena Avelino Diegues 223
28. Nilson Bernal 231
29. Paulo Márcio de Paiva 241
30. Paulo Rogério Mendes 251
31. Pedro Ramos 259
32. Rafaela Coutinho da Costa 269
33. Rita de Cácia Rodrigues de Oliveira Knop 275
34. Roberto Pina Figueiredo 285
35. Rodrigo Ferreira Fonsêca Pedroso 293
36. Rodrigo Tavares 299
37. Sérgio Luiz Barbosa Neves 307
38. Silvia Vieira Aragão 313
39. Simone Maia Feu 323
40. Tania Aparecida Fernandes Gurgel 333
41. Thiago Spiess Stauffer 343
42. Umberto Tedeschi 353
43. Yves Moyen 361

SEGREDOS DO SUCESSO V

Da teoria ao topo: histórias de executivos da ALTA GESTÃO

ID
SEGREDOS DO SUCESSO V
Da teoria ao topo: histórias de executivos da ALTA GESTÃO

1

Nome: **Adriana Netto**	
Empresa: Evolution	
Função: Sócia–Diretora	

Quais os principais desafios e resultados que você vivenciou ao longo da sua carreira?

Meu grande desafio foi me expressar segundo minha visão de homem e de mundo. Expressar minha essência.

Grande parte da minha vida foi empenhada em tentar ser algo que eu não era. Em tentar descobrir de que maneira eu seria aceita e amada. Vivia em uma constante tentativa de ser como penso que gostariam que eu fosse. O que me obrigava a representar um papel.

Possuía um profundo sentimento de não pertencimento ao mundo. Na tentativa de reverter esta situação busquei nos livros as respostas para meus questionamentos.

Infelizmente, ou felizmente, não descobri a fórmula mágica. Mais tarde compreendi que eu teria de encontrar a "minha fórmula". Percebi então que precisava parar de estudar e viver mais. Precisava me encontrar. Saber quem eu era, como eu entendia o mundo e as pessoas.

O início do meu processo de resgate foi admitir para mim mesma que eu não pertencia ao mundo do convencional, do estipulado, do determinado. Sendo assim, a primeira providência foi me autorizar a ser eu mesma. Comecei a experimentar, de forma solitária, um jeito de atuar diferente do que conhecia até então. Questionava-me se isto seria viável ou puro idealismo.

Terapia do papel profissional

Recebi um convite para atuar como consultora em uma importante multinacional. A demanda era aumentar o desempenho dos profissionais, que na visão da diretoria estavam aquém do esperado. Minha hipótese foi que a origem da baixa performance estava relacionada com o descontentamento dos profissionais e com o estilo de liderança adotado pelo diretor da área. Somado a isto, o convívio diário com pessoas diferentes desviava o foco dos profissionais das suas atividades. Nesse caso, a diversidade, ao invés de gerar complementaridade, gerava conflitos. A energia era direcionada para lidar com os aspectos relacionais, em vez de ser canalizada para a produtividade.

Ali estava a minha oportunidade de me expressar. Tomei coragem e fiz uma proposta: realizar reuniões semanais com a equipe, com foco na discussão das relações interpessoais. Agi de forma contrária ao "modus operandi". A primeira providência foi a autorização para ser autêntica. Começar a experimentar, de forma solitária, um jeito de atuar diferente do que conhecia até então.

O nome que escolhi, há 25 anos atrás foi "Terapia do Papel Profissional". Para darmos conta das questões profissionais, a reflexão perpassava por novos caminhos. Mais profundos e abrangentes, por isso a referência a um processo terapêutico.

Comecei a realizar as reuniões semanais. Em determinado momento, eu e o grupo estabelecemos um forte vínculo de confiança, o que facilitou a discussão dos problemas e incômodos desestabilizadores do grupo. As semanas e os meses foram passando, e as reuniões cada vez mais fazendo parte da rotina daquele grupo. E os desafios começaram a aparecer. Uma das participantes, Solange, era completamente resistente ao processo e protagonizou vários conflitos no grupo. De personalidade muito forte e postura agressiva, em diversos momentos desafiou-me, questionou-me, pressionou-me. Mas, com a mesma intensidade da resistência inicial, depois mergulhou no processo.

Meses depois recebi um e-mail da mesma:

"Considero este período de terapia profissional responsável pela pessoa que sou hoje. Foi através dele que aprendi a reconhecer minhas dificuldades, a valorizar minhas fortalezas. Minha autoestima melhorou. Tornei-me mais segura e confiante.

Passei a me conhecer mais, a prestar mais atenção nos meus comportamentos, no impacto que eles causavam nas pessoas com as quais eu convivia. Passei a ter mais cuidado com as pessoas, a perceber que o outro, assim como eu, tinha dificuldades, mas também qualidades, e que as relações poderiam ser melhores se reconhecêssemos e respeitássemos essas diferenças e valorizássemos as potencialidades de cada um. Me abri para aprender, crescer e ensinar."

Meu trabalho começou a ser reconhecido e valorizado pelo grupo de gestores e pela diretoria. Isto significou um reforço para acreditar nas minhas hipóteses, no meu entendimento do mundo e na minha ntuição. Que bom não ter desistido! Ter confiado no projeto em construção.

Esta metodologia se transformou. Desenvolvi outro instrumento de fortalecimento das relações interpessoais, o "MIRROR PROCESS", o que me levou a ser convidada para apresentar tal metodologia na ONU (Organização das Nações Unidas). O objetivo central desta metodologia é ajudar as pessoas a ultrapassarem suas fronteiras emocionais. Ampliar seu autoconhecimento e entender quem está ao seu redor.

Alguma história na gestão de pessoas que você gostaria de compartilhar?

Em meados de 2002, atendo à ligação de uma mulher ansiosa e tensa. Marcamos uma sessão. Ela estava prestes a passar por um processo seletivo em uma multinacional. O processo visava escolher alguém para ocupar uma posição no topo da pirâmide. Poucas mulheres chegam a esse lugar. Na primeira tentativa, havia sido reprovada. Pedia ajuda para a nova etapa. Chamou minha atenção o estado de pânico no qual ela se encontrava. Foi aprovada na segunda tentativa.

Já nas primeiras sessões fiquei impressionada com sua inteligência, nível cultural e bagagem acadêmica. Também me chamou a atenção o fato de superdimensionar os aspectos negativos. Brigava constantemente com o mundo, com as pessoas ao seu redor. Por sorte, a competência técnica de Helena ficava acima da média. Mesmo com aquele temperamento apimentado, sua carreira se destacava dentro da organização. Aquela braveza, aquela raiva era uma descarga da tensão ocasionada pelos conflitos.

Helena, em determinado momento, começou a compreender seu padrão. As peças do quebra-cabeça de seus comportamentos e seus sentimentos começaram a se encaixar

E tudo começou com Dona Maria em uma pequena cidade no interior de Goiás. Mãe muito nova. Profissão: "do lar". Residente em uma pequena cidade do interior de Goiás. Sonhava ter uma carreira bem-sucedida, uma vida independente. Ir além das fronteiras da cidade natal. Sonho não realizado. Raiva do mundo. Deu à luz quatro crianças: dois meninos e duas meninas. Uma delas bonita, carismática, inteligente, repleta de vida: Helena. Olhar para aquela filha era lembrar o sonho não realizado, a infelicidade com o presente. Reação inconsciente: destruir aquela imagem perturbadora, destruir aquela filha. Fazê-la ser outra pessoa. Tirar, "roubar" seu brilho. Repetidas vezes dizia: "Você faz tudo errado. Não merece nada de bom. É vulgar. Imoral. Faz mal às pessoas.

Mas a realidade era outra. Helena era uma jovem com gosto pelos estudos. Suas notas eram as mais altas da turma. Cedo começou a trabalhar. Iniciou carreira em uma empresa com atuação nacional. Teve sucesso. Apesar de pagar suas contas mensais com muito sacrifício, mas não esqueceu seus sonhos. Fez empréstimo, foi para os Estados Unidos.

Surge então um forte dilema: reconhecer o comportamento destrutivo da mãe que a fazia sentir raiva. Raiva do sofrimento provocado por todas as críticas recebidas durante toda a vida. Quem faz mal é inimigo. Temos vontade de matá-lo. Matar o inimigo significava matar a mãe (interna). Matar a mãe é pecado. Quem peca vai para o inferno. A outra opção: assumir como verdade a fala da mãe. Agir de forma coerente. Ser eternamente infeliz.

Seu olhar estava viciado no problemático, no difícil. Precisava desenvolver a musculatura oposta, perceber e aproveitar a beleza da vida, das coisas, das pessoas.

Para a minha surpresa, Helena foi convidada a ir para a reunião do bloco Europa como a executiva responsável pelas negociações com o mercado brasileiro, representaria a instituição austríaca nas discussões. O público era masculino e machista. Qual era o comportamento esperado? Pessoas refratárias e prontas para o ataque!

Pois é, aquela mulher *mignon* foi brilhante. Fiquei impressionada com o seu carisma, perspicácia, senso de humor e "jogo de cintura". Para você ter uma ideia, o principal executivo ouviu a fala dela com o corpo levemente inclinado para a frente, o braço apoiado na mesa, a mão segurando o queixo e o olhar encantado. Nunca imaginei assistir a uma cena como aquela. O cenário mais otimista não chegava aos pés do ocorrido. Fiquei realmente surpresa. Um ano mais tarde assumiu a diretora mais estratégica da empresa.

Qual legado profissional e pessoal você gostaria de deixar para a sociedade?

O Brasil está passando por mudanças profundas na Política, Economia e na Sociedade. Preocupo-me com o papel dos herdeiros de nosso país. Receio estarem mal preparados para lidar com os desafios que estão prementes. Eles vivem em uma bolha onde suas experiências, perspectivas, autoconhecimento, senso de propósito e sonhos profissionais estão sufocados pelo poder e influência dominadores de suas famílias. Isso os colocam em uma posição de fragilidade intelectual e emocional na qual eles temem seguir a própria carreira ou até mesmo reconhecer ou admitir as próprias aspirações e senso de propósito.

Possuem uma alta capacidade de impactar o mundo, mas não possuem inspiração e são muito cautelosos para tirar proveito deste potencial. Alguns não possuem nem o conhecimento de seu próprio patrimônio.

Estes herdeiros são bem-educados, conhecem diferentes países ao redor do mundo, mas nunca tiveram contato com a cultura local. Eles vivem em uma bolha. Ficam desconfortáveis ao falar sobre questões que não sabem muito à respeito. Muitas destas famílias colocam os negócios acima das relações familiares. Consequentemente, o assunto negócios cria muitas reações emocionais e sensíveis.

Tenho observado que as aulas acadêmicas e workshops não são suficientes por si só para que estes herdeiros sejam preparados para os desafios de hoje. Eles precisam dar um passo fora de seu ambiente limitado para ganhar novas perspectivas e conhecerem pessoas de diferentes backgrounds para que consigam olhar por lentes maiores, para que ampliem seu repertório de vida e de informação.

São estimulados a participar de eventos, a conhecer pessoas com estilos de vida radicalmente diferente das suas próprias. Possuem a oportunidade de serem inspirados a novas idéias e ver a vida profissional de uma perspectiva diferente que nunca imaginaram antes.

Depoimento de um herdeiro em processo de autoconhecimento e desenvolvimento emocional

"Você sabe como é viver em uma prisão? Eu achava que não sabia, mas há algumas semanas descobri que vivi em uma desde minha infância. Uma pena de 27 anos cumprida dentro de uma cela onde as paredes da tradição e cultura eram invisíveis e não permitiam que eu vivesse e conhecesse o mundo de fora.

O pequeno espaço que fui construindo ao longo de minha vida criou uma situação na qual a permissão para ter as próprias vontades, viver as próprias experiências e fazer as próprias escolhas, fossem elas fora desta cela, já eram barradas antes mesmo de serem sentidas ou pensadas.

O fim de minha sentença veio de um convite inesperado a um evento que não sabia quem estaria presente ou mesmo o que esperar, mas com toda minha curiosidade, abertura a novas experiências e confiança na pessoa especial que o tinha feito, apenas fui.

Ao entrar no local, o que não sabia era que na verdade estava começando uma nova jornada onde a grande porta de madeira estava me libertando de forma tão receptiva para o mundo do auto conhecimento e a hostess estava guardando a entrada de uma nova experiência de uma nova vida onde não era preciso pedir permissão ou adequar-se a vontades alheias.

Após alguns poucos momentos infinitos de desespero e medo, pude finalmente tirar a lente da insegurança ao encontrar-me com rostos desconhecidos e poder ficar mais à vontade com toda a situação. Até mesmo os rostos desconhecidos ficaram mais nítidos e pude ficar mais seguro para estar diante de tantas pessoas desconhecidas com quem não sabia nem por onde começar uma conversa.

Saí do evento atordoado, só conseguia pensar sobre como o evento tinha me impactado e como eu sentia que algo em minha vida precisava mudar".

Dedico-me a deixar este legado: preparar os herdeiros para serem protagonistas da própria história e viverem de uma forma que faça sentido para eles. Fortalecê-los emocionalmente. Desta forma quando herdarem o patrimônio da família estarão preparados para as decisões que terão que tomar. Estarão conscientes do seu poder de influência e de impacto que suas decisões terão na sociedade".

Qual o significado da palavra felicidade?

Felicidade é:

• ao acordar pela manhã sentir prazer com a agenda que terá no dia

- quando lhe perguntarem qual é o seu hobby é você dizer que e a atividade profissional que você exerce
- perceber magia na vida
- dar alimento para sua alma, ser coerente com sua mais profunda essência
- ter coragem para seguir sua intuição, ao invés de fazer aquilo que está socialmente estipulado como "sucesso"
- quando uma empreitada profissional ou pessoal não atingir a expectativa que você desejava, se acolher e lembrar que uma das regras do "planeta terra" e que não existe 100% de acerto

O que você aprendeu com a vida que você gostaria de deixar registrado nesta obra?

Vivemos em mundo que possui diferentes valores, diferentes crenças. Muitas vezes não nos sentimos aceitos, reconhecidos e valorizados. Mas é neste mundo que nascemos. É neste mundo que teremos que sobreviver, que teremos que lutar e vencer. Que aprender que a única forma de sobrevivência é sermos nós mesmos, nos expressarmos. Não temos outra opção. É viver ou morrer.

Eu quase morri. Eu quase sucumbi. Mas escrevo hoje de um lugar de felicidade, de vida, alegria e superação. Mas não foi sempre assim. Por sinal no mais otimista dos meus sonhos jamais imaginei chegar a este ponto de realização e felicidade.

Existe um propósito para tudo, caso contrário a vida não teria sentido. Sendo assim, os acontecimentos estão a serviço de algo bom, de um aprendizado. Nascemos para ser felizes e, como trabalhamos a maior parte do tempo, o trabalho deve necessariamente ser enriquecedor e prazeroso. Nosso talento está a serviço de algo, por isso deve ser usado.

Muitas vezes criticaram meu otimismo e diziam que diminuiria com a idade. Erraram: só aumentou.

Vivemos em mundo que possui diferentes valores, diferentes

crenças. Muitas vezes não nos sentimos aceitos, reconhecidos e valorizados. Mas é neste mundo que nascemos. É neste mundo que teremos que sobreviver, que teremos que lutar e vencer. Que aprender que a única forma de sobrevivência é sermos nós mesmos, nos expressarmos. Não temos outra opção. É viver ou morrer.

Eu quase morri. Eu quase sucumbi. Mas escrevo hoje de um lugar de felicidade, de vida, alegria e superação. Mas não foi sempre assim. Por sinal no mais otimista dos meus sonhos jamais imaginei chegar a este ponto de realização e felicidade.

Existe um propósito para tudo, caso contrário a vida não teria sentido. Sendo assim, os acontecimentos estão a serviço de algo bom, de um aprendizado. Nascemos para ser felizes e, como trabalhamos a maior parte do tempo, o trabalho deve necessariamente ser enriquecedor e prazeroso. Nosso talento está a serviço de algo, por isso deve ser usado.

Muitas vezes criticaram meu otimismo e diziam que diminuiria com a idade. Erraram: só aumentou.

Qual mensagem de motivação você gostaria de deixar para os leitores deste livro?

Acreditem na vida, ela é mágica. Algumas coisas caem do céu, sim, se você estiver no "seu"caminho, e não no caminho vendido pela família, pelo mundo empresarial, pela sociedade. A possibilidade de termos uma relação de prazer, saudável, enriquecedora com o trabalho é real

Escolha a carreira com base naquilo que você gosta. A grande maioria dos CEOs e donos de empresas bem sucedidos financeiramente que conheço, percebem por volta dos 50 anos que não possuem família, nem amigos. Deprimem-se. Ficam presos em uma prisão de ouro. Neste momento de suas vidas não conseguem se desvencilhar de um estilo de vida pautada por riqueza.

Quem sabe da sua história é você! Na maioria das vezes as pessoas nos dão conselhos baseadas na sua própria vida, ou seja, estão falando com elas mesmas. Siga sua intuição, seu coração!!!

Adriana Netto

Família

SEGREDOS DO SUCESSO V

Da teoria ao topo: histórias de executivos da ALTA GESTÃO

2

Nome: **Anderson Dias Perea**
Empresa: TIVIT
Função: Diretor de Negócios

Como e onde você iniciou a sua trajetória profissional?

    Eu iniciei minha carreira profissional em 1987 trabalhando como estagiário na empresa de serviços de Tecnologia da Informação chamada EDS - Electronic Data Systems, eu tinha 17 anos e estudava Eletrotécnica na escola técnica Getulio Vargas. Durante o período do meu curso técnico eu fiz também datilografia e programação em linguagens BASIC e COBOL que foram importantes para o meu início na área da Tecnologia da Informação.

Na EDS eu permaneci por quase 17 anos, de estagiário passei para técnico de microinformática, trabalhei na área de redes de computadores, fui supervisor e gerente de uma área de projetos e por fim fui Account Manager na área comercial.

Em 2004 resolvi mudar e fui para uma empresa de Internet Data Center que estava buscando um novo posicionamento no mercado. Sua missão era ser uma empresa brasileira de "Outsourcing", prestadora de serviços de Tecnologia da Informação.

Nesse período pude aproveitar a experiência adquirida durante anos na EDS para ajudar a transformar a empresa em uma prestadora de serviços de TI, da qual tenho muito orgulho de ter participado e onde continuo seguindo minha carreira até hoje.

Durante estes 15 anos na empresa TIVIT tive muitos desafios e participei do crescimento da companhia, que a empresa cresceu exponencialmente em vendas e aquisições de novas empresas. Isso me motivou continuar lá até os dias de hoje.

Quais os principais desafios e resultados que você vivenciou ao longo da sua carreira?

A inovação sempre foi um desafio na minha carreira, trabalhar com TI sempre exigiu aprender sobre tecnologias emergentes, e ao mesmo tempo sempre me motivou a trabalhar nesta área pelo seu dinamismo. Participei de alguns projetos complexos que exigiram muita dedicação, cooperação e exposição que me fizeram crescer como profissional e ser humano.

Tive vários desafios, um recente e dos mais importantes foi participar em 2014 do projeto de integração da empresa adquirida pela TIVIT na América Latina, no qual tive a oportunidade de trabalhar e implementar as melhores práticas nos sete países de atuação da TIVIT.

Em 2015 fui convidado para assumir como responsável pela direção Comercial na Colômbia onde permaneci por três anos, e foi uma importante experiência de liderança internacional. Além da responsabilidade de fazer os negócios crescerem e imprimir um novo modelo de serviços, foi um grande e prazeroso desafio permear pela cultura, língua e costumes colombianos.

Quem da sua história de vida inspirou/motivou a sua carreira?

Eu tive durante a minha trajetória profissional vários líderes que me inspiraram e que me fizeram ser um profissional e um ser humano melhor, mas fundamentalmente a minha família me impulsionou, primeiramente os meus pais, que sempre me deram condições e motivação para seguir os meus ideais. A história deles me incentivou, meu pai, já falecido e conhecido como "Manolo", era espanhol e veio para o Brasil com 14 anos de idade e minha mãe, que também é de família espanhola, a dificuldade financeira e de adaptação que meus avós e pais tiveram para iniciar a vida no Brasil, tudo isso sempre me incentivou e motivou a trabalhar com muita vontade e com um propósito de lutar todos os dias. Meu pai mudou de empresas algumas vezes em sua vida profissional e por opção eles sempre quiseram morar próximo ao local do trabalho do meu pai, isso resultou em várias mudanças durante toda a minha infância, que me fizeram ver que é possível recomeçar e adaptar-se em qualquer lugar, conhecendo outras pessoas, outros costumes e aprendendo com novos relacionamentos.

Aos 25 anos eu me casei com a minha esposa Andrea, que veio de uma família de origem italiana, do Rio Grande do Sul, mudaram-se para São Paulo quando ela ainda era criança e sua história de família também me inspirou. Depois de cinco anos de casados, graças a DEUS tivemos dois filhos lindos, Andrés e Beatriz, hoje (2019) com 17 e 15 anos, respectivamente que me inspiram e me motivam todos os dias para enfrentar os desafios da vida. Hoje já temos sonhos coletivos e isto me impulsiona a ser uma inspiração para os meus filhos também.

Quais dicas você daria para aqueles que estão iniciando a carreira profissional?

Acredite nos seus sonhos, faça algo com que você se sinta realizado, faça algo que você tenha prazer de fazer, trabalhe feliz e faça o seu melhor!

O que você faz para se manter motivado?

Fundamentalmente é a realização, equilíbrio emocional e a família, realizar algo que planejei me dá satisfação e motivação, mas sempre considerando o equilíbrio.

Acredito que o equilíbrio das coisas é o que me dá motivação, não adianta ser muito bom no trabalho se sua saúde não está boa, não adianta ter estabilidade financeira se você não tem tempo de aproveitar os seus ganhos, acredito que equilíbrio me mantém motivado para enfrentar os desafios.

Sinto que as mudanças de modo geral no trabalho ou na vida pessoal também são fatores de motivação, trabalhar com pessoas diferentes sempre traz novas experiências, aprendizados e nos faz ir além.

Qual a importância da inovação nas organizações?

É uma necessidade para sobrevivência no mundo dos negócios, inovar significa usar novas tecnologias e novas formas de pensar para agregar valor a uma ideia ou produto existente e para fazer mudanças substanciais na empresa ou na sociedade. Existem vários exemplos clássicos de empresas que inovaram e mudaram totalmente o posicionamento no mercado. Inovar não é apenas usar novas tecnologias, é criar algo novo, fazer diferente e isso é importante nas organizações.

Como você realiza o networking de maneira efetiva?

Procuro manter contato com as pessoas do meu trabalho e com pessoas que estão fora do meu dia a dia, através de redes sociais, eventos, almoços, *happy hours* ou simplesmente contato telefônico, o mais importante é ter um tempo para conversar com pessoas diferentes que poderão fazer parte da sua rede. Aprendemos mais quando compartilhamos informações.

Do que você tem saudades?

Eu tenho saudades de viver a vida de maneira mais simples. Fui uma criança que brincava na rua, onde jogava futebol, empinava pipas, jogava bolinha de gude e muitas outras brincadeiras, foi uma época sem muitos recursos, mas com muita criatividade.

Do que você tem orgulho?

Tenho orgulho da minha origem, dos meus valores, da minha família, das minhas conquistas e realizações.

Orgulho de ter começado cedo minha carreira em liderança com gestão de pessoas e equipes e ter ajudado e orientado pessoas em suas carreiras profissionais, tenho orgulho das minhas raízes e da família que eu construí.

Qual o significado da palavra felicidade?

Controlar o mau humor, valorizar as pequenas coisas boas da vida e tentar olhar sempre pelo lado positivo, na minha opinião, é um bom começo de uma experiência feliz.

Qual a sua citação favorita e por quê?

"Você não pode controlar o vento, mas pode ajustar as velas do barco para chegar aonde quer", porque mesmo que tenhamos dificuldades pelo caminho e que as coisas não aconteçam como foi planejado, podemos buscar meios de mudar a nossa trajetória.

Quais são seus hobbies preferidos?

Gosto de viajar com a família, ouvir músicas, futebol e mais recentemente gastronomia.

Planejar, preparar e finalizar algo que idealizei me motiva, aprendendo sempre todos os dias!

Qual sonho você gostaria de realizar?

Assim como ocorreu da geração dos meus avós para meus pais, o meu sonho é simples: dar uma vida com mais oportunidades para os meus filhos, atualmente eles estudam no exterior, vê-los vivenciar esta experiência já é um sonho que está se realizando, vê-los se formar numa boa universidade e serem felizes com as escolhas que estão fazendo para a vida deles é outro sonho. Ter saúde para viver com minha esposa e poder acompanhar meus filhos e netos é o meu sonho completo.

O que você aprendeu com a vida que gostaria de deixar registrado nesta obra?

Eu aprendi que é possível aprender e desaprender todos os dias e temos a capacidade de nos adaptar a qualquer situação, nem tudo dá certo, mas com vontade, determinação e persistência os resultados acontecem. O mais importante é que quando algo não dá certo você faz a reflexão e aprende com o erro, desta maneira vamos aprendendo a cada dia. E o que foi impossível poderá ser possível nas próximas vezes, de uma outra maneira, por isso, não desista dos seus sonhos, eles são possíveis!

Muitas etapas dependem exclusivamente de você mesmo! Acredite e vá em frente! Não deixe de ensinar alguém, ensinar reforça e fortalece seus conhecimentos.

Estude sempre que puder, o estudo o enriquece e você levará para sempre o que aprendeu, independentemente de onde estiver ninguém poderá retirar de você o aprendizado.

Precisamos buscar a felicidade, para sermos felizes precisamos ter um significado, uma vida com significado envolve um propósito, estabelecer metas, e mesmo atingi-las não garante que estejamos levando uma vida com significado, as metas que nos impomos precisam ser significativas.

Qual mensagem de motivação você gostaria de deixar para os leitores deste livro?

"Os dois dias mais importantes da sua vida são: o dia que você nasceu e o dia que você descobre o porquê" frase do Mark Twain que eu vi este ano na MBA na Fundação Dom Cabral e achei incrível e muito verdadeira.

Ao recrutar um profissional, quais características comportamentais você considera fundamentais?

Em primeiro plano um profissional deve estar alinhado com a cultura do local em que irá atuar, uma empresa que prima pela sustentabilidade, por exemplo, irá atrair e deve escolher pessoas que olhem também para este horizonte. Quanto às características pessoais eu aprecio a ética, o comprometimento e a proatividade e procuro estas virtudes em diferentes tipos de pessoas, porque a diversificação de ideias, estilos de vida e de histórias pessoais enriquecem muito o ambiente corporativo.

Qual legado profissional e pessoal você gostaria de deixar para a sociedade?

Quanto ao legado profissional, tive muita sorte de trabalhar e vivenciar nas últimas três décadas as mudanças que ocorreram com a tecnologia, participei de diversos projetos inovadores que mudaram os processos de trabalho das empresas e contribuíram para a mudança no uso da tecnologia para a sociedade.

Alguns exemplos de mudanças em tecnologias nestes 30 anos nas quais tive oportunidade de participar: início dos microcomputadores na vida pessoal, a interligação dos micros em rede, a flexibilidade de impressão de documentos, armazenagem e processamento de informações no computador pessoal, a conectividade através de links de comunicação, o início e a popularização da internet e do correio eletrônico, o início e expansão do uso do cartão de crédito, a facilidade da compra e pagamento online (B2B e B2C), digitalização de imagens, a videoconferência e a audiconferência por computador, a transferência de documentos eletrônicos, a entrada e utilização massiva dos *smartphones* e suas aplicações em "Cloud Computing" e o momento atual que estamos vivendo da transformação digital. Quanto ao legado pessoal, acredito que a formação de novos profissionais que trabalharam comigo durante a minha carreira, o exemplo pela minha liderança ética, justa e motivadora para o segmento de tecnologia da informação.

Com base no que você vivenciou, ao longo de sua vida corporativa, qual o segredo do sucesso para ir da teoria ao topo?

Trabalhe com paixão e faça o seu melhor.

Anderson Dias Perea

Família

SEGREDOS DO SUCESSO V
Da teoria ao topo: histórias de executivos da ALTA GESTÃO

3

Nome: **André Candido**	
Empresa: Grupo Agoraa	
Função: CEO	

Como e onde você iniciou a sua trajetória profissional?

Iniciei minha trajetória profissional no início dos anos 2000 como estagiário de Engenharia Mecânica. Fui ter certeza de que meu caminho não era ser engenheiro! Durante o estágio mesmo resolvi fazer mais uma faculdade, desta vez Administração, e segui minha carreira pelo setor financeiro.

Quais os principais desafios e resultados que você vivenciou ao longo da sua carreira?

Os principais desafios foram sempre os de assumir posições de grande responsabilidade muito jovem, sempre fui quem levantava a mão para resolver um problema quando todos fugiam dele, isto me credenciou a ter uma carreira muito acelerada, pois estava sempre envolvido em grandes negócios. Naturalmente os resultados vieram como consequência de um papel bem desempenhado nestes desafios, talvez o principal deles tenha sido o de transformar uma operação comercial com presença em apenas um estado em uma operação nacional, com presença nos 27 estados do país com pouco dinheiro, pouca estrutura, mas muita vontade e coragem.

Quem da sua história de vida inspirou/motivou a sua carreira?

Meu pai. Nascido em uma família humilde no interior de Minas Gerais, saiu de casa cedo para estudar e buscar seus objetivos. Conquistou cargo, dinheiro e principalmente reconhecimento internacional naquilo que se propôs a fazer. Ver o orgulho dos funcionários que trabalharam com meu pai de tê-lo como líder me motivou muito a seguir minha carreira.

Alguma história na gestão de pessoas que você gostaria de compartilhar?

Quando saí de uma empresa para outra e vi uma legião de pessoas querendo me acompanhar. Foi triste por um lado, mas ao mesmo tempo realizador ver o então presidente da empresa me ligando pedindo para não levar mais ninguém. Nunca fui o chefe mais bonzinho nem o mais amável, mas com certeza o mais leal.

Alguma história no relacionamento com o cliente que você gostaria de destacar?

Cliente gosta de ser ouvido, de atenção, foi este sempre o recado que dei para as equipes que liderei, ouça, seja transparente e tenha segurança no que está falando e terá o cliente do seu lado sempre.

Quais dicas você daria para aqueles que estão iniciando a carreira profissional?

Tenha um objetivo, planeje sua vida. Não dá para deixar seu futuro por conta do acaso. Sei que às vezes é muito cedo para termos um objetivo tão claro, mas não tem problema alterar o planejamento e o objetivo no meio da vida, o problema é não ter um plano para alterar. Cansei de ver profissionais no início e no fim da carreira sem rumo, vivendo um dia após o outro. Infelizmente, não tinham uma história de sucesso para contar.

Ao recrutar um profissional, quais características comportamentais você considera fundamentais?

Não contrato pessoas que não tenham brilho no olho, que não demonstrem vontade de fazer aquilo a que estão se propondo e principalmente pessoas que não têm um objetivo de vida.

Qual legado profissional e pessoal você gostaria de deixar para a sociedade?

Gostaria de ser lembrado como alguém que transformou para melhor os ambientes por onde passou.

Cite alguns líderes que, em sua opinião, são inspiradores.

Sempre gostei de biografias de pessoas que criaram coisas, empresas, negócios, pessoas que se reinventaram ou que inventaram um jeito diferente de fazer o que era usual. A capacidade de enxergar além do nosso tempo é inspiração para mim.

Como você define o papel da liderança?

O papel da liderança se resume em duas ações, uma é saber ouvir e decidir a hora de dizer sim e a hora de dizer não; e a outra é saber dar o exemplo, mostre que sabe fazer e sua equipe terá você como referência.

O que você faz para se manter motivado?

Arrumo uma coisa maior pra fazer, falta de motivação é resultado de pouco problema pra resolver.

Qual a importância da inovação nas organizações?

Sobrevivência.

Como você realiza o networking de maneira efetiva?

Faço isso muito mal, está na minha lista de autodesenvolvimento.

Do que você tem saudades?

Do meu pai e das suas conversas e histórias inspiradoras.

Do que você tem orgulho?

Das tudo que conquistei até agora, tanto psicológica como materialmente falando. Sinto que estou sempre em evolução e isto me deixa muito orgulhoso.

Qual o significado da palavra felicidade?

Conquista, nada como o prazer de conseguir as coisas por mérito.

Qual a sua citação favorita e por quê?

Não sabendo que era impossível foi lá e fez. Coragem e vontade são valores que carrego comigo e não me conformo apenas com o que é possível.

Quais são seus hobbies preferidos?

Estudar assuntos que não fazem parte do meu dia a dia.

Qual sonho você gostaria de realizar?

Sou muito jovem, ainda tenho muito mais sonhos a realizar do que realizados. Sonhar é uma etapa fundamental para alcançar o sucesso. Gosto desta frase: "Cabeça nas nuvens e pés no chão".

O que você aprendeu com a vida que gostaria de deixar registrado nesta obra?

Que ela dá muitas voltas e que você precisa aproveitar bastante as partes altas, mas também estar preparado para sobreviver aos momentos difíceis.

Qual mensagem de motivação você gostaria de deixar para os leitores deste livro?

Primeiro saiba aonde quer chegar, depois tenha fé, foco e coragem, só assim conseguirá atingir seus objetivos.

Com base no que você vivenciou, ao longo de sua vida corporativa, qual o segredo do sucesso para ir da teoria ao topo?

Planejamento! Muitas vezes você vai ter que abrir mão de salário, de cargo, de empresa porque o que está fazendo está desalinhado com seu objetivo. Corrigir a rota muitas vezes significa estar disposto a perder no curto para ganhar no longo prazo, será sempre uma questão de escolha, na maioria das vezes uma escolha difícil.

André Candido

Família

SEGREDOS DO SUCESSO V
Da teoria ao topo: histórias de executivos da ALTA GESTÃO

4

Nome: **André Machado**
Empresa: Thomas Greg & Sons do Brasil
Função: Diretor de Tecnologia e Negócios

Comente um pouco sobra a sua trajetória profissional e quais dicas você daria para aqueles que estão iniciando a carreira?

A vida é "engraçada", principalmente quando a essa altura paramos por alguns segundos e refletimos sobre o passado... um passado longo e distante no qual os sonhos pareciam apenas sonhos, com um "I" maiúsculo de impossível.

E baseado nesses sonhos se iniciou minha trajetória profissional – um garoto pobre, de uma infância sofrida, que sobreviveu anos graças ao amor e luta de uma avó incansável para possibilitar o incomparável.

Diante dessas dificuldades, já fiz de quase tudo nessa vida. Trabalhei ainda criança servindo cachaça e lavando copos num bar de periferia, ajudando a manobrar carros num estacionamento, chapeiro numa lanchonete, cortador de mato, pedreiro, pintor, *office-boy*... uffffaaa... o espaço é limitado para mencionar tudo.

O que mais vale nisso é o caráter adquirido, pois aprendi ao longo de uma trajetória profissional que conhecimento e experiência se adquirem, mas a diferença para o sucesso está na alma da pessoa. Hoje faltam funcionários que "vestem a camisa da empresa" e que lutam pelos interesses corporativos.

Quando os interesses corporativos se alinham com os interesses pessoais, o sucesso fica apenas a um passo de ser alcançado.

As batalhas são constantes e elas não terminam nunca, não importa sua idade, formação ou momento profissional. Mas a grande diferença é nunca abaixar a cabeça; é necessário estufar o peito e olhar para o alvo sempre. Alvo à frente significa conquista adiante.

Certa feita, ainda muito jovem, escutei de um famoso palestrante que devemos sonhar e planejar a rota, com ações e datas, para tornar o sonho realidade. Desde então desempenho essa prática, o que tem contribuído para chegar aonde estou, visto que não basta querer e cruzar os braços, mas deve-se tornar essa essência parte da rotina diária.

Muitos observam nossas conquistas, mas não conseguem compreender a trajetória até elas. Essa trajetória envolve escolha de prioridades e renúncia; Deus ajuda, mas as coisas não caem do céu. Ficarmos parados esperando que as coisas venham faz com que elas nunca cheguem.

Portanto, jamais tenha medo de um desafio, do novo, da oportunidade e de recomeçar. Todos os desafios que se colocam a minha frente eu não os vejo como obstáculos, mas como a chance de obter uma nova conquista. Já cai várias vezes, mas em todas levantei e recomecei sem o medo de tropeçar novamente. Às vezes, estar disposto a recomeçar é como levantar os braços para receber o troféu da vitória.

Como a maioria dos garotos pobres e excluídos da sociedade, terminei o Ensino Médio (que ainda não possuía esse nome) e infelizmente não pude seguir diretamente à universidade, mas quando o fiz não parei mais de estudar. Estudar é fundamental para se manter atualizado no mercado de trabalho globalizado e altamente competitivo.

A minha primeira formação foi graduação em Ciências Contábeis, da qual me sinto orgulhoso, pois me permitiu ter uma visão holística do mundo financeiro, me habilitando para hoje comandar diversas estruturas administrativas.

Daí segui diretamente para um MBA em Gestão Financeira, Controladoria e Auditoria, especialização em Contabilidade Internacional, pós-graduação em Contabilidade Pública e agora estou finalizando uma pós-graduação em Direito Tributário, com vistas a iniciar uma nova graduação.

Vejam, estudar não é um fim em si, mas o meio para se manter atualizado e em condições de ser o diferencial que o mercado de trabalho espera. Muitos jovens pegam seus primeiros "trocados" e adquirem bens, e em tese não há nada de errado nisso, mas os valores estão invertidos. A maior parte dos recursos recebidos na juventude devem ser investidos no aprendizado, seja numa graduação, pós-graduação, idiomas, cursos extracurriculares etc., ao invés de bens materiais, porque investir em conhecimento é como adubar uma terra fértil, cujos frutos serão os bens materiais futuros. Ao inverter essa ordem, não resta um futuro promissor à vista.

Qual foi o principal desafio e resultado que você vivenciou ao longo da sua carreira?

A vida profissional é marcada por diversos desafios e nesse momento vou me restringir a decisão de larga escala, que influenciou todo o meu futuro.

Trata-se de uma escolha que fiz há muitos anos quanto a minha carreira, quando optei por uma troca de área de atuação. Na ocasião eu atuava como analista líder numa empresa nacional, com nove funcionários subordinados a mim, e aceitei encarar o desafio de implantar um determinado setor numa empresa multinacional.

No entanto, num primeiro momento, entrei na companhia com o cargo de auxiliar com o salário rebaixado em aproximadamente 60%, sem perspectivas a curto prazo para readequação. Foi um desafio enorme, pois além da questão financeira eu não tinha total domínio para a tarefa, mas tinha disposição para aprender e crescer juntamente com a empresa.

Por isso digo a vocês que oportunidades sempre surgirão e, quando surgirem, não tenham medo de encará-las, pois ser omisso, além de não ajudar, atrapalha. Eu sempre tive como lema de vida que é melhor errar fazendo do que errar por omissão.

Hoje me orgulho muito da decisão que tomei, visto ter sido um sucesso essa implantação, o aprendizado e naturalmente veio o reconhecimento ao longo do tempo.

Ao recrutar um profissional, quais características comportamentais você considera fundamentais?

Duas características são fundamentais a todo profissional – verdade e lealdade.

A verdade habilita o profissional a ser confiável e a receber responsabilidades, pelas quais poderá responder com competência. O gestor saberá a qualquer momento, mesmo à distância, em que esse profissional está trabalhando e o *status* do seu trabalho – é ser preto no branco, sem escalas de cinza.

A lealdade gera competência para receber atividades delegadas, pois o profissional as desempenhará com total confiabilidade e presteza, jamais tentará enganar ou apenas dar uma aparência ao processo executado. Lealdade envolve ser leal à empresa, aos superiores, aos pares, aos subordinados, aos clientes e a todos os *stakeholders*.

Verdade e lealdade não se criam, elas estão no profissional e eu prefiro abrir mão de experiência para ter essas duas características comportamentais, pois técnica e conhecimento se adquirem, mas verdade e lealdade são intrínsecas a cada um.

Como você define o papel da liderança?

O papel do líder é ensinar com entusiasmo, gerando condições para que o liderado crie a automotivação e possa crescer, agindo por conta própria.

A liderança ocorre de muitas maneiras e ao meu ver uma das principais é através do exemplo – exemplo de vida, dedicação e lealdade. Exemplos falam mais que palavras e ensinam como deve ser a atitude em cada momento, inclusive nas dificuldades.

Contrariamente, muitos pensam que liderar é somente estar à frente de algo, quando na verdade liderar também é saber escutar, já que ninguém é dono da verdade e domina todas as coisas. Por isso, penso que um líder participativo e próximo da equipe possui maiores chances de sucesso, pois, apesar de fazer a escolha final, refletirá primeiramente sobre a opinião de todos.

Além disso, os líderes também erram e, quando isso ocorre, precisam ser humildes para assumir tais erros. Somente erra quem executa e se errar deve assumir e pedir desculpas, como parte do processo de aprendizado e exemplo.

Isso me remete a alguns fatos da minha história em que em momentos de crises (e todas as empresas estão sujeitas a elas) alguns funcionários me falaram "não importa a situação da empresa, estou contigo até o fim, confio em você" – isso traduz o papel da liderança.

Portanto, ser líder é estar próximo da equipe e próximo de cada funcionário, entender seus anseios, problemas e dificuldades, inclusive em sua vida pessoal. Muitas vezes cabe apenas escutar, outras aconselhar, algumas ensinar e cobrar. Liderar é ter a competência de mexer com o brio da pessoa, não para humilhá-la, mas para colocar combustível no motor que a faça crescer e alcançar o sucesso.

Qual legado profissional e pessoal você gostaria de deixar para a sociedade?

Eu desejo uma sociedade mais justa, de alta competência profissional e de pessoas comprometidas com um bem maior e, para isso, penso que não é suficiente sermos ótimos profissionais e levar o nosso conhecimento e a experiência para o túmulo – é necessário ensinar as novas gerações... Ensinar ética e responsabilidade corporativa, ensinar a ter empenho e dedicação em qualquer atividade que se dispuser a fazer e, obviamente, técnica e conhecimento.

Temos excelentes e consolidados profissionais em nosso país, mas muitas vezes sinto que a grande maioria não está preocupada nesse aspecto com o futuro da nação. Isso não é uma crítica a ninguém!

O que ocorre é que diariamente visualizo jovens chegando ao mercado de trabalho sem qualquer preparo e, se não estivermos dispostos a ensinar, todas as empresas e também nosso país perderão.

Não importa a forma de fazermos, mas temos que fazer algo.

Por isso, um de meus maiores orgulhos é ser professor acadêmico e levar para a sala de aula a verdade do dia a dia das organizações. Ensino a teoria consolidada nas melhores obras e melhores autores, mas essa teoria desvinculada da prática profissional perde sua essência e, por isso, levo minha experiência para dentro da sala de aula.

Procuro ser um professor extremamente rigoroso, às vezes incompreendido pelos alunos, mas meu papel é também preparar esses alunos para vida corporativa, para o estresse diário e para a pressão por resultados. Numa empresa privada, que vive dos lucros, saber encarar as dificuldades é fundamental para as conquistas.

Diante disso, espero deixar aos jovens, como maior legado e inspiração, que eles entendam que a maior satisfação que existe na vida é ver seus aprendizes alcançando seus sonhos e que somos realizados com a realização deles.

Quais são seus hobbies preferidos?

Meus dois hobbies preferidos são: ensinar e cozinhar, não necessariamente nessa ordem.

Ao meu ver, o conhecimento deve ser difundido e nada me dá mais prazer do que compartilhar aquilo que aprendi ao longo de uma vida. Não importa o estresse em que eu esteja no momento, os problemas a serem resolvidos, as dificuldades do dia a dia, quando entro numa sala de aula tudo fica para trás. E, quando encontro um aluno interessado em conhecimento, nem se fala.

Existe uma frase que li certa feita em um dos livros do Pastor Antonio Gilberto, que me serve de referência e meditação diária: "Se você tiver que plantar bananeira em sala de aula para que o aluno aprenda a matéria, plante".

A maior satisfação que tenho é ver alguém sugando meu conhecimento, ansioso pelo aprendizado e, quando fazemos com prazer, até plantar bananeira se torna motivo de alegria.

Agora, cozinhar para minha família e para meus amigos não tem preço. Adoro pegar um domingo e ir para a cozinha, inovar nos temperos e fazer um almoço agradável, em que todos possam saborear e conseguir o sustento para seus corpos.

Quem sabe em breve vocês não me vejam me divertindo em algum *reality show* de culinárias?

Aliás, os meus dois principais *hobbies* se conectam, pois, assim como os alimentos sustentam nosso corpo, o conhecimento sustenta nossa alma.

E desses *hobbies* extraio a principal lição e conselho de vida – equilíbrio. Nós temos que encontrar o equilíbrio entre nossa vida pessoal e nossa vida profissional, até o ponto em que elas se cruzam e geram felicidade.

Então qual é o significado da palavra felicidade?

Felicidade se traduz em família, uma família unida e abençoada por

Deus. Aliás, todas as conquistas profissionais, *status* e dinheiro somente têm razão de ser se o objetivo for darmos melhores condições aos nossos.

Eu me entristeço muito quando vejo profissionais ganhando o mundo e perdendo sua casa – nada pode e deve substituir nossa família, principalmente nossa presença na vida de nossos filhos.

Mas é possível trabalhar com tanta dedicação, continuar estudando e ainda ter tempo para a família?

Claro que é possível, é uma questão de dar prioridades e fazer com que o tempo em cada uma das atividades seja um tempo de qualidade. Nada nesse mundo vale a pena se nossa casa não estiver bem estruturada.

Qual o significado da palavra sucesso?

Sucesso significa alcançar seus sonhos e objetivos de vida, aqueles mesmos que foram traçados lá na juventude. Por isso, sucesso é diferente de uma pessoa para outra, já que os sonhos e objetivos também são diferentes.

Somente tem sucesso quem faz escolhas, elege prioridades, "arregaça as mangas" e faz acontecer.

O que você aprendeu com a vida que gostaria de deixar registrado nesta obra?

Eu aprendi que o "mundo é mau" e que devemos lutar diariamente contra sua maldade e vencê-la. A maldade do mundo, ao mesmo tempo que tenta nos derrubar, nos gera a oportunidade de sermos melhores.

Nós podemos ser e fazer a diferença numa sociedade corrompida, cabendo-nos o poder e livre arbítrio da decisão para criar um lugar melhor para nós e as futuras gerações.

O sucesso da forma que a mídia muitas vezes propaga está equivocada, pois não vale tudo para conquistá-lo. Como eu disse antes, precisa existir ponderação entre o certo e o errado e o equilíbrio entre o pessoal e profissional.

Quando chegarmos ao fim de nossa existência, precisamos ter a certeza de que não agimos puramente por ganância ou por um momento isolado de prazer... mas ter a certeza de que tudo valeu a pena e de que vencemos o mundo.

Qual conselho para o sucesso você gostaria de deixar para os leitores deste livro?

A maneira de encarar a vida é fundamental para se obter sucesso e a primeira coisa que se deve fazer é mudar a forma de encará-la, passando a amar o que se faz. Não importa se você conseguiu a carreira que sempre almejou, mas quando amar o seu trabalho as obrigações se tornarão agradáveis e os resultados virão.

Em certa época, eu trabalhei por dois anos em uma função que não me agradava e aquilo foi um fardo, mas, o dia que mudei de atitude e passei a amar essa atividade, ela se tornou prazerosa e os resultados surgiram, me destaquei como profissional, me tornei um líder e uma referência na companhia. O sensacional do ser humano é sua capacidade de adaptação... Então adapte-se à sua realidade e faça com amor, porque o amor muda tudo.

O amor traz dedicação, empenho e faz o processo fluir naturalmente. Quando se cria esse vínculo paramos de trabalhar descompromissados, como se fosse feito para os outros, e passamos a realizar como se fosse para nós mesmos, com qualidade e diligência.

Quem é que tendo um negócio próprio não se dedica? Não se empenha? Não é diligente? Então, se você quer o sucesso, mesmo sendo funcionário faça suas atividades atuando no "negócio do seu patrão" como se fosse o seu próprio negócio.

E, ainda mais importante que tudo isso, nunca, mas nunca, tenha medo do novo. Seja qual for o desafio, levante a cabeça, segure firme e faça a diferença. Só erra quem executa, melhor errar fazendo do que sendo omisso.

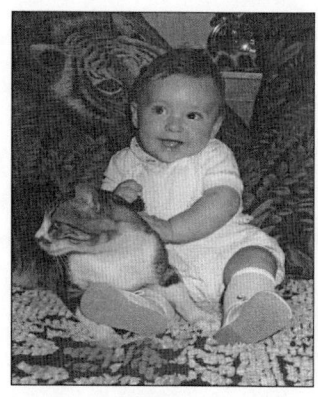

André Machado

Família

SEGREDOS DO SUCESSO V

Da teoria ao topo: histórias de executivos da ALTA GESTÃO

5

Nome: **Catia Sueli Moraes Tamanini**
Empresa: GoSoft Inf. e Ayní Desenv. Humano e Organizacional
Função: CEO e Sócia / Cofundadora

Como e onde você iniciou a sua trajetória profissional?

Aos nove anos de idade comecei a dar aula para um garoto que morava em minha rua, criado pela avó, dona Amélia. Por mais que eu não quisesse receber nada em troca da ajuda que dava ao seu neto, ela insistia em me dar uma quantia de acordo com suas possibilidades. Como não havia como dissuadi-la disso, pedi então que sempre que quisesse e pudesse entregasse a quantia à minha mãe. Franklin melhorou suas notas na escola e dona Amélia então não se continha de felicidade, pois o que mais queria na vida era proporcionar educação para que o neto tivesse mais oportunidades que ela: mulher, negra e analfabeta. Minha satisfação era imensa!

    Sou a mais nova das filhas, meus pais tiveram 13 filhos. Aos 11 anos pedi à minha mãe que me deixasse trabalhar, nesta época éramos em nove irmãos. Pois bem, minha mãe conhecia a dona de um bazar perto de casa que aceitou me empregar para cuidar de seu filho de três anos enquanto ela ficava na loja. Aceitei prontamente. Meu primeiro salário foi de uma grandeza esplendorosa e a primeira coisa que fiz foi presentear minha mãe com uma carteira, sabendo que ela precisava, porém, suas necessidades estavam sempre em segundo plano. O trabalho durou alguns meses, pedi demissão por ter sido assediada pelos irmãos adolescentes de David. Aprendi muito trabalhando para Lidia. Percebi, num lar com cinco filhos e mais o esposo, como era o tratamento da mãe para com os filhos, a preferência em agradar o filho mais velho e o mais novo, deixando os demais em segundo plano. O esforço para conciliar a vida de mãe, esposa e pequena empresária. Com ela aprendi também os meus primeiros passos como empreendedora, ao aprender a pintar em tecidos. Mudamos de bairro, e passei a comprar camisetas para pintar e customizar, tecidos que se transformavam em capas, lençóis, panos de pratos. Aprendi a fazer crochê, costurar, cortar. Comprava os materiais, preparava as peças e vendia-as. Tinha 12 anos, e também comecei a vender produtos da Hiroshima, venda direta através de catálogos. Aos sábados ajudava minha irmã mais velha a fazer quitutes para vender em sua lanchonete. Aos 13 anos, mudamos novamente de bairro. Fui trabalhar em um ateliê de bordados. Aprendi todo o processo de produção, desde a preparação das peças quando chegavam até a saída delas. Tinha vontade de aprender, não me contentava em fazer apenas uma parte do processo, queria conhecer tudo, saber fazer tudo. Decidida a entrar no mundo corporativo, fiz curso de datilografia, requisito para conseguir um emprego em escritórios naquela época. Foi então que aos 14 anos recebi uma proposta para trabalhar na empresa em que atuo até hoje. Estavam iniciando suas atividades e precisavam de uma secretária. Aceitei. Empresa de tecnologia, atuando com desenvolvimento de *softwares,* despertou em mim a vontade de ser uma desenvolvedora. Fui em busca de um colegial técnico em processamento de dados. Fiz outros cursos de linguagens específicas de programação. Tornei-me uma programadora e aos 17 anos construí junto com meu chefe nosso primeiro sistema de folha de pagamento. Foi um período mágico, tive que entender, estudar sobre departamento pessoal, regras para cálculos da folha de pagamento e ao ver o resultado da programação se transformar em soluções para atender os clientes meu coração vibrava. Houve a dissolução da sociedade da empresa tal qual estava constituída e recebi, aos 21 anos, propostas de ambos os sócios para trabalhar com eles, tendo participação na empresa. Decidi ficar com meu atual sócio e havia uma terceira pessoa na sociedade, formando assim o quadro societário que permanece há 27 anos. Se já amava o que eu fazia, a partir de então mais do que nunca tinha que fazer acontecer. Não tinha recursos para pagar a minha parte da empresa e além do mais queria muito ver a empresa prosperar. A graduação naquele momento ficou em segundo plano, precisava trabalhar muitas horas para darmos conta das entregas das soluções e atender à expectativa de nossos clientes.

Fui mãe aos 23 anos. Conciliar a consolidação da empresa, o casamento e a maternidade não foi tarefa fácil. Aos 28 anos iniciei a graduação em Administração. O sonho da graduação em tecnologia foi superado pela necessidade que sentia em mais conhecimento sobre como gerir uma empresa.

Atualmente com mais de mil clientes, 60 colaboradores, atuamos em todo o Brasil, eu sou responsável pela área de relacionamento com o cliente, comercial, pós-venda, parcerias, seleção de pessoal, desenvolvimento humano organizacional, comunicação e eventos.

Em 2018, eu e minha amiga Gabriela Evangelista realizamos um sonho antigo: a Ayní Desenvolvimento Humano e Organizacional, empresa que nasce para promover reflexões e ações, transformações com propósito real estimulando a busca de uma vida plena e criativa tanto para o desenvolvimento pessoal como para o organizacional. Iniciei também atendimentos como terapeuta e pós-graduação em Naturopatia.

Quais os principais desafios e resultados que você vivenciou ao longo da sua carreira?

- Transformar meu primeiro cenário familiar, onde cresci;
- Enfrentar os primeiros obstáculos sendo ainda uma criança;
- Assumir a responsabilidade de uma sociedade empresarial sem recursos ou real preparo técnico, acreditando no potencial da empresa e no meu próprio;
- Manter uma sociedade sendo a única mulher, assumindo meu lado feminino no processo e trabalhando para a harmonia de todos, mesmo que custasse, por vezes, a minha própria saúde;
- Conciliar os papéis que busquei e que me foram atribuídos: mãe, filha, empresária, esposa, cidadã, mulher;
- Encarar os bancos de uma faculdade para me graduar e continuar estudando sempre até a pós-graduação.

Quem da sua história de vida inspirou/motivou a sua carreira?

Sem dúvida alguma minha mãe, Hilda, guerreira e sábia, que mesmo sem ter tido a oportunidade de estudar soube conduzir com maestria a gestão da família. Trabalhou com afinco e dedicação para criar e educar os filhos, me ensinou os valores que realmente são essenciais em minha vida, mostrou-me que tudo nesta vida é possível quando se tem garra, coragem, se faz com amor, quando vem da alma, quando você acredita que é capaz.

Alguma história no relacionamento com o cliente que você gostaria de destacar?

Ainda muito jovem, ao atender um cliente ele me fez chorar com sua arrogância e forma de falar. Isso me marcou muito. Sempre primei pelo bom relacionamento, pelo fator humano em cada um de nós, daquele dia em diante intensifiquei meus cuidados na forma de tratar as pessoas, de forma alguma gostaria que alguém se sentisse como eu me senti naquele contato.

E sobre bons e muito bons relacionamentos foram diversas situações de demonstração de carinho, de gratidão por uma palavra, um estímulo, um cuidado que ajudou a transformar a vida de algumas pessoas dentro das organizações.

Quais dicas você daria para aqueles que estão iniciando a carreira profissional?

Escolha uma profissão que de fato o faça vibrar. Estude, estude e estude ainda mais. Domine outros idiomas. Mantenha sempre todas as portas abertas. Construa uma boa rede de relacionamentos. Respeite a si e aos outros, se doe, aceite críticas e melhore com elas. Acredite em seu potencial, aprenda a ouvir, aceite desafios e faça acontecer. Como muitas vezes costumo dizer, meu filho Guilherme bem sabe disso: "ao infinito e além"!

Ao recrutar um profissional, quais características comportamentais você considera fundamentais?

Comprometimento, proatividade, que tenham brilho nos olhos ao falar sobre sua vida e suas experiências profissionais. Não considero as questões técnicas e experiência condições absolutas para contratação, prefiro pessoas que pulsem vontade de viver, que vibrem em fazer acontecer. Acredito que a capacitação você ensina, você forma. Diferente dos outros aspectos, que não se transformam facilmente.

Qual legado profissional e pessoal você gostaria de deixar para a sociedade?

Que, independentemente de qualquer coisa, somos seres humanos, que temos limitações, que sentimos, que sofremos, que temos conflitos e sonhos. Então se permita sentir, se transformar, se adaptar, se respeitar, enfrentar e recuar quando necessário. Seja ético, honesto.

Quais os reflexos das práticas de cidadania empresarial para as organizações, profissionais e sociedade?

A evolução da humanidade está intimamente ligada à maneira como os seres humanos se organizam, desde os primórdios, para colaborar, seja em aldeias, tribos, organizações ou empresas. São elas, as empresas, de qualquer porte, segmento ou atuação, as grandes responsáveis pelos avanços – pequenos ou grandiosos – das sociedades: indústrias farmacêuticas, entidades de educação e cultura, hospitais etc. É necessário reconhecer esse papel social das organizações para poder valorizá-las e, ao mesmo tempo, lhes atribuir a real responsabilidade no processo como um todo. Cada empresa está inserida nesse cenário, origina-se dele, depende dele e, portanto, precisa devolver a ele ações que garantam a sustentabilidade dessa realidade, indo além: descobrindo maneiras de melhorar processos e relacionamentos. Só assim garantiremos a sobrevivência da nossa espécie.

Como você define o papel da liderança?

Liderança é aquela que ensina, que pega na mão se for preciso, que desafia, que instiga sua equipe trazendo brilho nos olhos de cada um, que é exemplo, que inspira, que motiva, que se relaciona com humildade, que serve e participa, que conquista.

O que você faz para se manter motivada?

Faço o possível para estar sempre em movimento, buscando inovações e mudanças que possam transformar o dia a dia da empresa e das pessoas com quem convivo em algo melhor. Quando percebo o desânimo batendo em minha porta trato logo de encontrar novos desafios. Além de ter sempre em mente qual o meu propósito, o que me faz vibrar e ter tesão pela vida! O autoconhecimento contribuiu muito para me manter motivada.

Qual a importância da inovação nas organizações?

Acredito que a inovação deve ser uma constante nas organizações. Uma empresa que não inova, que não se reinventa não se sustenta, torna-se obsoleta e entediante para se trabalhar. Com a velocidade das transformações em que vivemos mundialmente é mais que necessário acompanhar tudo isso, criando e proporcionando novas maneiras de se fazer as coisas, inovando em processos, em tecnologia, em cultura organizacional.

Como você realiza o networking de maneira efetiva?

Participando de eventos relacionados às minhas áreas de interesse, mantendo contato com os relacionamentos formados ao longo da carreira, mantendo o mesmo número de telefone há anos, tentando acompanhar as redes sociais, embora confesse não ser a melhor pessoa para redes sociais. Prefiro o contato pessoal, um telefonema, um café. Mas, é imprescindível fazer parte delas, principalmente aquelas que agregam, que geram negócios, que conectam pessoas de forma real.

Do que você tem saudades?

Tenho saudades de minha mãe, Hilda, de dona Alice e de Amanda, seres iluminados que fizeram parte de minha vida. Tenho saudades de um tempo em que os valores, as palavras, os gestos eram de grande significado.

Do que você tem orgulho?

De minha trajetória de vida, dos meus filhos, Guilherme e Julia; da história dos meus pais e meus irmãos mais velhos, a quem sou eternamente grata. Orgulho e gratidão.

Qual o significado da palavra felicidade?

Felicidade é ser pleno, estar presente de corpo e alma, é bem-estar, é leveza, é algumas vezes solitute e outras vezes aglomeração, encontros, amizades sinceras, família. É estar bem consigo mesmo. É celebrar a vida.

Quais são seus hobbies preferidos?

Caminhadas ao ar livre, estar na natureza faz conectar-me com o divino que há em mim. Viajar, bons livros, filmes e séries. E, atualmente, meu *hobby* preferido tem sido adentrar no mundo das terapias integrativas e o autoconhecimento.

Qual sonho você gostaria de realizar?

Viajar pelo mundo, como disse Mario Quintana, constantemente trocar a roupa de minha alma levando na mala o que a gente é, mas com espaço de sobra para o que a gente quer ser ao voltar.

Contribuir e ver a GoSoft, que tem capacidade intelectual e técnica, atendendo um nicho maior de mercado e atuando internacionalmente.

Fazer da Ayní Desenvolvimento Humano e Organizacional um agente de transformação para um mundo melhor, com consistência, intensidade e magnitude para que pessoas sejam tocadas em sua essência, para que as organizações contribuam cada vez mais com o desenvolvimento social e empresarial através da humanização.

Atuar cada vez mais como terapeuta, cuidar e acolher o ser humano. As pessoas estão carentes de serem ouvidas, adoecem muito cedo, jovens que não conseguem suportar a complexidade de sua existência, adultos que se sentem perdidos em meio às suas escolhas de vida.

O que você aprendeu com a vida que gostaria de deixar registrado nesta obra?

Aprendi a ter garra, a buscar caminhos que me conduzissem aos meus objetivos. A respeitar a história de cada um, a valorizar minha vida, a ter amizades sublimes. A ser grata a tudo e todos que de alguma forma contribuíram com minha trajetória tanto positivamente como negativamente. E aprendi que a vida acontece aqui e agora e quanto podemos ser a diferença no ambiente em que vivemos. O quanto ganhei força, coragem e confiança a cada experiência vivida.

Qual mensagem de motivação você gostaria de deixar para os leitores deste livro?

Acredite em sua capacidade, jamais desista de seus sonhos e ame desafios. Se não estiver bem onde está ou como está, mude, transforme, crie, se reinvente, mas não viva frustrado.

Com base no que você vivenciou, ao longo de sua vida corporativa, qual o segredo do sucesso para ir da teoria ao topo?

Enfrentar os desafios de corpo e alma, sem medo de errar e aprender com os erros. Preparar-se, estudar, ter profundidade, criar um ambiente com bom relacionamento e integração com a equipe. O sucesso é estar em paz, é viver com leveza para que o dia a dia não seja um fardo, mas sim uma alegria. É ter tesão pelo que faz, pelo que você é e pela vida.

Família

Catia Sueli Moraes Tamanini

SEGREDOS DO SUCESSO V
Da teoria ao topo: histórias de executivos da ALTA GESTÃO

6

Nome: **Cláudia Mariane Lourenço**
Empresa: Europ Assistance
Função: Diretora de Recursos Humanos

Quais os momentos mais importantes da sua carreira?

Refletindo sobre os momentos mais importantes ao longo de 28 anos de carreira, passam pela minha mente contrastes, dias bons e outros difíceis. Recordo os momentos de significativa felicidade na minha carreira, dias de pleno senso de realização e o senso de dever cumprido. Passei por ocasiões de grande entusiasmo, vivendo alegrias, celebrações, reconhecimentos. Todas essas situações de conquistas foram e são ótimas. Eu trabalhei com afinco, dando o meu melhor e fui reconhecida. No entanto, ao pensar sobre os momentos mais valiosos na minha vida e carreira, concluo que não foram os momentos de prestígio os mais benéficos. As circunstâncias de fragilidade emocional foram as mais valorosas para fortalecer-me como profissional e pessoa. Há fases quando a incerteza e frustrações se fazem presentes, quando saímos da zona de conforto e os desafios parecem maiores do que nossa capacidade de entrega, quando o improvável se ergue, quando as circunstâncias extenuantes surgem, quando travamos batalhas que não desejamos, são momentos em que nos sentimos enfraquecidos e colocam à prova nosso desempenho, resiliência, determinação. Momentos em que pensamos em desistir. Mas, hoje ao olhar para trás, entendo que todas essas situações, por mais adversas que foram, tiveram um propósito; serviram para lapidar meus valores, ajustar meu temperamento, nutrir minha força e aperfeiçoar a minha fé. Situações adversas nos mostram que desistir não é o caminho e que podemos transpô-las. Aprendi que saímos mais fortes das tribulações, mais robustos emocionalmente, com maior consciência de nós, mais humanos e empáticos. Aprendi que momentos fenomenais não são aqueles que as pessoas nomeiam como "sucesso", mas sim os vivenciados sozinhos, após as provas da vida, relacionados aos processos de transformação e lapidação interior. Assim é o contraste da vida. Como diz o sábio Salomão, em seu livro Eclesiastes, para tudo há uma ocasião certa; há um tempo certo para todas as coisas e em tudo há propósito.

Qual legado profissional e pessoal você gostaria de deixar para a sociedade?

Na carreira de Recursos Humanos aprendi ao longo dos anos o quanto as minhas ações atingiam a vida das pessoas, através de um contato individual ou na definição de um sistema ou programa. Percebi a responsabilidade nesse papel e na tomada de decisões que afetam planos, sonhos, famílias. É pra mim especial olhar as pessoas e suas expectativas e de algum modo, em algum momento, poder contribuir com seu desenvolvimento. No dia a dia, eu busco por sabedoria para ter discernimento, por sensatez para tomada de decisão amparada em critérios e justiça. Viver essa relação com tantas pessoas serve para melhor compreender a visão para minha carreira e colocar o que sou a serviço do que eu faço num movimento de ajudar as pessoas em seus planos profissionais. Tenho um profundo desejo, um propósito por ser luz. Não a luz no sentido de portar um brilho próprio, mas sim como um canal capaz de ajudar a clarificar pensamentos, encorajar, fortalecer o valor e o potencial existente em cada um, ajudando o outro a conquistar seus objetivos. Não estou pronta e talvez nunca estarei, mas vou avançando ao meu alvo.

Cite alguns líderes que, em sua opinião, são inspiradores.

Martin Luther King, Mandela, Madre Tereza de Calcutá, Margareth Thatcher foram líderes que marcaram épocas e deixaram uma contribuição inestimável para a sociedade. Mas há um líder em especial que deixou um registro além dos séculos. Seus ensinamentos subsistem a milhares de anos. Independentemente da religião, Jesus Cristo foi e é o maior líder de todos os tempos. Nunca houve alguém com vocação tão suprema, ministério tão eficaz, liderança tão exemplar e legado mais duradouro. Jesus Cristo, um líder sem precedentes, deixou tamanha herança que até hoje seus ensinamentos só crescem e ganham adeptos em todo o globo. Jesus foi um líder amoroso ensinando-nos sobre perdão e amor, a maior das virtudes; um líder inclusivo, sentava-se com os marginalizados, andava com os excluídos da sociedade e não fazia distinção, considerava todos igualmente importantes e mostrava que todos somos iguais aos olhos de Deus, carecendo de sua graça; um líder íntegro, coerente entre discurso e prática, zeloso com seu propósito; um líder corajoso e ousado que não se intimidava perante pessoas que se julgavam inquestionáveis pelo poder político, religioso e social da época, demonstrando que o verdadeiro líder não se intimida perante ambientes figurativos, trazendo a luz da verdade para escancarar fábulas e apregoar a justiça e verdade. Ele repudiou dogmas e a religião escravizadora e legalista; um líder servidor e misericordioso que se compadecia e atendia as necessidades das pessoas, ajudando-as com eficácia e concretude; um líder fiel, com quem as pessoas se sentiam amadas, acolhidas, seguras, motivadas, entusiasmadas e acalentadas;

um líder que empoderou seus discípulos a continuar sua missão de gerar novos adeptos para serem sal da Terra e luz do mundo, e não o fez por meio do controle ou do poder, mas sim pelo exemplo e amor. Ele teve plena consciência da sua missão, sua governança devotada, seu amor abnegado e o seu exemplo humilde, moldou a vida e o caráter dos discípulos na ocasião e continua influenciando uma magnitude de pessoas até os dias de hoje. Não há dúvida de que Jesus Cristo é um nome acima de qualquer outro nome, um líder sem comparações.

Do que você tem orgulho?

Eu me orgulho da minha família amada: meus filhos Vivian e Nathan são a minha maior alegria e motivação, são a expressão exata do mais sublime, responsável e abnegado amor; me orgulho dos meus pais, Edno e Sonia, a quem tenho enorme gratidão pelo amor recebido e por tudo que aprendi; alicerces na minha formação como pessoa; me orgulho das minhas irmãs Valéria e Márcia, amigas de verdade, referências de virtuosidade. Orgulho-me dos ótimos lideres, colegas de trabalho, professores, equipes, pessoas de diferentes tempos, empresas, entidades, que em algum momento cruzaram meu caminho para me ensinar algo de valioso, serviram de inspiração, referência e sabedoria.

Orgulho-me de um Dom particular e especial, capaz de fazer um deserto florescer.

Orgulho-me de ter tido coragem de tomar decisões difíceis, mas importantes que mudaram o rumo da minha vida. Nós podemos sempre nos reinventar e começar tudo outra vez. Orgulho-me dos enfrentamentos que tive de fazer com coragem, tendo como alicerce a minha convicção. Orgulho-me da coragem de manter-me ao lado dos meus princípios e valores quando esses foram colocados à prova. Orgulho-me dos "Nãos" que proferi, negando convites capciosos, presentes pretensiosos, sugestões de conchavos, articulações enganosas que feriam a moral e a ética. Orgulho por ter aprendido com meus erros, pela capacidade de perdoar os outros e a mim mesma, conscientizando-me de que sou falível e humana, pela capacidade de corrigir rotas, voltar atrás e ter aprendido lições valiosas. Orgulho-me, igualmente, por retomar o rumo e persistir na busca por um comportamento coerente, pela prudência, por entender que para aprender preciso reaprender e muitas vezes desaprender.

Por fim, nesse tempo, com a maturidade, posso dizer que tenho orgulho da mulher que me tornei, com maior consciência sobre mim, sobre minhas potencialidades, me orgulho dessa força interior, da determinação que me acompanha, dos comportamentos que busco aprimorar continuamente, da capacidade de exercer vários papéis, da sensibilidade da minha alma, da alegria de viver.

Orgulho-me do meu jeito de ser, do riso solto que por vezes aparece, da vida saudável que eu nutro diariamente, do espírito esportivo, do dinamismo, do gosto por desafios, das vivências profissionais, dos estudos e aperfeiçoamentos; me orgulho de ter uma mente curiosa, me orgulho pelas conquistas e vitórias. Alegro-me e me sinto honrada, acima de tudo, por ter desenvolvido uma inteligência espiritual e ter consciência de um ser maior do que nossa razão possa compreender.

O que você aprendeu com a vida que gostaria de deixar registrado nesta obra?

Trabalhando com desenvolvimento de pessoas e Coaching, aprendi sobre a limitação dos conselhos e *feedbacks* "construtivos", quando o outro não busca por eles. Nada podemos ensinar que já não esteja dentro de cada pessoa. Cada um tem a sua própria chave interior para abrir suas portas. Mas, quando convidados, podemos humildemente ser facilitadores do desvendar do autoconhecimento para expandir caminhos, para que o outro percorra as preciosidades do seu próprio ser, faça suas descobertas, expanda a consciência sobre seu potencial e alavanque seus resultados.

Aprendi sobre a importância do autoconhecimento. Nós somos as nossas histórias, os caminhos por onde andamos, as lentes que usamos, os encontros e desencontros, os sucessos e desilusões, os risos e lágrimas, construção e desconstrução, edificação e reparo, somos os nossos valores, dogmas, as escolhas e a retificação delas, seres em pleno processo de mudança e empreendimento, dinâmicos em permanente transformação. Por isso, mais importante do que os outros pensam sobre nós, é saber quem somos, os nossos porquês e especialmente saber o que queremos ser, já que temos esse privilégio de escolha, de sermos os protagonistas de nós próprios e o dom de autorrenovação está em nossas mãos.

Aprendi que nossos pensamentos não fazem de nós pessoas boas, nossas ações fazem. Aprendi que melhor do que nos sentirmos felizes é fazer as pessoas felizes. Aprendi que melhor é dar, do que receber, doar de nós, do nosso tempo, dos nossos ouvidos, dos nossos recursos, do que temos. Somente tem o poder de doar aquele que possui algo, tendo para si e para distribuir.

Já fiz algumas viagens a lugares especiais, sonhos realizados e alguns locais me surpreenderam. Amo viajar, descobrir lugares, conhecer outras culturas; as viagens proporcionam uma infinidade de aprendizados e sensações; no entanto, a viagem que proporciona o mais fenomenal conhecimento, a mais corajosa e instigante trajetória é aquela que fazemos para dentro de nós mesmos, na nossa alma, emoções, motivações, nos nossos desejos ocultos e pensamentos solitários.

Aprendi que precisamos manter nossa mente em "versão beta", ou seja, incompletos, não finalizados, não autossuficientes. Somente numa versão inacabada estamos com uma disposição de continuar nos aperfeiçoando, em pleno processo de elaboração. Não são raras as vezes em que nos deparamos no mundo corporativo com pessoas que parecem ter o rei na barriga, abusam do poder, são orgulhosas, prepotentes. Todos os profissionais de sucesso – inclusive eu – já nos sentimos assim em algum momento, inflados com nossos egos, inflamados com nossa pseudoglória, tirando-nos a capacidade de aprender com as pessoas, passando ao largo da humildade. Perigo a vista, pois a altivez precede a ruína. A vaidade esconde um grande risco, pois sobre todas as coisas que devemos guardar está o nosso coração. A chuva e o sol vêm para todos e mais cedo ou mais tarde ganhamos um tapa na nossa cara presunçosa, evidenciando a nossa falibilidade na escola da vida. Precisamos zelar pelo nosso interior, sondar o coração, esquadrinhar nossas motivações e ver se ali há algum cantinho de afetação, porventura uma raiz de soberba e fazer um conserto, um reinício.

Aprendi que continuarei aprendendo e descobrindo coisas novas e isso é uma graça da vida.

Qual mensagem de motivação você gostaria de deixar para os leitores deste livro?

Eu amo trabalhar, mas algumas vezes na minha vida profissional eu me senti cansada física e emocionalmente, sem ânimo e sem energia. Exercendo tantos papéis, como executiva, esposa, mãe, dona de casa, com uma agenda demandante, muitas vezes me vi na pele da mulher elástico, a personagem do desenho animado, tentando alcançar tudo, dar conta de todas as solicitações, as providências com os filhos, os compromissos profissionais, os estudos, as viagens a trabalho, as reuniões, os jantares, os congressos, os cursos de atualização, o *networking* etc, nunca parei para pensar se daria conta. Simplesmente faço o que precisa ser feito. No entanto, essa rotina nos deixa cansados. Meu conselho, a iniciar para mim mesma, é "aprenda a descansar, mas não a desistir".

Há um comportamento que impacta a vida muitas pessoas a não atingirem suas metas, ao deixar as coisas para serem feitas sempre depois. Elas procrastinam. Adia-se um plano aqui, escolhem-se outras empreitadas ali, troca-se o importante pelo urgente e com isso os sonhos vão sendo empurrados para um outro momento, um futuro incerto. O mau hábito de deixar tudo para depois pode arruinar as realizações e impactar o progresso individual. Pessoas que têm o hábito de procrastinar deixam inúmeras coisas para serem realizadas no futuro: o curso que impulsionaria a carreira, o estudo de uma nova língua, o tempo de brincar com o filho, a conversa difícil com o chefe, a dieta para melhorar a saúde, o exercício recomendado pelo médico, a decisão de largar um mau hábito etc. São situações, grandes e pequenas, que geram impactos com proporções diferentes. Ao procrastinar para um outro dia, substituímos a disciplina necessária às conquistas por pequenos prazeres de curto prazo que não requerem tanto esforço e seguimos empurrando pra frente nossos sonhos, ao invés de agir em direção a eles com foco. E quando nos deparamos, já é tarde demais. Na plena consciência de que o tempo está passando, emerge uma dualidade de pensamentos: cada novo amanhecer é um dia a mais no dom da vida. Mas, por outra perspectiva, é verdade que também é um dia a menos das nossas vidas. Tal consciência nos remete a um despertar sobre a necessidade de bem utilizarmos o tempo que temos.

Precisamos assumir o leme da nossa jornada. Ser o protagonista do nosso "roteiro" requer dedicação e ação. Um plano para ser executado com o máximo carinho e empenho. Se não o fizermos, quem o fará? Não esperemos o momento certo. Muito menos pensemos que já passou o tempo ideal, não aguardemos pelos acontecimentos, não vamos nos permitir ser levados pelas circunstâncias. Construamos nós, façamos o que precisa ser feito. Se tivermos muitas tarefas, comecemos pela primeira, com um passo e então sucessivos passos e ir adiante sem esmorecer sobre o que falta. E, quando estivermos cansados, que possamos aprender a descansar, mas não a desistir.

Cláudia Mariane Lourenço

Família

SEGREDOS DO SUCESSO V

Da teoria ao topo: histórias de executivos da ALTA GESTÃO

7

Nome: **Elaine Saad**
Empresa: Saad Company / YSC
Função: Gerente Geral

Quais os momentos mais importantes da sua carreira?

Sou muito privilegiada, pois considero que tive diversos momentos importantes na minha vida, não sei se porque eu considero os momentos como sendo únicos ou porque realmente foram diferenciados. Acho que minha carreira começou a dar certo desde o primeiro dia em que decidi fazer Psicologia. E decidi muito instintivamente numa época em que a possibilidade de se fazer pesquisas e consultas se resumia a consultar a Enciclopédia Barsa, Delta Larousse ou pessoas conhecidas. Foi muito fácil escolher, pois eu queria trabalhar com comportamento humano, isso era tudo o que sabia. Depois tive momentos mágicos. Quando iniciei meu negócio aos 25 anos de idade, por exemplo, sem saber nada de como seria administrar uma empresa. Lembro-me que nas primeiras semanas abordei meu pai, que era um contador de fazer inveja e um empresário eficiente, e lhe perguntei: – "Pai, como faço para cuidar da minha empresa?..." Ele respondeu: "Filha, vá até uma papelaria e compre um livro caixa e traga à noite que falamos." Fiz exatamente isso. Mais à noite lhe entreguei o livro caixa. Ele o abriu na minha frente e com suas mãos me mostrou o seguinte: "Aqui do lado esquerdo você coloca as entradas do mês, aqui do lado direito você coloca o que gastou. Ao final do mês você subtrai os gastos das entradas. Caso seja positivo você teve lucro, caso seja negativo você teve prejuízo". E me devolveu o livro preto e "assustador" para mim. Eu retruquei: "Mas só isso, pai?". Ele respondeu: "Só! O resto todo melhor você aprender por você mesma". Na hora fiquei muito brava com ele. Hoje sei que ele tinha toda razão. E assim foi, aprendi por mim mesma, fiz sozinha, errei, acertei e aqui estou. Tive momentos inesquecíveis quando vendi minha empresa, quando negociei meu primeiro contrato grande, quando conheci pessoas maravilhosas. Curta todos os seus momentos, eles não voltam mais, e cada um de alguma forma terá sua importância ou agora ou no futuro, quando você olhar para trás.

Quais as competências essenciais para o profissional do futuro?

Eu poderia citar inúmeras competências, citar autores e estudiosos sobre o assunto, mas de verdade o que acho é muito simples. O atributo mais essencial para agora e para o futuro é a capacidade de amar, de ser generoso e de compreender as pessoas. Muitas vezes, quando tento complicar e sofisticar, de alguma forma acabo chegando à mesma coisa. Seja feliz através das pessoas, seja generoso com o conhecimento que você tem. Seja simples e tente compreender os porquês das outras pessoas. Talvez você possa até não ser o melhor profissional do futuro, mas com certeza será o mais feliz e o mais admirado. Quando você conquista espaço e admiração das pessoas você é o melhor em qualquer época em que estivermos.

Em sua opinião, a inteligência artificial pode alterar o nosso estilo de liderança?

Durante minha carreira já perdi a conta de quantos atributos a respeito dos quais dei entrevistas ou escrevi artigos em relação à questão se eles mudariam ou alterariam o perfil de um líder. Com o passar do tempo descobri que o estilo de liderança é muito mais forte de dentro de nós para fora do que no sentido oposto. As condições externas podem sim alterar a forma como exerceremos a gestão de pessoas, porém, nossa natureza para liderar será, ao meu ver, sempre mais determinante. Ao longo de minha carreira, encontrei pessoas que não tinham a pretensão de liderar ninguém. Da mesma forma encontrei pessoas absolutamente dispostas a conduzir. Hoje acredito, de corpo e alma, que há algo intrínseco na liderança, nasce com a gente. Pode ser desenvolvido, melhorado ou até abafado pelo contexto que vamos encontrando pela vida, mas, o que está ali desde cedo, ali permanecerá, como uma semente a ser regada e cuidada.

Fale sobre aprender com os erros e aproveitar as oportunidades.

É muito difícil para todos nós admitir que erramos. Quando ganhamos essa habilidade? Quando percebemos que isso não abala o que você é, desde que você confie no seu "eu" e nas coisas que faz. Existem vários estudos pelo mundo que demonstram que em processos de coaching que tiveram sucesso, de alguma maneira, mais ou menos incisivamente, o aspecto pessoal trabalhado é a autoestima, a autosegurança. Eu tenho presenciado no meu trabalho direto com líderes o quanto isso faz a diferença. Quanto mais segura eu sou, mais fácil para mim é admitir que errei, pois isso não muda a minha competência de uma forma geral, ao contrário a melhora, no sentido de que uma vez assumido o erro, o próximo passo é acertar. Quando eu admito meu erro ganho a simpatia e a ajuda das pessoas, pois esse é um ato de humildade. Uma pessoa que "nunca erra" é uma pessoa que não convence, não agrada e não conquista.

Quais valores são importantes para você?

Hoje em dia muitos valores são importantes para mim. Valores como ética, honestidade, coerência e generosidade são vitais para mim. Aprendi que a partir de uma certa idade o grande patrimônio que temos na vida é o tempo. Sim, o tempo. Pois sem o tempo não podemos gastar o dinheiro que ganhamos e não podemos aproveitar as coisas que gostamos. Dessa forma, hoje em dia, fiz escolhas difíceis. Eu escolhi "gastar" o meu tempo onde possa praticar esses valores e com pessoas que compactuem dos mesmos valores que eu. Talvez possa ser egoísta, mas quando você percebe o quanto escasso é o tempo para todos nós, certamente me dará razão.

Como você conseguiu deixar sua marca?

Nunca fiz nada específico para deixar uma marca. Creio que apenas fiz, com generosidade, honestidade e atenção aos outros, tudo o que fiz. Deixar uma marca é consequência de uma postura na vida e não de ações específicas de marketing pessoal. Deixar uma marca é pensar no outro, é ser generoso. Isso não significa ser bobo. Significa ser genuíno de coração. Conheci na minha vida pessoas muito melhores que eu nessa arte. Acho que aprendi um pouquinho com elas, mas ainda me falta uma longa jornada nessa arte de amar incondicionalmente.

O que te faz feliz?

Tudo me faz feliz de alguma maneira e numa intensidade diferente. Acordar todos os dias e ir trabalhar me faz feliz, contribuir com a carreira de alguém me faz feliz, encontrar e conhecer pessoas, estudar, ler, aprender. Não espere algo muito grande para se declarar feliz. Declare-se hoje com o que você tem e com o que você é. O único tempo que você tem para ser feliz é o momento atual. Não deixe para depois e não delegue para ninguém. Ser feliz é algo que somente você pode dar a você mesmo.

Como você concilia a vida pessoal com a vida profissional?

Existe conciliação? Acho difícil. O que existe é conseguirmos conviver com todos os papéis que ocupamos, mas realmente dar a todos eles o mesmo enfoque, eu particularmente acho quase impossível (quase porque sou uma eterna otimista e talvez alguém já tenha descoberto a fórmula). Para todos os executivos e executivas que conheci, que tiveram sucesso em suas carreiras, havia um foco maior na profissão. Isso é polêmico! Em nenhum momento estou dizendo que essas pessoas não eram felizes na vida pessoal, mas o tempo investido no trabalho, em quantidade, era maior. Porém, também aprendi que investir tempo de qualidade na família pode ser mais importante que estar disponível muitas horas por dia. Essa conciliação, no entanto, é uma escolha pessoal, não delegável, e penso que cada pessoa tem o direito de escolher a organização de sua própria existência. Eu amo trabalhar, e amo minha família. Trabalho mais horas do que fico com eles, mas, quando fico, tiro o máximo que posso dessa convivência.

O que você não tolera?

Não tolero invejosos.

Qual o sonho não realizado?

Nossa, uma imensidão. Sempre tenho um sonho novo, algo que invento e que ainda não fiz. É muito bom ter muitos sonhos e estratégico também, pois aqueles que de alguma forma não aconteceram podem ser compensados por outros inesperados. Você sabe a diferença entre um sonho e uma meta? Resposta: um número. Não tenha sonhos, tenha metas. Sua mente vai entender muito melhor o que você deseja realizar, quando, de que forma e com quem. Sonhos do tipo "um dia eu farei isso..." ou "um dia eu terei aquilo..." não significam nada para seu cérebro e por consequência ele não o ajudará a realizá-los.

Como você mantém o foco para a realização dos seus objetivos?

Transformando sonhos em metas... rsrs.

Fazer o que se gosta é fundamental para o sucesso?

É mais que fundamental, é maravilhoso. Nem todo mundo consegue, mas quando você consegue é mágico!! Perceber a importância de se amar cada minuto do seu dia já é um sucesso.

Família

Elaine Saad

SEGREDOS DO SUCESSO V

Da teoria ao topo: histórias de executivos da ALTA GESTÃO

8

Nome:	**Eliana Bruno de Lima e Silva**
Empresa:	Grupo Home to Home
Função:	Empresária – Sócia-Fundadora

Quais as competências essenciais para o profissional do futuro?

Estamos inseridos em um cenário de intensas – e constantes – inovações decorrentes dos avanços técnico-científicos característicos do século XXI, fato que acaba ocasionando impactos na vida dos profissionais de todas as áreas.

Vislumbramos muitos deles em busca de novas oportunidades,

devido às crises econômicas que acabam arrebatando-os de suas zonas de conforto.

Pessoalmente, entendo que são mais de 35 (trinta e cinco) as competências essenciais aos profissionais em um contexto de tamanha renovação e alteração de padrões de competência e conhecimento, mas elencarei aquelas compreendidas como principais, posto que serão avaliadas pelo mercado até 2020:

• Equilíbrio emocional: com o acirramento da competitividade, as empresas estão em busca não somente de potenciais intelectos, mas de profissionais que suportem pressões e tensões; que saibam manter a calma na hora da tomada de decisões relevantes. Não basta, atualmente, ostentar uma excelente formação acadêmica e carecer de uma esfera emocional equilibrada.

• Relacionamento interpessoal: hoje profissionais suportam demissões em maior número em razão de suas incompetências comportamentais. A capacidade de relacionar-se bem com os colegas, para além de tornar o ambiente corporativo agradável, gera sinergia na equipe e aumenta a produtividade da atividade profissional.

• Aprendizado contínuo: é fundamental, para sobreviver ao mercado de trabalho e aos desafios futuros, que os profissionais se atualizem constantemente, tanto por meio de cursos de curta duração, quanto pela via da pós-graduação, MBA, mestrado, doutorado etc.

• Criatividade: as inteligências artificiais ainda perdem para nós em matéria de criatividade. O *machine learning* consegue desenvolver meios de resolver problemas, todavia os profissionais criativos ganham oportunidades em transformações de produtos e tecnologias.

• Gestão de Pessoas: esta é a grande habilidade para os próximos anos: capacidade de identificar, desenvolver e potencializar talentos em prol do crescimento pessoal, conjuntamente ao da própria empresa.

• Inteligência Emocional: aAptidão imprescindível ao profissional do século XXI, a Inteligência Emocional (IE) é a capacidade de compreender e gerenciar os próprios sentimentos, assim como os sentimentos dos outros. Quem hoje possui inteligência emocional encontra-se em posição de destaque no mercado de trabalho. A IE não é uma competência inata. A mestria de seu manejo é passível – e um devir – de aprendizagem, tamanho seu impacto na conformação do sucesso profissional.

Em sua opinião, a inteligência artificial pode alterar o nosso estilo de liderança?

Sim, pois ela permite que os líderes tomem decisões melhores, isto é, munidos de maiores subsídios, e com mais agilidade, deixando-os livres para se dedicarem às tarefas mais complexas, nas quais a máquina resta refém da capacidade humana.

Os líderes, na verdade, deverão dominar as novas tecnologias, a fim de gerenciarem com maior empenho ideias e inovações, as quais certamente contribuirão para o crescimento da empresa.

Fale sobre resiliência.

Este é um tema em relação ao qual quero me aprofundar, em parceria com os leitores, por ser um dos mais importantes em minha concepção enquanto empresária e, inclusive, por ser esta uma característica latente de minha história de vida.

A resiliência é a capacidade de o indivíduo lidar com problemas, adaptar-se a mudanças, superar obstáculos ou resistir à pressão de situações adversas, como choque, estresse, ou algum tipo de evento traumático, sem entrar em surto psicológico, emocional ou físico, justamente por encontrar soluções estratégicas para enfrentar e superar os embaraços e retornarem ao seu "estado original".

Isto tudo é muito bonito de se ler, mas vocês devem se perguntar: como as pessoas tornam-se resilientes?

A resiliência não é suscetível a percepções por meros testes psicológicos, mas cognoscível pela forma como a sua vida se desenrola.

Se você tiver a sorte de nunca experimentar qualquer tipo de adversidade não saberemos se você é resiliente.

Somente quando você se depara com obstáculos, estresse e outras ameaças "ambientais" é que a resiliência ou a falta dela emerge; você sucumbe ou você supera.

A título de exemplo, contarei um pouquinho da trajetória de vida de uma empresária, hoje bem-sucedida, a qual superou todas as adversidades que a vida impôs.

Ela nasceu em um ambiente familiar conformado por um pai e uma mãe muito jovens, ambos com 18 anos, contudo embasados pelo total apoio familiar das duas partes.

Ostentou uma infância invejável, com avós amorosos, condições financeiras boas, uma genuína "vida de princesa". Até os dez anos, construiu alicerces bem consistentes, mas aos 13 dormiu rica e amanheceu sem pão à mesa.

Seu pai abandonou a família e sua mãe ficou acamada por nove meses, dominada pela depressão. A família, tios, primos etc., sumiram quando faltou o café da manhã.

Restaram apenas ela, sua mãe e Deus. Ah, quanta fé ela nutriu! E que força interior testou naquele momento.

A única alternativa que vislumbrou foi sair para a rua em busca de emprego para que o pão de todo dia retornasse. Como era muito nova, levou algum tempo até conseguir alguma oportunidade.

Todas as contas para pagar estavam acumuladas em contrapartida ao que sequer havia: algo para comer.

Como sempre fora uma criança feliz, com garra e, o mais importante, estrutura psicológica para enfrentar as adversidades, que não foram poucas, não perdeu o prumo e manteve os olhos firmes à luz de seu farol, ainda que a neblina persistisse em manter-se ao seu lado.

Protagonizou humilhações, ouviu negações, suportou assédios, sofreu imposições e recebeu ameaças. Destruíram sua adolescência e a impuseram a vida adulta antes da hora.

Amadureceram-na e a emplacaram em uma grossa casca que lhe permitiu galgar altos saltos, mas aquela jovem mulher seguia ostentando – e lapidando – duas grandes habilidades: inteligência e eficiência. Tinha, como chamam os psicólogos, *locus* interno de controle, ou seja, ela acreditava que era ela – e não as circunstâncias que a afetavam – a responsável por suas próprias realizações. Sempre foi maestra de seu próprio destino, guia de sua alma e escritora de seus sonhos na primeira pessoa do singular.

Aos 23 anos, veio o primeiro estresse traumático: perdeu a pessoa que mais amava, seu avô, o tinha como um pai.

Padeceu à síndrome do pânico. O resultado? Seis meses sem poder trabalhar e procurando a cura através da fé, pois ainda não havia dinheiro suficiente, nem plano médico que a assegurasse.

A salvação? Mais uma vez, ter um grande mentor que muito lhe ajudou, seu chefe, dr. Estanislau Meliunas Jr., de quem recebeu todo o apoio necessário e, imprescindivelmente, o pagamento de seus salários como "ajuda de custo".

Outra superação para sua estimável coleção. De lá para cá, seguiu enfrentando com garra e foco os desafios posteriores, rumo ao que muitos julgaram ser inalcançável: ser uma empresária bem-sucedida.

Com 31 anos, essa empresária passou a trabalhar presidindo sua própria empresa – situação esta que perdura há 26 anos. Além da empresa, administra também sua casa, cuida de três filhas, empregados, sustenta seu pai e sua mãe, ambos dependentes, praticamente sozinha.

Ela sempre chamou a atenção de todos, por estar a todo tempo bem vestida, bem-humorada e por ser constantemente eficiente. Ela sempre gostou de organizar tudo e conseguiu harmonizar todas as tarefas da casa e da empresa. Todos admiravam esta mulher, até que, em um lindo dia, ela sofreu um colapso e ficou meses internada na UTI, em estado gravíssimo.

Hoje, ela passa bem e vos escreve estas palavras.

Após tudo que se passou, sob fria análise empreendida à luz de todas as experiências e habilidades adquiridas, posso afirmar que tive uma grande sorte, pois, nessa árdua caminhada, reuni mentores imprescindíveis que me ensinaram a conquistar formas cognitivas para reagir aos agudos contextos ora expostos.

A superação adveio da independência, da autonomia, de sempre buscar novas experiências e obter uma orientação social positiva.

Após toda esta narrativa, concluo que, muitas vezes, traçamos metas que nos exigem esforço por vezes demasiado, e nos levam a farrapos. Querer resistir aos olhares críticos dos colegas, às inseguranças pessoais, aos desafios cotidianos da vida e, ao mesmo tempo, satisfazer as expectativas dos chefes, do parceiro ou da parceira e dos filhos com excelência exige, acima de qualquer coisa, condicionamento psíquico e esperança, pois somente a esperança é capaz de manter nosso norte firme e inabalável. Do contrário, padeceríamos às altas barreiras que aparentemente nos afastam de nossas realizações.

A pressão tem aumentado, é verdade, e muitos nada fazem a respeito do cuidado com a saúde emocional e psicológica. Seguem inertes, até o momento em que o corpo se recusa a continuar e instantaneamente puxa o freio de mão ao último suspiro.

Senhoras leitoras e senhores leitores, vocês acabaram de conhecer a minha história e quero deixar registrado aqui que muitos sentem falta dessa força e dessa resiliência, responsáveis por nos promover superações das grandes, médias e pequenas crises de vida.

A despeito dessas pessoas ditas mais fortes, quero finalizar dizendo que embora haja fundamentos que indiquem a conformação da cognominada força de resistência psíquica na primeira infância, este atributo pode ser construído também em momento posterior. Afinal, nunca é tarde para manter a cabeça erguida, a mente íntegra e os sonhos pulsantes.

Quais valores são importantes para você?

A cada ciclo vivido, nossos valores sofrem verdadeira metamorfose.

Quando criança temos alguns, geralmente passados pelo ambiente familiar, quando adolescentes, outros que, provenientes de nossas novas experiências, somam-se aos que já carregávamos. Quando adultos, compilamos uma série deles e jamais poderíamos imaginar que mudaríamos tanto nossos valores e quão fundamentais eles se tornaram em nossas histórias, desde que devidamente solidificados.

Ao meu sentir, o valor-vetor primordial é o da busca da felicidade visceral, que nos proporcione apreciar e aprender o que reside de essencial no ato de existir sob o manto da humildade, revestido pelo comprometimento e autoestima.

Quais habilidades pessoais você adquiriu com a sua vida executiva?

- Aprender a dizer "não";
- Obter pensamento crítico;
- Manter a disciplina e o foco em relação às metas uma vez traçadas;
- Ter bom-humor para lidar com quaisquer cenários;
- Seguir meus instintos, pois a experiência nos concede certos *feelings*;
- Cultivar a paciência como a arte de esperar o momento certo para agir ou lidar com situações delicadas e, especialmente, para a conformação da tão almejada equipe ideal, pois pessoas requerem tempo daquele ou daquela que se diz líder;
- Autocontrole das emoções.

O que a faz feliz?

Entendo a felicidade enquanto estado. Bem por isso, não há que se falar em felicidade permanente, mas em momentos. Existem aqueles de extrema felicidade, nos quais explodimos de alegria e o coração bate com intensidade vibrante, aqueles decorrentes de realizações e aqueles em que a felicidade parece ter-nos esquecido.

Buscamos, incansavelmente e de forma inerente, a felicidade plena, a satisfação e o equilíbrio. Atualmente, encontro meus momentos de felicidade ao sentir paz interior, aprimorar meu bem-estar e viajar por este vasto mundo. Notadamente, sentir amor – o sentimento mais nobre da humanidade – e saber que aqueles que amo estão bem, tal como receber esse afeto na forma de admiração e reconhecimento me elevam praticamente ao Nirvana.

Como você concilia a vida pessoal com a vida profissional?

Não é tão simples conciliar esses dois setores que disputam nosso tempo e dedicação, ainda mais quando somos verdadeiros apaixonados pelo que fazemos, pois nossa identidade perpassa, inafastavelmente, por nosso ofício.

O trabalho e a família precisam de mim, mas eu também preciso da Eliana. Todos precisamos de uma dose de nós. Compreender isso me levou a empreender esforços, cada dia maiores, para administrar melhor meu tempo, buscando reservar umas horinhas para cuidar da minha vida social, familiar e, como reiterei a vocês, mental.

Para isso, realizo um planejamento semanal de tudo que tenho para fazer, com sua devida duração.

Não levo mais trabalho para casa; consegui montar uma equipe eficaz e competente que me dá suporte e alivia minha carga horária. A eficiência da organização é a saída para a harmonização de todas as esferas de nossas vidas.

O que você não tolera?

- Desonestidade;
- Mentiras;
- Injustiça;
- Traição.

Quando você erra reconhece isso?

Ao longo de minha caminhada, aprendi a ter humildade em

assumir meus erros, desde que com convicção, pois retiramos de cada erro a perspectiva de um futuro acerto.

Como você lida com a frustração?

Quando colocamos nossas energias e expectativas em alguma coisa ou em alguma situação que não restam atendidas, subsiste um sentimento muito ruim. Não podemos deixar que isso nos abale! Temos que dar a volta por cima e transformarmos o polo negativo em positivo.

Por exemplo: perder uma concorrência para a qual estamos há tempos nos preparando, empreendendo esforços e vislumbrando grandes possibilidades de êxito, mas acabamos perdendo para algum concorrente.

A perda gera um sentimento de frustração, mas não podemos transformar, automaticamente, perda em derrota. Com consciência e otimismo, é mais fácil traçar novas metas.

Não podemos nos colocar como vítimas da situação, isso não vai resolver nosso problema, é preciso mudar o discurso e o ponto de vista.

Quando a frustração se refere ao lado pessoal, é igualmente fundamental estarmos cercados por pessoas queridas que nos estimulem a seguir em frente. E outra dica: parar para pensar o que aquela situação pode nos ensinar. Aprender com os obstáculos é o passo primário para conseguir superá-los.

Como você mantém o foco para a realização dos seus objetivos?

Precisamos tomar cuidado para não nos distrairmos com um vagão, sob pena de prejudicar todo o trem.

Primeiramente, temos que definir quais são nossos objetivos. Quando estes são bem compreendidos e definidos, vamos em busca de alcançá-los criando um caminho para isso. Necessitamos de planejamento e organização nas atividades para atingirmos sua realização.

Devemos focar sempre no cumprimento das tarefas de nosso planejamento para chegarmos aos objetivos traçados, lembrando, ainda, que o planejamento deve ser revisto em eventuais mudanças de cenários. Purismo e ortodoxia nesses casos não militarão em nosso favor.

Fazer o que se gosta é fundamental para o sucesso?

Digo que a escolha de uma profissão é o primeiro calvário de todo adolescente. Todos acham e aconselham a fazer o que se gosta, um conselho equivocado e confuso.

Isto porque empresas pagam a profissionais, muitas vezes, para realizarem o que a companhia acha importante ser feito, não aquilo que os funcionários gostariam de fazer.

Seria o mundo perfeito se as coisas que queremos fazer coincidissem exatamente com o que a sociedade julga importante ser feito. Mas aí, quem faria os serviços públicos essenciais? Como recolher o lixo e varrer as calçadas? Funções necessárias, mas que ninguém quer realmente fazer.

Algumas empresas e hospitais, por exemplo, funcionam com base "no que é preciso ser feito", seja aos sábados, domingos ou feriados.

Eu até respeito mais os altruístas que fazem aquilo que é preciso do que os que só querem "fazer o que gostam", até porque muitas vezes fazer o que se gosta – ou se idealiza gostar – é um luxo reservado a poucos de nosso corpo social.

Então, perguntam: "Teremos que trabalhar em algo que odiamos, condenados a uma vida chata e opressiva?"

Não é bem assim. A saída está mais para os lados de conseguir aprender a gostar do que se faz. E isso é muito mais fácil do que pensam. Ponto essencial é desempenhar o seu trabalho de forma bem-feita. Curtir o prazer da excelência, da qualidade e da perfeição.

Isso é, praticamente, um conselho de vida.

Viva acompanhado da ideia de que, se algo vale a pena ser feito na vida, vale a pena ser bem-feito.

Hoje, as empresas tendem a valorizar mais aquele profissional que faça bem-feito o seu trabalho, em contrapartida daquele que faz apenas o mínimo necessário, ainda que ocupem o mesmo cargo.

Muitos profissionais odeiam o que fazem porque não se prepararam adequadamente, não estudaram suficientemente, não souberam – ou ainda não sabem – fazer aquilo que gostam.

Sempre fui perfeccionista e muito exigente, tanto comigo quanto com os outros. Atualmente percebo que esse perfeccionismo me permitiu sobreviver às chatices e me fez gostar das coisas enfadonhas que tenho de fazer para poder desempenhar, também, aquelas que me dão prazer e ser uma profissional mais completa, isto é, que emprega esforços e almeja excelentes resultados provenientes do que gosta e do que não gosta de fazer.

Se você não aprecia o seu trabalho, tente fazê-lo bem-feito, seja a melhor ou o melhor em sua área; destaque-se, você será valorizado, procurado e as portas se abrirão.

Família

Eliana Bruno de Lima e Silva

SEGREDOS DO SUCESSO V

Da teoria ao topo: histórias de executivos da ALTA GESTÃO

9

Nome: **Eloi Prata Alves Junior**	
Empresa: Expertise Consultoria e Treinamento Empresarial	
Função: Diretor Administrativo	

Como e onde você iniciou a sua trajetória profissional?

Minha trajetória profissional se iniciou no seio familiar, pois meu pai era contador e possuía um escritório de contabilidade, ainda na adolescência eu frequentava seu escritório e comecei a me interessar pelo universo da contabilidade. Nesta época eu fazia o segundo grau, hoje chamado de ensino médio, tentei seguir outro caminho prestando vestibular para Direito, mas não obtive êxito. No ano seguinte, fiz o vestibular para contabilidade e fui bem colocado no exame. Iniciei a graduação, e como estava trabalhando com o meu pai, e possuía uma certa prática da profissão, na academia fiz uma associação dos conhecimentos adquiridos com a teoria da contabilidade. Ao longo do curso, houve um despertar pela docência, participei de um programa na universidade chamado de monitoria, no qual acompanhava o professor da disciplina de Prática Contábil, e essa atividade fez nascer à vontade de também ser professor de ensino superior. Quando me formei iniciei as atividades profissionais juntamente com meu pai em seu escritório, me tornei sócio de fato e de direito, trabalhava para conquistar novos clientes e ao mesmo tempo implementar novas tecnologias que estavam surgindo na contabilidade. Por influência e auxílio de uma pessoa muito especial em minha vida ingressei no MBA em Gestão Financeira, Controladoria e Auditoria da Fundação Getulio Vargas e durante o curso em 2003 surgiu a oportunidade de fazer um concurso para professor da Universidade da Amazônia, onde eu havia feito a graduação em Ciências Contábeis. Assim se realizou o meu segundo desejo, ser professor, atualmente sou professor de Graduação de Contabilidade e Administração, e também sou professor de pós-graduação lato sensu na área de Contabilidade.

Quais os principais desafios e resultados que você vivenciou ao longo da sua carreira?

Atuando na docência pude participar de várias etapas na universidade e um dos maiores desafios foi buscar mais conhecimentos, pois a carreira docente requer titulações. Em 2008 se iniciou o programa de Mestrado Interinstitucional de Administração promovido pela Universidade Federal do Rio Grande do Norte, eu estava entre os 24 alunos classificados, que ao longo de dois anos e meio estavam no eixo Belém–Natal fazendo disciplinas e pesquisas de campo. Esse período foi um dos mais desafiadores da minha vida, pois estar sem a sua base familiar é desafiador para qualquer pessoa. Ao defender a dissertação em 2010 e obter o título de mestre, surgiram novas possibilidades na Universidade da Amazônia, fui convidado para ministrar aulas para pós-graduação, e posteriormente assumi a coordenação do curso de Ciências Contábeis, outro desafio em minha vida profissional, pois o processo de gestão na educação é complexo, existem três eixos a serem geridos: Alunos, Professores e Direção/Reitoria, durante a gestão na coordenação fui indicado para participar do Conselho Superior de Pesquisa e Extensão – CONSEPE, e neste conselho pude submeter à apreciação projetos de pesquisa para a Universidade da Amazônia.

Quem da sua história de vida inspirou/motivou a sua carreira?

A primeira pessoa que me inspirou na vida profissional foi o meu pai, uma pessoa com um vasto conhecimento contábil e experiências de vida que me direcionaram para a contabilidade. Hoje sou um o profissional que atua nesta área por conta dessa inspiração. A segunda pessoa que me inspirou, na área da docência foi a professora Lucilene Aguiar, que teve a sensibilidade de ver em mim um futuro professor, suas aulas não eram apenas de conhecimentos técnicos, eram de conhecimentos aplicáveis à vida, e pratico essa forma de ensinar até hoje, pois como docente podemos perceber que os alunos na busca da formação profissional acabam por esquecer o ser humano, e muitas vezes tornam-se profissionais frustrados que obtêm sucesso profissional, e entretanto não conseguem liderar pela falta do tato com pessoas. Outra pessoa que me inspirou na área da gestão acadêmica foi o professor Edson Franco, um exemplo de gestor que busca a essência de todos os seus comandados por meio de exemplos de vida, um gestor que lidera pelo exemplo.

Quais dicas você daria para aqueles que estão iniciando a carreira profissional?

A carreira profissional vai ser recheada de altos e baixos, é necessário aprender sempre, buscar a cada dia o conhecimento, ao longo da carreira é necessário fazer sempre mais do que esperam de você, faça sempre 100%, perguntar nunca é demais, seja curioso e determinado na solução de problemas. Tenha metas de curto, médio e longo prazo. Seja adaptável a novas tecnologias.

Ao recrutar um profissional, quais características comportamentais você considera fundamentais?

Selecionar pessoas é algo complexo, pois buscar um profissional com perfil para atuar em determinada carreira envolve nos dias atuais não apenas conhecimentos técnicos, é necessário possuir habilidades e atitudes pertinentes ao cargo a ser desempenhado, uma das que considero mais importantes é a capacidade de trabalhar em equipe, pois ninguém executa uma função sozinho, é necessário o apoio ou suporte de outras áreas dentro das organizações.

Qual legado profissional e pessoal você gostaria de deixar para a sociedade?

O conhecimento é o legado que eu gostaria de deixar para a sociedade, transformar pessoas por meio do conhecimento é algo extremamente gratificante, e fazer isso por meio de exemplos de vida é uma das melhores coisas para um professor.

Cite alguns líderes que, em sua opinião, são inspiradores.

O primeiro deles é **JESUS**, ele liderava por meio de exemplos com a maior simplicidade do mundo. **Walt Disney**, que acreditou e tornou os sonhos realidade, com sua persistência e resiliência e soube lidar com os momentos de dificuldades. **Steve Jobs**, sua capacidade de inovação é inquestionável.

Como você define o papel da liderança?

Liderar não é um processo fácil, envolve vários fatores, acredito que a liderança deve surgir de forma natural, o líder deve exercer seu papel sem forçar a autoridade, ele deve liderar pelo exemplo pessoal e pelas práticas de suas atividades. Além de fazer a liderança compartilhada, saber delegar, acompanhar e cobrar, um líder deve sempre tomar decisões justas e sensatas.

O que você faz para se manter motivado?

Os filmes ligados à gestão são bons fatores de motivação para liderança, gosto de assisti-los para buscar a essência, utilizo trechos deles em salas de aulas para motivar alunos. Frequentar eventos ligados à profissão também é uma das fontes de motivação. Mas a maior motivação vem do apoio familiar.

Qual a importância da inovação nas organizações?

O processo de inovação é importante dentro das organizações, criar novos produtos ou serviços pode maximizar os processos organizacionais com velocidade, isso acelera o processo de decisão dos gestores, gera maior competitividade para as empresas, com a inovação tecnológica pode-se aumentar o *market share* das empresas.

Como você realiza o networking de maneira efetiva?

Para mim o melhor *networking* ainda é a propaganda boca a boca, ao executar um bom serviço para meus clientes eles replicam para amigos e outras pessoas o serviço prestado, é. É claro que participar de eventos e trocar cartões de visitas para que você possa contatar pessoas e ampliar sua rede de relacionamentos e cultivar bons relacionamentos também funciona, há uma frase no marketing *"Quem não é visto não é lembrado"*. Entretanto os clientes acabam gerando essa rede de relacionamento por você pela qualidade dos serviços que você presta.

Do que você tem saudades?

Sinto saudades da minha infância, dos brinquedos educativos e das brincadeiras de crianças, onde a responsabilidade era estudar e tirar boas notas, das conversas na porta de casa com os amigos, de colecionar figurinhas de álbuns.

Do que você tem orgulho?

Tenho orgulho de ser um profissional da educação, um professor que, além de ensinar a Ciência Contábil, pode transformar por meio da educação, com conhecimentos e de experiências de vida. Sinto muito orgulho de encontrar antigos alunos bem colocados no mercado profissional e saber que pude participar de uma parte do processo de formação, acredito que não há melhor recompensa para um professor do que essa.

Qual o significado da palavra felicidade?

A felicidade é constituída de pequenos momentos, estar com a família, viajar e conhecer lugares novos, apreciar uma bela paisagem, observar a chuva que cai e sentir o cheiro de terra molhada, contemplar o pôr do sol, sentir os pés molhados pelas ondas na praia. Todas essas pequenas coisas eu chamaria de felicidade.

Qual a sua citação favorita e por quê?

"A educação não transforma o mundo, a educação muda as pessoas, as pessoas transformam o mundo", esta citação de Paulo Freire é uma das frases que motiva os profissionais que trabalham na educação, desde a formação básica até o ensino superior, e refletem tudo aquilo que um professor busca, ou seja, a transformação das pessoas, para que elas mudem o mundo, e o transformem em um mundo melhor, mais igualitário e justo.

Quais são seus hobbies preferidos?

O primeiro *hobby* favorito é fazer manutenção em computadores, observar os componentes, montar e desmontar as peças, instalar sistemas e programas de computadores.

O segundo é dançar, gosto da leveza dos movimentos da dança de salão.

O terceiro é ler, gosto de ler livros técnicos, de ficção e de autoajuda.

Qual sonho você gostaria de realizar?

Um dos sonhos que gostaria de realizar é fazer o doutorado na área de gestão, para poder agregar mais conhecimentos nas aulas que ministro, tanto na graduação como na pós-graduação, e também melhorar as consultorias nos processos de gestão empresarial.

O que você aprendeu com a vida que gostaria de deixar registrado nesta obra?

Ao longo desses anos trabalhando com educação pude aprender com a transformação do homem, essa transformação não é um processo fácil, ela requer um trabalho árduo, por muitas vezes você tem que abrir mão de coisas preciosas, tais como momentos com a família, você deve aprender a dimensionar os recursos financeiros, pois é necessário gerir melhor os seus ganhos e controlar seus gastos, mensurar os objetivos do trabalho, ou melhor, observar que muitas vezes certos trabalhos vão exigir muito de você e o retorno será apenas financeiro. Assim, não exerça uma profissão apenas pelo dinheiro, a satisfação de um trabalho deve ser dimensionada pelos resultados que você pode entregar de transformação das pessoas, é muito gratificante escutar ou ler um depoimento no qual você está inserido de forma positiva. E saber que você foi a inspiração para alguém ser um bom profissional, realmente vale muito a pena, essa é a verdadeira riqueza, esse é o legado que devemos deixar, compartilhar conhecimentos é muito valoroso.

Qual mensagem de motivação você gostaria de deixar para os leitores deste livro?

A trajetória pela busca da capacitação profissional deve ser recheada de desafios, e a cada superação olhe o quanto você cresceu, veja o que foi capaz de superar, nada chega às suas mãos com facilidade, busque sempre o conhecimento, pois essa é a maior riqueza que você vai obter, porque os bens materiais serão esvaídos com o tempo; compartilhe com todos seus conhecimentos, isso será gratificante para você; seja justo com as pessoas e pense bastante antes de tomar qualquer decisão.

Com base no que você vivenciou, ao longo de sua vida corporativa, qual o segredo do sucesso para ir da teoria ao topo?

Não há uma fórmula mágica para se obter o sucesso, ele é uma união de vários fatores, porém, não há sucesso se não houver uma vontade muito grande de vencer, associada ao trabalho com o intuito de melhorar. No mundo dos esportes alguns chamarão isso de treino, você só pode melhorar se treinar, bastante, exaustivamente. Entretanto, no mundo corporativo muitas vezes não temos tempo ou chance para treinar, então você deve reter o maior conhecimento que puder, observar todas as variáveis possíveis, estudar o que o mercado anseia, observar as pessoas que tentaram, quais foram os sucessos obtidos? Onde fracassaram? Muitos empresários estão no mercado da tentativa de erros e acertos, esse é o risco dos negócios, e, faz parte do dia a dia empresarial, tente aprender com os erros de outros, e, sem dúvida, não parar de estudar, aprender sempre alguma coisa diferente faz com que sua mente fique ativa e receptiva para novidades, eu faço isso há algum tempo, e posso garantir que você vai chegar aonde quer, porque você está motivado e com uma vontade gigantesca de obter o sucesso você tem a força que precisa, ela está dentro de você e muitas vezes só precisa ser ativada.

Fale de suas origens.

Meu nome é Eloi Prata Alves Júnior, sou o quarto filho do casal Eloi Prata Alves e Edith Ripardo Alves, meu pai é contador e minha mãe é servidora pública, hoje aposentada. Nasci no ano de 1974, mais precisamente no dia 06 de abril desse ano, minha infância foi em um bairro da Cremação, periferia de Belém-PA, meus estudos se iniciaram na escola pública Pinto Marques, onde cursei o que se chamava na época de primário, que ia do Jardim até a 4ª série, depois passei para a escola pública Vilhena Alves, onde estudei a 5ª e a 6ª séries, minhas irmãs já estavam estudando no colégio Ideal, que era particular, e meus pais me transferiram para o mesmo colégio, onde cursei a 7ª série e a 8ª série estudei no Colégio CESEP, onde concluí o primeiro grau. O segundo foi cursado no Colégio Estadual Paes de Carvalho, ingressei na Universidade da Amazônia para cursar Ciências Contábeis e concluí o curso em 2002. Nessa época já estava trabalhando no escritório do meu pai onde eu já estava envolvido no mundo da contabilidade. Minhas irmãs também passaram por um período de aprendizado na contabilidade lá também, posso dizer que a primeira experiência profissional de todos nós foi lá, naquele universo de débitos e créditos, cálculos e mais cálculos, fazíamos as coisas quase que automaticamente, e na universidade pude associar os conhecimentos da prática profissional com os conhecimentos científicos da contabilidade, que me foram úteis durante toda a graduação, dava aulas para os meus colegas de classe nas épocas de provas, e por conta disso participei do programa de monitoria da universidade que consistia em acompanhar o professor na disciplina e auxiliar os alunos tirando dúvidas e resolvendo os exercícios, nesse momento houve um despertar para a docência.

Eloi Prata Alves Junior

Família

SEGREDOS DO SUCESSO V

Da teoria ao topo: histórias de executivos da ALTA GESTÃO

10

Nome:	**Érika Maria Porto Magalhães**
Empresa:	Camil Alimentos
Função:	Diretora de DHO

Fale um pouco da sua história profissional.

Iniciei minha carreira na Ambev. Eu morava em João Pessoa e era uma jovem estudante de Psicologia que sonhava com a carreira executiva. Entrei na empresa quando ainda era Cia Cervejaria Brahma por um processo seletivo para a área administrativa, que envolvia muitos candidatos. Depois de uma maratona de testes e entrevistas, em 1997, eu atingi meu primeiro objetivo de ingressar em uma grande empresa.

Passei pelas áreas Financeira e de Suporte a Vendas, antes de integrar a área de Gente e Gestão, que sempre foi meu alvo de atuação. Foram dez anos em diferentes funções, tais como analista, coordenadora e gerente regional, em vários estados do Brasil. Após este período de muito aprendizado e desenvolvimento profissional, percebi que minha relação com a empresa tinha chegado ao fim, o que não me impediu de manter uma profunda admiração pela organização e pelas pessoas que lá estavam. Eu tinha sede de conhecer e trabalhar com outros segmentos, queria me reinventar e fui para uma empresa que atuava com *commodities*. Trabalhei como gerente de RH para a área de Operações em uma usina de açúcar e álcool no interior de São Paulo. Mudei de vida e fui morar em Votuporanga, onde fiquei por três anos e enchi minha bagagem com novos conhecimentos. Passei a entender processos com que eu ainda não havia tido contato, como responsabilidade social, meio ambiente, relações trabalhistas e sindicais. Um marco deste período foi entender que é fundamental aprender com as empresas nas quais trabalhamos e que cada uma tem sua cultura e particularidades. Além disso, um profissional precisa estar alinhado à cultura da organização que escolhe (sim, acredito que é uma escolha das duas partes), caso contrário não vai conseguir desempenhar bem seu papel. Passei um bom tempo para entender que não podia fazer de uma usina de cana uma "Ambev".

Foram muitas conquistas e "mão na massa". Três felizes anos do ponto de vista pessoal e profissional e, ao final do ciclo, encarei o desafio de mudar novamente de empresa e cidade. Mudei-me para Santos, enfrentando o desafio de um segmento novo, com muitos entraves operacionais e sindicais, primeira empresa de capital fechado, com um conselho familiar, mas com uma líder admirável que me fez refletir sobre a minha impulsividade e acreditar mais ainda no papel transformador que a gestão de pessoas pode trazer. Essa experiência me levou a lidar de forma mais madura com a minha ansiedade de execução. Em menos de dois anos, de forma um pouco prematura (mas sem deixar passar aquela oportunidade que se apresentava), recebi a proposta de ser a *head* de RH em uma empresa de tecnologia, onde eu poderia dar o tom da área, criar quase do zero, montar o time e construir junto com eles. Uma empresa jovem, cheia de desafios. Eu encarei de frente e nem imaginava o que estava por vir, mas veio: seis anos de muito envolvimento, trabalho, conquistas e muitos, mas muitos projetos implementados. Foi engrandecedor para mim, fiz amigos, me realizei profissionalmente, mudei o patamar da minha carreira. Medo? Algumas vezes senti, mas sempre fui muito apoiada pelos meus gestores. Esse perfil de RH me levou a experiências dentro da empresa muito interessantes, como fazer parte de projetos estratégicos, opinar em áreas de vendas, ajudar na gestão de outras diretorias, a ser muito mais sistêmica. Com o passar do tempo e o desempenho das atividades, fui cogitada a participar de um processo para ser vice-presidente de Gente e Gestão de uma empresa de capital aberto no segmento de educação. Mais uma vez um novo desafio, em um segmento diferente, mudando de cidade, alterando positivamente a minha vida. Mas quem disse que não era desafiador? O que fazer se sou movida a desafios e encarei mais este com muita energia e entusiasmo?

Um ano e dois meses atuando no mundo de Educação, onde puder formar um time muito alinhado e unido, foi sem dúvida um desafio tanto do ponto de vista do meu desenvolvimento profissional, quanto das entregas e projetos realizados.

Trabalhar em um estado, morar em outros começou a ficar cada dia mais difícil, e mais um segmento cruzou meu caminho e assim entro no mercado de Alimentos, integrando a Diretoria de DHO de uma indústria de alimentos, e agora cumprir mais uma vez o propósito de transformar vidas através da gestão de pessoas.

Quais os maiores desafios da sua vida profissional?

Ao longo da minha carreira, passei por muitos momentos, mas posso destacar alguns deles como divisores de águas na minha vida. Eu os chamo de "meus ciclos de vida", em que pude desenvolver habilidades, errar e acertar.

Sair da minha zona de conforto, que era a cidade de João Pessoa, na Paraíba, e me lançar no desafio de ir atuar no Rio de Janeiro, levando minha família junto e encarando as complexidades de uma operação muito maior e com muita visibilidade foi excelente para minha carreira. Em 2017, depois de seis anos trabalhando em empresa de tecnologia, abracei mais uma oportunidade da minha carreira, entrar como vice-presidente de Gente e Gestão da Estácio, ou seja, liderar um time experiente, diverso e capaz e trabalhar ao lado de profissionais de peso.

Neste novo ciclo que estou iniciando vou determinada a escrever mais um capítulo da minha história.

Cite alguns líderes que inspiraram sua tragetória.

Ao longo da minha jornada, tive bons exemplos de vida e de profissionais. A primeira delas, sem dúvida, foi minha mãe, Edna Magalhães, pedagoga e que por muitas vezes vi debruçada nos livros, estudando para desempenhar melhor o seu papel. Aceitou os desafios que a vida lhe deu e se lançou em muitos trabalhos, que ela mesma não imaginava que daria conta com tanta mestria. Posteriormente, tive líderes maravilhosos, que me motivaram e me levaram a ser a profissional que sou e acreditaram no meu trabalho (Raquel Carneiro, Carla Veronica, Claudia Falcão, entre outros).

Posso dizer que trabalhei com gestores diversos e incríveis, com competências diferenciadas e que cada um deles me ensinou muito e contribuíram para o meu desenvolvimento profissional.

Mesmo quando discordamos de um gestor, precisamos extrair dele coisas que nos levem a crescer, em vez de nos acomodarmos a trabalhar e conviver com quem não se admira. Sempre busquei isso em meus líderes. Nestes 20 anos trabalhando na gestão de pessoas, são muitas histórias inspiradoras. Uma delas foi quando assumi a gerência regional da Bahia, em 2005, e me deparei com um time que vinha de uma gestão anterior excelente, admirada por todos. Inclusive eu e essa gestora (Amanda) nos tornamos grandes amigas. Eu não sabia ao certo como engajar o time nem como podia fazer as transformações necessárias por meio daquelas pessoas. Minha estratégia foi aprender com eles, fazendo meu trabalho de forma "customizada", entendendo os regionalismos, adaptando as atividades ao jeito deles, e preservando as coisas boas que eles já faziam, sem destruir valor das coisas já conquistadas. O resultado disso? Em um ano, tivemos a maior evolução do programa de excelência, emplacamos três projetos com resultados consistentes e a oportunidade, mesmo que em pouco tempo, de subir mais um degrau na carreira e assumir a gerência regional do Rio de Janeiro.

Um outro momento interessante foi quando um diretor de vendas precisou de ajuda, pois se encontrava com dificuldade em realizar a gestão do time e alavancar as vendas (dado o cenário de mercado no momento). Em conjunto com outros pares e com suporte do "board", foi montado um grupo de trabalho multifuncional e implantamos a gestão semanal com a governança necessária e total suporte a este gestor, entendendo melhor o mercado, as alavancas possíveis, a performance do time e as melhores práticas. Visitamos lojas, identificamos oportunidades e, com isso, todo o grupo saiu com um plano tático de atuação. Em um ano, e após muitas mudanças em processos, sistemas, parceiros e até em pessoas, a área passou a ser a mais rentável da empresa. Entender o negócio, se aprofundar nele e saber qual o meu papel e o da minha equipe foi fundamental na minha carreira.

O maior erro que uma área de RH pode cometer é não ter o foco no negócio, nas estratégias organizacionais e trabalhar em práticas engessadas, padronizadas e que visem apenas o cumprimento de regras e processos. Claramente, manter a governança correta, políticas aderentes, ser guardião da ética em tudo que se faz é fundamental, mas o RH precisa estar conectado ao negócio.

Hoje em dia, já não faz o menor sentido para gestores de pessoas não pensarem assim.

Qual a importância da inovação nas empresas?

Acredito que inovação é muito mais que ter novas tecnologias. É necessário repensar o modelo de negócio, ou seja, pessoas, processos, sistemas etc. A inovação, em todas as suas nuances, é fundamental para a sobrevivência das empresas, ainda mais em um cenário cada vez mais competitivo e globalizado (mundo VUCA). Não há como falar em inovação sem falar de pessoas e seus comportamentos, e não cabe mais ter esta pauta se não existir uma predisposição das pessoas para isso. Mas como ter pessoas com *"mindset"* de inovação? Com DIVERSIDADE... No mundo de hoje, fazer inovação sem pensar em diversidade é incongruente. Gente diferente, pensando de formas distintas e trazendo ideias e demandas variadas, é um caminho sem volta. Sendo redundante: não se chega a resultados melhores e mais sustentáveis fazendo como sempre foi feito e, para mim, inovação é atitude para pensar e fazer. O Vale do Silício é um ótimo exemplo de diversidade, onde temos pessoas de diversas nacionalidades pensando em formas diferentes de alcançar resultados e que impactem positivamente a vida das pessoas.

Qual o reflexo das práticas de cidadania nas empresas?

O reflexo das práticas de cidadania é do tamanho da vontade das empresas de assumirem o tema como um valor. Cada vez mais clientes, consumidores e demais *stakeholders* estão de olho nas empresas para dentro e para fora. Comportamentos empresariais são observados e muitos negócios e decisões são feitos com este olhar. As novas gerações estão muito atentas a esses comportamentos e os mesmos podem ser um obstáculo ou um acelerador do crescimento do negócio, bem como da imagem da empresa.

Não se aceita mais estabelecer relação comercial com empresas que possuem trabalho escravo e estão envolvidas com corrupção, por exemplo.

Para o trabalho de cidadania empresarial não é diferente. Empresas que têm essa prática como um valor e se preocupam e investem neste trabalho podem colher muitos frutos em todos os aspectos: respeito pelos órgãos públicos e mídia, tomada de decisão de compra pelos clientes e consumidores e aumento significativo do engajamento organizacional, sem falar na influência da marca para atrair talentos (*employer branding*).

Na empresa em que trabalho hoje, até a natureza do trabalho já fomenta o compromisso social. Mas não paramos por aí. Trabalhamos com projetos consistentes, que se preocupam com a comunidade no entorno, de combate ao analfabetismo, com foco em cultura, esporte e arte.

O trabalho social leva aos nossos colaboradores e alunos a possibilidade de trabalhar nosso propósito com ações voluntárias. Internamente, vivenciamos um orgulho enorme de pertencimento por conta destas ações vividas aqui.

Como você faz as conexões no mundo corporativo, ou networking?

Tenho muito orgulho das minhas conquistas profissionais, da minha história de vida, da minha família e dos amigos que fiz e com que me conecto até hoje. Alguns com 10, 15, 20, 30 anos de amizade. Tenho muitas conexões com todos que já trabalhei (e não foram poucos). Mantenho sempre minha rede de relacionamentos e procuro fazer novas conexões também. Gosto de conversar com pessoas de segmentos, atividades e profissões diferentes da minha. Acho que tudo é *networking*. Não é necessário estar em um congresso ou numa convenção para isso: todo tempo é tempo e todo momento é momento. Já conheci muita gente interessante e competente em uma viagem de férias, eventos e até na casa de amigos. Acredito que devemos estar sempre abertos a ouvir e dividir, acho muito enfadonho conversar só com pessoas iguais ou que tenham os mesmos projetos que os meus. O que agrega mesmo é a diversidade, as diferenças, as divergências. Praticar *networking* é um compromisso pessoal a ser perseguido diariamente em tudo que fazemos. Já conheci futuros amigos, funcionários e até clientes nos lugares mais inusitados.

O que você aprendeu na sua trajetória que gostaria de compartilhar nesta obra?

Aprendi que nossos valores, cultura e conhecimento devem ser nosso bem mais precioso. Em um determinado momento de vida fiz as escolhas que não necessariamente eram as mais atraentes do ponto de vista profissional, mas aquelas que miravam no que acredito, nos valores que tenho. Um profissional não pode "se agredir", " robotizar" em prol de sucesso, dinheiro e carreira. Não me arrependo de nenhuma escolha que fiz, porque sempre tive como norte os meus valores. E num mundo volátil, diverso e com acessibilidade a tudo (para o bem e para o mal), precisamos estar atentos para não perder nossa essência.

Qual legado você gostaria de deixar?

As relações pessoais, as conexões que fazemos ao longo da vida e a história que construímos são importantes e devem ser memoráveis. Ninguém pode nos tirar conhecimento e as experiências que vivemos – estas ficam conosco até o final.

Quando definimos nosso propósito tanto pessoal quanto profissional e temos valores claros que permeiam nossas atividades, ações e projetos, sem dúvida fica muito mais fácil explicar o porquê das coisas que fazemos. Um profissional precisa sempre saber as razões pelas quais está desempenhando ou construindo para ser intenso e verdadeiro, senão vira ação isolada, projeto sem sentido, comunicação truncada e tempo perdido.

Engajar e envolver as pessoas por uma causa não é uma tarefa fácil, porque não é matemática. O engajamento requer uma série de ações pequenas e grandes que contagiam. Liderança eficaz talvez seja a mais importante delas. Líderes genuínos, que de fato estão empenhados na capacidade e alcance de resultados por meio de pessoas.

Não estou falando de líderes paternalistas e benevolentes, que cedem muito e são os mais "amados". Falo de líderes que sabem reconhecer, orientar, direcionar, delegar, envolver e capacitar pessoas, que se preocupam com a longevidade das organizações e com a carreira dos seus times. Meus melhores líderes me deram muitos "nãos" e me abriram os olhos muitas vezes. Eu percebia em todos eles o interesse real no meu desenvolvimento, de forma totalmente crível e genuína. Sempre busquei ser esta líder para meus times. Errei algumas vezes, sem dúvida, mas costumo dizer que sempre é tempo de corrigir o rumo (nos momentos com o time, saber ouvir e pedir o *feedback* ajuda bastante).

Quanto ao legado, acredito estar diretamente relacionado a influenciar comportamentos. Se eu puder ver pessoas se desenvolvendo, crescendo e sendo profissionais respeitados que tenham passado pela minha gestão ou que tenham trabalhado ao meu lado, isso, de fato, me realiza. Se meu trabalho puder influenciar positivamente as pessoas, alcançar resultados, mudar vidas e, tão ou mais importante que isso, se eu puder ser exemplo para meus pares, meu time e minha família, sendo lembrada como uma pessoa que acredita nas pessoas e em sua capacidade de realização, me sentirei muito realizada e com dever cumprido.

Família

Érika Maria Porto Magalhães

SEGREDOS DO SUCESSO V
Da teoria ao topo: histórias de executivos da ALTA GESTÃO

11

Nome: **Felipe Pereira Coelho**	
Empresa: Dafel	
Função: CEO	

Como e onde você iniciou a sua trajetória profissional?

Sou filho de um imigrante português e desde que me entendo por gente vejo meu pai se dedicar ao seu negócio. Houve inúmeras ocasiões em que eu, ainda pequeno, acompanhava as atividades profissionais daquele que viria a ser meu grande mentor. Dessa maneira, desenvolvi gosto pelo empreendedorismo.

Minha história se confunde com a da empresa. Aos sete anos, já fazia "saquinhos de parafusos", ou seja, distribuía as caixas enormes do estoque em sacos com centos para serem comercializados no varejo. Ainda no início da adolescência, passei a cooperar com o negócio do meu pai em momentos de férias ou em outras ocasiões em que tinha disponibilidade. Era encorajado a priorizar o estudo mas também me envolver no trabalho, conhecer a operação e adquirir responsabilidades. Esses momentos foram muito significativos pois aprendi muito cedo o valor do trabalho e os inúmeros desafios com que um empreendedor lida diariamente no Brasil.

Quando cheguei na fase de terminar o Ensino Médio e prestar vestibular, optei por Administração. Minhas análises vocacionais eram congruentes com o desejo que tinha de dar prosseguimento ao que aprendera na minha ambiência familiar.

Felizmente, passei em todos os exames de seleção e optei pela Universidade Federal do Rio de Janeiro. Ao terminar o curso, já assumi responsabilidades maiores na empresa e gradativamente fui conquistando espaço até chegar a ser o principal executivo da organização.

Quais os principais desafios e resultados que você vivenciou ao longo da sua carreira?

Meu maior desafio foi absorver o legado do meu pai e, ao mesmo tempo, direcionar a organização para a era digital. Conciliar tradição e inovação. Manter o alicerce mas também criar uma edificação nova, moderna e contemporânea.

Tendo sempre uma postura humilde e harmonizadora fomos avançando e fazendo com que a intenção se materializasse em realização. Hoje, nosso maior resultado é ser um *case* de sucesso, um *benchmark* em sucessão familiar. Algo que também nos enche de orgulho.

Quem da sua história de vida inspirou/motivou a sua carreira?

Minha maior inspiração de carreira foi meu pai. Com seu jeito simples e generoso sempre o vi cativar uma imensa gama de pessoas. Acompanhei todo o seu histórico desde fundar a empresa e fazê-la florescer. Com o tempo o contemplei se tornar uma pessoa extremamente reconhecida e estimada no meio empresarial e em toda a comunidade por ter um caráter íntegro e autêntico. Todos esses exemplos me inspiraram e me motivaram a seguir a trajetória que desenvolvi em minha carreira profissional.

Alguma história na gestão de pessoas que você gostaria de compartilhar?

Em uma determinada época, meu pai e eu costumávamos compartilhar revistas mensais de negócio. Numa delas, era publicada uma reportagem sobre as melhores empresas para trabalhar no Brasil. A capa da edição era sempre dedicada a trazer o *ranking* das dez melhores empresas para se trabalhar no país.

Certa ocasião, mostrei a capa da revista com esse ranking ao meu pai. Perguntei se ele já tinha lido e a resposta foi não. Decidi não perguntar se ele queria ler aquela edição como de praxe. Mas perguntei: "Vamos colocar nossa empresa nessa lista?" Ele riu. Como eu permaneci sério, ele percebeu que falara de verdade.

Um tanto quanto surpreso e constrangido ele falou que estávamos muito distantes dessa realidade. Rebati que havia *rankings* para pequenas empresas e a participação era isenta de custo. Ele chegou a dizer que seria um desperdício de tempo. Terminei com a conversa dizendo que iria me inscrever e o pior cenário possível seria ganharmos uma consultoria gratuita.

Dessa forma, segui em frente e fiz a inscrição. Meses depois recebi o primeiro *feedback*. Não foi muito agradável. Como já era esperado nem fomos ranqueados porque não atingimos a pontuação mínima. Todavia, o resumo quantitativo foi bem realista. Empresa com processos rudimentares e poucas ações de valorização de pessoas foram duas das frases mais marcantes. No entanto, nossa pontuação de clima organizacional, baixo *turnover* e orgulho dos colaboradores foi altíssima. Segundo a minha cartilha de perseverança, criei uma tarefa com a data da inscrição do ano seguinte.

Mesmo que para muitos fosse algo inatingível, criei um plano de ação para melhorar os pontos em que fomos criticados e fortalecer os que fomos elogiados. Dessa maneira, prosseguimos no ano seguinte com a participação na pesquisa.

Ao longo de dez anos, fizemos esse ciclo: receber o *feedback*, montar um plano de ação, executar o plano e nos reinscrever no ano seguinte. Sem perceber, estávamos tornando a organização extremamente forte na gestão de pessoas. Já tínhamos uma empresa com características muito interessantes pelo modelo de condução implantado pelo meu pai. Todavia, as devolutivas que recebíamos todo ano foram acrescentando profissionalismo e sofisticação aos processos.

Pouco a pouco nossas notas foram subindo. Os resultados apareciam no cotidiano. O mercado passou a nos enxergar como uma empresa diferenciada no trato com as pessoas. Até que em 2016 tivemos a grande surpresa: estávamos no *ranking*! Foi muito emocionante saber que estávamos entre as 25 melhores empresas para se trabalhar do varejo nacional. Algo de muita realização e significado. Em 2017 conseguimos entrar no *ranking* regional, estávamos entre as 40 melhores empresas para se trabalhar no Estado do Rio de Janeiro.

No meio de empresas enormes, famosas e relevantes estávamos nós. Cada prêmio recebido nos eventos e cada reação de surpresa ao verem uma empresa improvável, uma "ilustre desconhecida" nesses *rankings* expressivos nos fazia explodir de alegria, orgulho e felicidade!

Quais dicas você daria para aqueles que estão iniciando a carreira profissional?

Dedique tempo em se conhecer e realmente saber em que direção deseja avançar. Pode parecer muito rudimentar mas vejo muitas pessoas começando uma carreira com uma frágil certeza do que desejam. Ao passar do tempo, as incertezas e os questionamentos consomem muito da energia do indivíduo. Também vejo outras pessoas sem ter a menor ideia para onde desejam ir. A definição pode até levar um tempo para amadurecer e os questionamentos podem ser um grande motivador a se reinventar. Mas leve a sério a dedicação, o investimento de tempo em se conhecer e definir o que deseja ainda que temporariamente.

Ao recrutar um profissional, quais características comportamentais você considera fundamentais?

Considero características comportamentais fundamentais

aquelas que estão ligadas ao caráter e aos valores da organização. Havendo um alinhamento da conduta do indivíduo com os valores da organização todo o restante é gerenciável. O que é impossível de tolerar são problemas de caráter ou desconformidade com a identidade organizacional.

Qual legado profissional e pessoal você gostaria de deixar para a sociedade?

Gostaria de deixar um legado de administração por princípios. Sinto uma sociedade carente de valores perenes. Sabemos que metodologias, tecnologias, conceitos e muitos elementos do cenário que nos cercam podem mudar. Mas existem valores eternos e universais. São atributos que servem em qualquer cultura, contexto ou localidade. São atemporais, vão funcionar em qualquer período, época ou era. Dessa maneira, gostaria de fazer com que o máximo possível de pessoas entendesse que cultivar esses valores pétreos levaram a uma gestão completamente eficiente, eficaz e efetiva.

Quais os reflexos das práticas de cidadania empresarial para as organizações, profissionais e sociedade?

O maior reflexo para as organizações é que elas experimentam um grande senso de propósito. Para os profissionais, o maior resultado é um significado e sensação de relevância que se torna um dínamo, uma imensa fonte de energia tornando o indivíduo uma enorme potência. Para a sociedade, percebemos uma mobilização que tende a ser replicada, fazendo com que haja uma espiral positiva e ascendente.

Cite alguns líderes que, em sua opinião, são inspiradores.

O líder mais inspirador que tenho notícia foi Jesus Cristo. Ele simplesmente dividiu a humanidade em duas eras. Antes e depois de sua vida, missão e ensinamentos. Hoje, ao olhar para o calendário, queira ou não, estamos num ano que se baseia no referencial de sua existência humana. A forma como lidar com o próximo, como pautar a vida por princípios eternos e encorajar as pessoas a alcançar o seu melhor faz com que essa inspiração seja a mais relevante.

Numa história mais contemporânea, gosto da inspiração de Nelson Mandela, Steve Jobs e Ayrton Senna.

Como você define o papel da liderança?

Liderança tem o papel de inspirar, direcionar e influenciar as pessoas a serem a melhor versão delas mesmas. É extrair, despertar o melhor de cada um gerando performances, desempenhos e resultados extraordinários. Conduzir cada indivíduo sob seu raio de influência a enxergar quem ele é, em que cenário ele está e para onde ele precisa ir. Essa luz que clarifica o caminho possibilita a pessoa a clarificar e entender de fato a sua jornada e como deve conduzir-se por esse caminho. Isso gera autoconfiança e coloca o liderado no papel de protagonista do seu destino. Liderar é dar a clareza que empodera as pessoas.

O que você faz para se manter motivado?

Procuro sempre relembrar meus propósitos e rever meus objetivos. Os propósitos falam de significado, de quem eu sou. Isso dá o maior combustível para progredir porque está na essência do ser. Rever os objetivos traz uma imensa clareza para o que estou realizando e gera os motivos para alimentar as ações, tarefas e compromissos. Esse é o grande segredo da motivação: entender os motivos. É até a origem da palavra. Ter o objetivo em mente traz a energia para realizar algo.

Qual a importância da inovação nas organizações?

A inovação é a melhor forma de manter a organização atualizada, oxigenada e permanentemente rejuvenescida. Também descobri que a inovação é uma grande forma de realização e de motivação. As pessoas que participam de uma inovação tornam-se extremamente realizadas pois sentem que fizeram algo relevante (e muitas vezes inédito). Também já percebi que os colaboradores se sentem mais motivados e orgulhosos quando participam de uma organização reconhecidamente inovadora.

Como você realiza o networking de maneira efetiva?

Participo de um grupo que foi um grande achado na minha vida. É o GIFE (Grupo de Intercâmbio de Filhos Empresários), um grupo de relacionamento composto de herdeiros de empresas familiares de diferentes ramos. O grupo se reúne mensalmente e consolidou-se como uma sensacional forma de crescimento de todos.

Também gosto muito de participar de entidades de classe empresariais. São excelentes locais para *networking* e sobretudo para coletivamente realizar ações grandiosas pelo poder do grupo.

Do que você tem saudades?

Tenho saudades da época em que as pessoas cultivavam melhor os relacionamentos. Não havia a opção de eletrônicos que temos hoje e as pessoas conversavam o tempo todo. As pessoas conheciam seus vizinhos e se relacionavam em profundidade com seus colegas de trabalho. As relações familiares eram priorizadas e valorizadas. Nossa sociedade deu muito espaço ao individualismo e os relacionamentos ficaram em segundo plano.

Do que você tem orgulho?

Na minha infância, desenvolvi uma disfemia, conhecida popularmente como gagueira. Essa dificuldade me ensinou a ser resiliente, determinado, a superar obstáculos e a exercer perseverança. A caminhada foi difícil mas hoje me considero uma pessoa curada. Semanalmente recebo convites para ser palestrante de eventos dos mais variados tipos. Essa minha superação me enche de orgulho porque exatamente na minha maior limitação foi gerada a minha maior área de influência que é falar publicamente para grupos. Para quem tinha, num certo momento, dificuldade de pronunciar o seu primeiro nome, poder fazer uma palestra para grandes e exigentes públicos é uma vitória imensurável.

Qual o significado da palavra felicidade?

Felicidade é estar em paz consigo mesmo e realizado com o que faz. Dessa forma, cada indivíduo vai encontrar o seu significado pessoal de felicidade. Mas certamente passará por esses dois pilares.

Qual a sua citação favorita e por quê?

"O bom nome vale mais do que muitas riquezas e o ser estimado é melhor que prata e ouro." Essa citação é atribuída ao grande Rei Salomão e encontra-se em Provérbios 22:1. Gosto dessa frase porque resume com muita clareza o que é a verdadeira riqueza. Ser uma pessoa relevante e digna. Ter bom nome, ser ético e reconhecidamente uma pessoa de caráter é um tesouro inestimável. Nada pode ser mais valioso que isso em nosso mundo.

Quais são seus hobbies preferidos?

Sem dúvida, meu *hobby* favorito é brincar com os meus filhos. Além de ser uma forma deliciosa de passar o tempo, fortalece o vínculo e cria memórias. Essa é uma maravilhosa fonte de realização e renovação para mim. Também gosto muito de ler e estar em contato com a natureza.

Qual sonho você gostaria de realizar?

Sonho em criar uma aceleradora de negócios que seja uma máquina de realizar sonhos das pessoas através do empreendedorismo.

O que você aprendeu com a vida que gostaria de deixar registrado nesta obra?

Aprendi que da vida levamos a vida que levamos. Ou seja, como é a sua caminhada é mais importante que um possível destino. A felicidade está no caminhar, na jornada, em curtir o caminho, não necessariamente em chegar a determinado ponto. Também que o mais importante é tornar o mais importante mais importante. Sempre se certificar que você efetivamente está priorizando o relevante.

Qual mensagem de motivação você gostaria de deixar para os leitores deste livro?

Seja sempre fiel aos seus princípios. Descubra aonde alocar a sua energia analisando todas as áreas da sua vida e o que é mais importante para você. Periodicamente, reanalise como está a sua distribuição de energia e busque o equilíbrio. Por fim, viva intensamente tudo o que decidir realizar.

Com base no que você vivenciou, ao longo de sua vida corporativa, qual o segredo do sucesso para ir da teoria ao topo?

O segredo está na perseverança. Se você analisar várias histórias de pessoas que chegaram até o topo, verá uma infinidade de diferentes caminhos e trajetórias. O caminho para o sucesso não é *sui generis*, ou seja, não é único, singular. Não existe uma fórmula mestra, um roteiro que qualquer um pode seguir. Existem dicas, inspiração, princípios, aspectos de conduta que podem ser modelados, etc. Mas a ramificação de trilhas para chegar ao topo de uma montanha é infinita. Faça o seu caminho mas não desista. O que você vai encontrar em comum em todos que foram da teoria ao topo é um "quê" de perseverança. Perservere, lute, não desista. Mesmo que tenha que rever a rota ou se levantar após um tombo. Isso separa os vencedores dos fracassados.

Persista e vença!

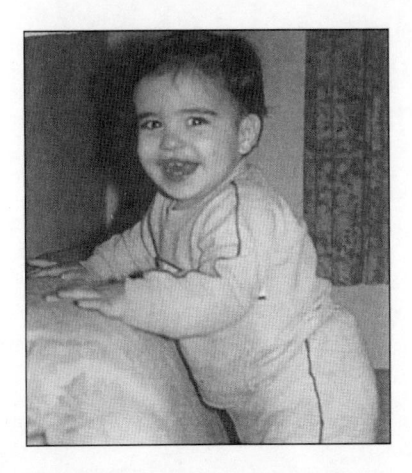

Família

Felipe Pereira Coelho

SEGREDOS DO SUCESSO V

Da teoria ao topo: histórias de executivos da ALTA GESTÃO

12

Nome: **Felipe Vieiralves Azevedo**
Empresa: LG Lugar de gente
Função: Vice-Presidente

Como e onde você iniciou a sua trajetória profissional?

Minha trajetória profissional começou ainda no primeiro ano de faculdade (1998), no recém-criado curso de Sistemas da Informação da UNESP em Bauru, interior de São Paulo. Ao final do primeiro semestre, nas férias de julho, fiz um estágio de 30 dias na Fundação Carlos Chagas, onde atuei como desenvolvedor web (era o começo da internet no Brasil). Quem poderia prever que seria minha única experiência em uma empresa de terceiros?! Logo após, me envolvi em movimentos de Empresa Júnior na universidade e resolvi, no final do ano, abrir minha própria empresa. Convidei três dos melhores alunos da minha sala e, principalmente, pessoas de fácil trato e alinhadas aos meus valores, para serem meus sócios e iniciamos nossa empresa de tecnologia, a Café Software. Em fevereiro do ano seguinte, surgiu uma oportunidade de fazer um trabalho para o INEP, órgão do Ministério da Educação, para realizar uma série de estudos estatísticos sobre uma pesquisa do Banco Mundial aplicada ao Ensino Fundamental no Brasil. Só tinha um problema: o serviço deveria ser executado justamente durante o Carnaval! Assumi o trabalho e entreguei com qualidade (sim, meus sócios foram pular carnaval, até porque o trabalho seria difícil de se realizar por mais de uma pessoa neste projeto), o que gerou um contrato de serviços especializados durante os três anos seguintes. Um fato curioso é que o valor pago pelos serviços era de R$ 1.000,00 por dia (cinco dias) e eu tive que tomar a primeira decisão como sócio. Ficar com o valor dos serviços, afinal fui eu que trabalhei naquele período crítico e queria comprar um notebook, ou colocar a receita na empresa. Meu irmão, também empreendedor, foi categórico dizendo que, se faço parte de uma sociedade, deveria injetar na empresa, mas que a decisão era minha e seria respeitada. Coloquei o valor integral na empresa (o que até surpreendeu alguns dos sócios) e aprendi o que é de fato "estar no mesmo barco" numa empresa. Serviu de exemplo para todos nós que estávamos começando nossa vida empresarial.

Quais os principais desafios e resultados que você vivenciou ao longo da sua carreira?

Empreender é um desafio diário, que requer dedicação, resiliência e muita persistência, ainda mais em anos difíceis e com cenário econômico e político complexo e instável no Brasil. Vivenciei, desde muito jovem (empreendo desde os 18 anos), experiências na minha carreira em que eu tinha de aprender muito rápido, criar relações de confiança interna e externamente e entregar com qualidade. Como sempre atuei com grandes empresas, o desafio era fazer que o cliente do outro lado confiasse que nós, uma startup, tínhamos condições de atendê-lo. Credibilidade é construída a cada entrega bem feita e isso leva tempo. No começo, construir uma cultura na empresa, formar e motivar as pessoas em busca de um sonho foram grandes desafios. Depois de dez anos, já consolidada no mercado como e-Guru, o resultado foi a construção de uma empresa que se tornou líder em seu segmento de games corporativos e que cinco anos mais tarde seria vendida para a LG Lugar de gente, maior empresa de tecnologia para RH do Brasil, da qual sou acionista (minoritário e muito orgulhoso de fazer parte) e vice-presidente.

Quem da sua história de vida inspirou/motivou a sua carreira?

Venho de uma família de empreendedores e médicos. Herdei o DNA empreendedor e vou citar algumas pessoas que me inspiraram, certo de que me esquecerei de mencionar diversas outras pessoas fantásticas que impulsionaram minha carreira. Vou correr este risco. Primeiro, minha mãe, que foi pai também (perdi meu pai aos quatro anos de idade em um acidente automobilístico), e educou seus filhos com base em valores que são o alicerce de nossa vida pessoal e profissional. Meu irmão, Leonardo, que sempre foi meu exemplo de empreendedorismo, dedicação, humildade e com uma inteligência fora da curva. Tenho muito orgulho também de minha irmã, Juliana, advogada de primeira linha. Tive sócios que foram minhas referências por muitos anos, atuaram muitas vezes como meus *coaches* e me ajudaram a construir minha trajetória profissionais como: Marco e Anelise Spyer, que começaram o negócio comigo, Roberto Costa, meu mentor e que me formou em Gestão de Pessoas, Hélio Biagi, que foi meu cliente, virou sócio e investidor e sempre foi um parceiro e orientador, com visão estratégica e de longo prazo, e Gracioli, com sua capacidade de análise e de criar frameworks. Nos últimos anos, tenho como referência a Daniela Mendonça, minha chefe, com quem aprendo diariamente como lidar com segurança dos desafios de um negócio desta envergadura, visando um crescimento sustentável e a manutenção da credibilidade da empresa, e o Gustavo Teixeira, presidente do conselho da LG, um sujeito brilhante, profundo conhecedor do mercado e de conceitos de gestão, sempre muito cordial e colaborativo. Tenho aprendido muito também com a turma do HIG Capital, sócios da LG, e com os diretores da LG, Renata Martins, Adriano Moura, Marcello Porto, Weslei Magno e mais recentemente o Thomas Khalil.

Alguma história na gestão de pessoas que você gostaria de compartilhar?

Como empreendedor, uma das coisas fantásticas que você tem a possibilidade de decidir e escolher é com quem você quer trabalhar, pelo menos na sua própria empresa. Contratar e desenvolver pessoas alinhadas aos seus valores, com propósito claro, é uma grande oportunidade. Ao longo de todos estes anos, muitos profissionais começaram a carreira na firma e até hoje, mais de 15 anos depois, ainda trabalham comigo motivados e performando. Destaco alguns deles: Anderson Okuno, Douglas Seiji, Gisele Negreiros, Guilherme Ávila, Rafael Taro, Diego Marques e os cariocas Marcelo Lima e Álvaro Bastos, sendo que estes dois últimos já vinham de outras experiências profissionais.

Alguma história no relacionamento com o cliente que você gostaria de destacar?

Atuei diretamente em mais de 300 projetos ao longo de minha vida profissional e destaco alguns deles: Unilever, primeiro game online de seleção de *trainees* em 2004; Santander, com sua plataforma sócio-educacional para mais de 400 mil jovens desde 2010; Vivo, primeiro projeto de games e *analytics* para times de vendas em 2015; Riachuelo, cliente de nossa suíte nuvem completa em 2018 com a alta complexidade e dinâmica do Varejo; Claro Brasil (NET), com seu pioneirismo em trilhas adaptativas e *analytics* para vendas. A cada venda, uma promessa que precisa ser cumprida e nosso comprometimento para que isso aconteça, independentemente das dificuldades.

Quais dicas você daria para aqueles que estão iniciando a carreira profissional?

Fazer o que gosta, com pessoas em quem possa confiar e com a maior diversidade possível de pessoas e experiências para acelerar o aprendizado. Colocar em prática o mais rápido que puder, para se expor à vida real das empresas e aprender com os erros. Ter humildade e entusiasmo para aprender a vida inteira. Não ter medo de colocar o que pensa na mesa.

Ao recrutar um profissional, quais características comportamentais você considera fundamentais?

Recrutar é (cada vez mais) uma ciência. Primeiro ponto, o candidato precisa estar alinhado em termos de Valores. Atitude de dono, boa comunicação, potencial e (muita) vontade de crescer. Entender sobre a trajetória profissional, erros cometidos no passado (dificilmente abertos em uma primeira entrevista, mas não custa explorar) e a estrutura familiar/formação são fatores importantes. Particularmente prefiro pessoas com perfil pró-ativo, que você tem que segurar se for o caso, mas não empurrar. Profissionais que fazem apenas "o necessário" não funcionam bem comigo (e eu com eles).

Qual legado profissional e pessoal você gostaria de deixar para a sociedade?

Legado pessoal é ter contribuído para formar profissionais, líderes, empreendedores com um DNA focado na satisfação do cliente. Sentar na cadeira do cliente é algo que sempre busco fazer e o exemplo ajuda a criar uma forma de atuação das pessoas com quem trabalho.

Legado empresarial, até este momento, é ter contribuído com a história de empresas "feitas para durar" e que são referências em seu setor, como a LG Lugar de gente. Projetos bem feitos, clientes satisfeitos, geração de renda, educação e emprego. Tem toda uma cadeia de valor que se retro-alimenta e para a qual é muito bacana ter contribuído ao longo dos anos.

Cite alguns líderes que, em sua opinião, são inspiradores.

No mundo empresarial temos muitos líderes inspiradores, mas gostaria de destacar alguns atletas de alta performance, pela disciplina e automotivação contínua, mesmo depois de terem conquistado "tudo". Roger Federer, Rafael Nadal, Michael Jordan, Oscar Schmidt são alguns dos exemplos.

Como você define o papel da liderança?

Liderar é a capacidade de influenciar e mobilizar pessoas para fazer algo bem feito, curtindo a trajetória e comemorando os resultados. Fazer o que fala e dar exemplo é fundamental.

O que você faz para se manter motivado?

Preciso estar constantemente sendo desafiado. Ter uma meta ousada e alcançá-la traz uma emoção e realização indescritível. Toda vez que alguém diz que algo não dá para ser feito procuro pensar, analisar para ver se eu também chego a esta conclusão. Senão, vamos fazer!

"Tudo parece impossível, até que seja feito", já dizia Nelson Mandela.

Qual a importância da inovação nas organizações?

Inovação é elemento básico para a continuidade de qualquer negócio. Quem não inova (e cada vez mais rápido) está fadado a desaparecer. Estamos vivendo a transformação digital, não é mesmo?

Do que você tem orgulho?

Orgulho-me da minha família, dos meus valores, dos meus amigos, da minha empresa, das minhas conquistas. Algumas destas conquistas, poucos acreditaram que seriam possíveis de serem alcançadas (em especial na minha idade).

Qual o significado da palavra felicidade?

A felicidade está nas boas experiências do "hoje". Reconhecer que felicidade está no presente e agir a cada minuto para aproveitar a vida é um grande desafio nos dias atuais. Fazer o bem, aproveitar a família e amigos, usufruir do que você já tem, praticar esportes, beber um bom vinho, ter orgulho do seu trabalho e empresa são coisas que me fazem feliz. Ter saúde e confraternizar.

Qual a sua citação favorita e por quê?

"Cada sonho que você deixa para trás é um pedaço do futuro que deixa de existir." – Steve Jobs

Quais são seus hobbies preferidos?

Jogar tênis, carros, *gadgets* tecnológicos, vinhos e cachorros. E nada melhor que viajar (de férias), né?

Qual sonho você gostaria de realizar?

Ter e educar filhos. Morar um período nos EUA e um na Europa para vivenciar a cultura e aprender. Trocar umas bolas com Federer, valendo ponto...rs PLAY!

O que você aprendeu com a vida que gostaria de deixar registrado nesta obra?

Ninguém vence sozinho. Construir relações duradouras e verdadeiras trará ganhos incríveis para sua vida pessoal e profissional. Empreender é um projeto de vida, onde muita energia coletiva precisará ser empregada para transformar uma ideia em oportunidade. Nada virá facilmente, se for duradouro.

Qual mensagem de motivação você gostaria de deixar para os leitores deste livro?

Somente você pode determinar aonde pode chegar. Acredite, trabalhe, persista. Use o poder da decisão a seu favor. Uma decisão hoje mudará significativamente sua vida daqui a 7, 13, 17 anos.

Com base no que você vivenciou, ao longo de sua vida corporativa, qual o segredo do sucesso para ir da teoria ao topo?

Buscar sempre fazer o melhor e o certo, sem pensar na recompensa. Ela virá naturalmente.
Sonhar grande!

Família

Felipe Vieiralves Azevedo

SEGREDOS DO SUCESSO V

Da teoria ao topo: histórias de executivos da ALTA GESTÃO

13

Nome: **Fernanda Muradas**	
Empresa: Digital Stars	
Função: Diretora Comercial	

Quais os momentos mais importantes da sua carreira?

Certa vez li uma frase que dizia "quando você achar que não dá para fazer, vai lá e faz". Acho que foram estes os melhores e mais importantes momentos da minha carreira. Certamente, foram também os mais desafiadores, os que me causaram mais preocupação, os que me fizeram correr mais riscos. Por outro lado, os mais prazerosos, apaixonantes e que mais me encheram de orgulho.

Quais as competências essenciais para o profissional do futuro?

Dedicação, comprometimento, resiliência, humildade e educação. Servem para qualquer área, qualquer idade, a qualquer tempo. Estes dias, minha filha começou a trabalhar. Seu primeiro estágio. Quase atrasada, se eu me lembrar que aos 16 eu já saía para "ganhar o meu dinheiro". Foi simples me lembrar de algumas dicas: vista-se de forma apropriada (você não está indo ao clube ou ao bar com os amigos), seja sempre educada com todos e nunca (nem um diazinho sequer) vá embora sem antes perguntar para seu supervisor, coordenador ou seja lá o cargo que seu gestor tiver, se ele está precisando de alguma coisa. Simples assim.

Em sua opinião, a inteligência artificial pode alterar o nosso estilo de liderança?

A inteligência artificial vem para melhorar a vida dos líderes e liderados. A tendência é que sobre tempo para a criatividade e, portanto, para a inovação. Mas, a sensibilidade de um gestor em saber contratar, identificar perfis e talentos, conhecer sua equipe, saber ouvi-la... isso continuará sendo parte da inteligência humana, não da artificial.

Quais atitudes do líder conquistam a cooperação da equipe?

Se você respeita sua equipe, é honesto com ela, tem interesse genuíno por cada um que a compõe, você tem a equipe com você. A relação é de mão-dupla. Sempre. E se não for, a equipe percebe e aí não tem salário que a faça estar fechada com você.

Como o design thinking pode contribuir na resolução de problemas e criação de oportunidades nas organizações?

Dar oportunidade para que seu *mindset* trabalhe outras perspectivas de solução e entendimento, esse é o lado apaixonante do *design thinking*. Por isso, o treino (como em qualquer atividade física que envolva performance) é tão importante. Treinar sua mente a pensar sob uma ótica diferenciada, a encontrar novas soluções e novos caminhos, fazendo-se valer da metodologia do DT pode libertar as organizações de soluções mais óbvias, porém, talvez menos eficientes.

Fale sobre aprender com os erros e aproveitar as oportunidades.

Essa talvez seja a melhor oportunidade e vantagem de alguém que já caminhou alguns anos na carreira. Aprender com os erros e torná-los fonte de oportunidades de bons acertos. A respeito desse tema, certa vez, vi uma tirinha de animação que me chamou muita atenção. O crédito vai para a psicóloga Tatiane Feitosa: Um serzinho olhava para o outro que estava com uma pilha de medalhas coloridas e dizia: "Uau... quantas conquistas você tem. Deve ser um cara de sorte." E o outro, então, respondia, com uma pilha ainda maior, de uma cor apenas, bem ao lado da pilha de medalhas coloridas: "Não, de muitos erros". Essa tirinha diz tudo. As conquistas, os sucessos, eles são frutos de muitos acertos, mas também de muitos aprendizados e de muitos erros. Isso é ou não é uma oportunidade?

Fale sobre resiliência.

Uma das mais importantes capacidades do ser humano. Ela nos torna corajosos. Insistentes e persistentes. Incansáveis.

Quais valores são importantes para você?

Falar de valores é uma delícia. Eles nos dividem em tribos. Eles definem nossos amigos. O que estamos dispostos a passar. E, principalmente, deixam claro o que é inegociável. Valores nos representam. São nossa cara. Nosso tom. Direcionam nossa fala, nossas atitudes. Por eles, somos quem somos. Educação, respeito ao próximo, senso de justiça, ética, generosidade e humildade. Esses são os valores que norteiam minhas ações e direcionam meus caminhos. Esses são os valores que me aproximam dos meus amigos, das equipes que eu escolhi para trabalhar comigo e que sempre guiaram a criação dos meus filhos. Inegociáveis.

Como você conseguiu deixar sua marca?

Tem uma frase que eu passei a adotar como uma espécie de lema de vida... "Você é o que espalha, não o que junta". Acredito, de fato, nisso. Nossa marca a gente deixa com tudo que a gente espalhou ao longo da nossa vida, da nossa carreira, com os amigos verdadeiros que fizemos e com a assinatura dos nossos valores. Nossa marca é nossa reputação. Ter orgulho do que se é, é ter orgulho do legado que você está deixando nesta vida. Da sua marca.

Quais habilidades pessoais você adquiriu com a sua vida executiva?

Muitas! Vou listar as que me chamam mais atenção quando faço uma retrospectiva da minha história profissional: o cuidado no relacionamento interpessoal com colegas de trabalho (sabendo ler cada um, suas agendas, seus propósitos, suas intenções), uma boa comunicação escrita (com o advento da era digital, as pessoas têm cada vez mais dificuldade em interpretar textos e ler compreendendo o contexto – preparar uma boa comunicação escrita faz-se fundamental para ser entendido e não causar ruídos), capacidade de delegar e de trabalhar sucessão no time (da série "ninguém é insubstituível"), ter interesse genuíno pelas pessoas (as oportunidades nas posições de liderança me proporcionaram), consciência da linguagem corporal e (com a maturidade profissional) a capacidade de saber o que não quero que faça parte da minha carreira no mundo corporativo.

O que te faz feliz?

No mundo corporativo, trabalhar para quem eu admiro e com quem eu admiro.

Na minha vida pessoal, minha família (isso inclui meus *dogs* e minha mãe – que, apesar de falecida, sempre me inspirou e me faz sentir orgulho até hoje de ter sido sua filha) e os amigos que fiz.

Como você concilia a vida pessoal com a vida profissional?

Tenho hábito de dizer que sou uma única pessoa. Não existe a Fernanda em casa e a Fernanda no trabalho. Tudo me completa, me transforma no que sou hoje. Já fui mais *workaholic* e hoje percebo que, ao delegar, as coisas fluem melhor. Você não precisa fazer tudo, saber tudo. Tá tudo bem não ser a mulher-maravilha. Você precisa ter ao seu lado quem saiba fazer o que você não sabe, ou que possa fazer o que você talvez não possa ou o que não precise mais fazer. Delegar é confiar ao outro algumas responsabilidades, estando ao lado para apoiar caso ele precise de ajuda. Isso lhe dá tempo para você fazer o que é só sua responsabilidade ou o que você quer priorizar... e aí entra, também, a vida pessoal.

O que você não tolera?

O nosso espectro de tolerância está muito relacionado com nossos valores. Quando falamos do universo corporativo, pessoas com agendas particulares me incomodam bastante. Há, também, o perfil "braço-curto" (vulgo preguiçoso) ou, ainda, o conhecido perfil "samba-rilove" – do esperto que quer se dar bem a qualquer custo. Sem esquecer do que finge gostar de todo mundo, mas no fundo só gosta mesmo de si próprio. Tenho, de fato, muita dificuldade com esses perfis...

Quando você erra reconhece isso?

Sempre. Minha mãe me ensinou que "para você sair do buraco, você não precisa colocar ninguém nele". Isso tem a ver com erro, como lidar com ele. O melhor jeito é reconhecendo, pedindo ajuda se não conseguir resolver sozinho. Mas, nunca, nunca jogar para o outro, se esquivando da responsabilidade – isso é jogar o outro no buraco do qual você quer sair. Olha minha mãe aí de novo... Sempre ela. Sempre comigo, me ensinando e me trazendo orgulho.

Qual o sonho não realizado?

Nossa... ainda muitos. Sinal de vários anos de vida pela frente...

Como você lida com a frustração?

Às vezes, com terapia. (Risos) Outras vezes, é mais fácil... basta entender que cada um só dá o que tem. Aí, você resolve a coisa da frustração rapidinho...

Como você se define?

Como uma pessoa apaixonada. Pelos meus valores, pela minha família, pelo meu trabalho, pela minha equipe. E com um senso de justiça altíssimo, que me atrapalha muitas vezes... porque senso de justiça é muito particular... e, no meu caso, um valor inegociável. O que é justo para mim pode não ser para o outro. E aí? Aí, a gente segue aprendendo que cada um só dá o que tem... olha a gente resolvendo a frustração aí...

Qual a sua visão sobre a solidão do poder?

Acho que a gente colhe das relações que a gente estabelece o que elas têm para dar. Se você estabelece uma relação com o poder que está acima de qualquer interesse, de qualquer prazer, que está acima das relações humanas, onde tudo vale para preservá-lo para você, é possível que a solidão que ele lhe traga até lhe dê prazer. Eu acho triste. Mas, acho que é assim que funciona para quem enxerga o poder como um meio de vida feliz.

Fazer o que se gosta é fundamental para o sucesso?

Fundamental. O sucesso é fruto de uma relação verdadeira com seu trabalho, com você mesmo, com seus valores, com seu propósito de vida. Gostar do que se faz é um primeiro passo imprescindível para que dê tudo certo.

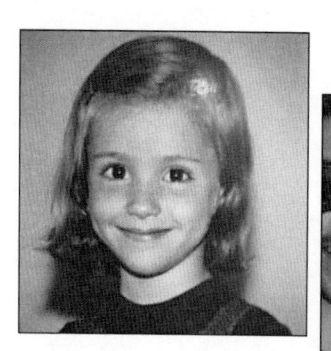

Fernanda Muradas

Família

SEGREDOS DO SUCESSO V
Da teoria ao topo: histórias de executivos da ALTA GESTÃO

14

Nome: **Grazielle da Silva Melo**
Empresa: Agrega Consultoria do Brasil
Função: Diretora Executiva

Como e onde você iniciou a sua trajetória profissional?

Há dez anos (2008), através de uma indicação, fui convidada a participar de um processo seletivo em uma empresa de cobrança. A pessoa que faria a entrevista não se interessou pela vaga, e desta forma fui no lugar da mesma. Por ironia do destino consegui o emprego, pelo simples fato de eu responder a uma única pergunta em relação ao sonho que eu gostaria de realizar naquele momento: eu havia acabado de passar por um procedimento estético denominado hidrolipo.

Era o meu desejo, pois, após a gestação do meu primeiro filho, tal fato, na minha percepção, mudaria totalmente a autoestima, o que de fato me fez sentir mais empoderada naquela ocasião.

Quais os principais desafios e resultados que você vivenciou ao longo da sua carreira?

Aos 28 anos, iniciei minha carreira neste mercado. Ao me destacar o meu ex-gerente me dispensou, mas mesmo assim intimamente eu já sabia que poderia fazer a diferença neste segmento. (o que realmente veio a acontecer poucos anos depois). Após oito meses, eu já com 29 anos, fui convidada a retornar para a mesma empresa e por um período os meu ganhos eram mínimos, aquela fase quase me desanimou, pensei em desistir, mas só por alguns momentos. Lá no meu íntimo eu sabia que havia me encontrado. Olhei pra mim e me vi com o ensino médio, eu queria melhorar a minha dicção, as pessoas diziam que eu tinha potencial, mas o meu recurso era mínimo, eu tinha um filho, como pagaria uma faculdade? Resolvi mergulhar na leitura, desta forma eu melhoria a minha narrativa e atingiria um melhor resultado. Aos 30 anos, eu já estava melhorando os meus ganhos e resolvi voltar a estudar. Iniciei a minha vida acadêmica no curso de Marketing, pois era a cadeira que mais me inspiraria e com que me identificava devido à atividade que exerço na área comercial. Fora tão benéfico para mim que consegui com isso realizar o meu segundo sonho que seria galgar a minha carteira de habilitação e logo em seguida comprar o meu primeiro carro zero.

Tais realizações me incentivaram a dar continuidade aos meus estudos e ingressei na pós graduação em RH, eu não conseguia mais deixar de galgar conhecimento. Realizei o meu terceiro sonho que fora a aquisição do meu apartamento. Ao longo de todo este tempo e realizações obtive muitos percalços tais quais eu os enumero aqui.

O meu gerente que me convidou a retornar era um ex-colega de trabalho, ao verificar o meu desenvolvimento passou a me perseguir desordenadamente por medo de perder o cargo para mim.

A atitude do mesmo era desde retirar negócios fechados ou em fechamento da minha administração até levantar falso testemunho para eu ser demitida. Ele chegou a ponto de induzir demais gestores contra mim, pois já neste período havia ganho a confiança da Diretoria, eu era um destaque em vendas! As profissionais das demais filiais se inspiravam em mim, mas eram proibidas de manter contato comigo.

    O meu gerente solicitou que eu pedisse demissão por várias vezes, pois ele não poderia fazê-lo, já que eu dava resultado! Não satisfeito, ele se uniu com a gerente de relacionamento para levantar falso testemunho contra mim, a ponto de a polícia aparecer na empresa pois ela me denunciou na delegacia por calúnia e difamação. Eu me senti muito humilhada com aquela situação, eu tive que comparecer a uma delegacia e jamais imaginaria isso! Apenas peguei a minha bolsa e fui embora, pois não poderia abandonar o emprego, eu tinha um foco e mais uma vez passei por um momento difícil. Liguei para o meu diretor e ele nada fez mais uma vez, alegando que a pessoa errou e que tudo ficaria bem, afinal ela era uma gerente. Resolvi me aproximar do gerente geral pois ele se aproximou de mim, achei ali uma "luz" no fim do túnel, mas eu estava enganada: ele estava em complô com o meu gerente para me prejudicar, aquela falsa aproximação era totalmente proposital, ele queria ganhar a minha confiança para que eu realizasse diversos projetos, eu os realizei, ademais, minha mente aberta estava, eu vivenciava uma pós-graduação! Vários projetos foram apresentados e ele como autor, mas com o discurso que não podia se expor com a amizade comigo, pois se "queimaria", pasme na afirmação do mesmo. Tal narrativa me machucou muito, pois esperava participar, afinal eu havia criado o projeto, mas fui impedida por eles. Portanto, todas as ideias novas eu passei a direcionar à diretoria diretamente e ganhei um inimigo declarado! A gestora de *marketing* uma certa vez, começou a gritar na empresa dizendo que eu queria agredi-la, vale ressaltar que ela era cunhada da gestora de relacionamento. Ela havia exposto ao meu gerente que eu não fui em uma visita a um cliente e eu perguntei a ela por qual motivo ela falou aquilo, já que sabia que eu estaria. Ela saiu correndo, chorando nos corredores da empresa e a gerente ensaiou um copo de água com açúcar! O diretor resolveu me dispensar e usou a seguinte narrativa: Essa é a última cereja do bolo! Solicitou que rodassem a minha demissão, mas me disse que me colocaria de férias, fui embora desesperada e arrasada pois eu tinha compromissos firmados tanto pessoal, como nos negócios da empresa, eu amava aquele emprego! Como eu já sabia que ele sempre agia da mesma forma quando queria dispensar alguém, eu tive a certeza naquele momento que a minha história havia acabado naquele lugar! Eu já havia passado por muitos momentos de perseguição e as pessoas haviam levantado muito falso testemunho de mim, tanto que era isolada de todos os eventos, pois o meu diretor havia me proibido participar das integrações da empresa, mesmo as que eu havia projetado, com a narrativa de eu me preservar. No entanto, eu não achava justo, não expor os negócios para ele que já estavam em andamento na empresa a qual abriu as portas para mim anos atrás. Então eu resolvi enviar um e-mail ao mesmo, expondo todos os negócios que estavam em fechamento aquele mês, já que eu "estaria de férias". A minha atitude profissional, fez com que o mesmo mudasse de posicionamento e já no dia seguinte pela manhã ele me ligou perguntando se eu poderia ir conversar e eu disse claro, eu não havia dormido! No entanto, me chamou para a sala de reunião na presença da gestora de marketing e fez a seguinte pergunta para ela: "Você tem algum problema em trabalhar com ela?", e a mesma respondeu rispidamente que sim, que seria impossível convivermos. Eu disse que não via problemas, até pelo motivo de sempre ter tido uma boa relação com ela. Naquele momento o meu diretor revogou a minha demissão por entender ser algo pessoal. Segui na empresa com a esperança de que iria crescer, mas nada aconteceu. As perseguições não cessaram, eu pedi para sair para seguir a minha carreira solo. Neste momento eu parti com o objetivo de criar uma empresa inovadora no âmbito da cobrança na esperança de uma organização mais humanista, visando a valorização do colaborador, dando ênfase a uma gestão mais justa no que tange ao cliente interno e externo. Abri a AGREGA CONSULTORIA DO BRASIL, e convidei inicialmente duas pessoas que teriam participação nos lucros como sócios minoritários. Pelo relacionamento de mercado que adquiri ao longo dos anos, com dois meses de empresa aberta eu já tinha alguns clientes em carteira e com cinco meses eu já retirava de pró-labore mais do que eu recebia como colaboradora. A empresa foi crescendo e o *case* também, mas tive uma gravidez já no segundo ano da empresa. Eu achava que tudo estava fluindo, mas estes dois sócios resolveram me abandonar, eu estava com quase oito meses de gravidez. Já estava tudo armado entre eles para cada um abrir uma empresa no mesmo ramo. Um dos sócios fez uma reunião na minha presença e disse querer ver se eu iria conseguir sem ele. Longe de mim, da minha presença ele dividiu a equipe ao ponto de eu ficar sozinha no comercial, as profissionais foram com eles. O meu setor de relacionamento foi embora e alguns outros profissionais, eu me vi desesperada, pois o que eu faria, eu tinha um mês para dar à luz! A minha irmã assumiu a gestão administrativa da organização e conseguimos seguir. Resolvi promover um profissional para a gestão operacional, eu precisava organizar a casa! Após dar à luz, com 15 dias, tive que ir em um cliente em São Paulo, sou do Rio de Janeiro, minha filha com 15 dias de nascida teve que ir comigo, ela passou mal, eu tive uma crise de choro, não tinha ninguém, tinha que fechar negócios. Uma ex-funcionária me ligou, perguntando como eu estava, eu disse que bem, mas com tudo parado, eu estava fazendo alguns trabalhos de casa. Ela se ofereceu para voltar para o meu comercial e resolvi acatar, eu não tinha opção. No entanto, contratei mais duas pessoas e montei um novo comercial na minha casa. Entre um cuidado e outro com a minha bebezinha, eu fazia algumas negociações. Neste meio tempo, eu comprei a nossa sede, ela tinha quatro meses e eu estava trabalhando de casa! Aos 6 meses eu retornei as minhas atividades e fiz uma gestão de projetos para a minha vida, englobando uma qualidade de vida para a minha família, conciliando o trabalho. Reformulei a empresa, eu estava com muita garra para vencer, afinal ouvir do mercado outrora que agora eu ia quebrar! A nossa empresa ficou mais conhecida no mercado, e consegui abrir o espaço Agrega (espaço de integração e descontração), afinal sempre almejei uma empresa humanista, como citei anteriormente. Aumentamos o faturamento e o número de funcionários. Fizemos uma festa já neste ano, nós estávamos comemorando o crescimento da empresa!

Quem da sua história de vida inspirou/motivou a sua carreira?

Humberto Gouveia, diretor executivo que acreditou no meu trabalho, me indicou grandes clientes e me incentivou a estudar. Alexandre Diniz, um grande amigo, que me ensinou a resiliência (não discutir, não retrucar, pensar antes de falar, me escutar mais) no mundo corporativo.

Alguma história no relacionamento com o cliente que você gostaria de destacar?

Recebi certa feita, de um cliente que estava em recuperação judicial, um e-mail dizendo que a Agrega foi parte fundamental para a recuperação positiva dos seus números. Isso mostra a importância de sermos a extensão de sucesso das organizações, missão a qual me propus a realizar desde o nascimento da Agrega.

Quais dicas você daria para aqueles que estão iniciando a carreira profissional?

- Acredite
- Sonhe
- Realize
- Foque
- Não desista
- Seja forte
- Faça
- Tenha ações extraordinárias e inesperadas.

Ao recrutar um profissional, quais características comportamentais você considera fundamentais?

- Disciplinado
- Focado
- Espírito empreendedor
- Mente inovadora
- Entusiasta

Qual legado profissional e pessoal você gostaria de deixar para a sociedade?

Não se deixar abater pelos percalços da vida.

Cite alguns líderes que, em sua opinião, são inspiradores?

Humberto Gouveia e Alexandre Diniz.

Como você define o papel da liderança?

Alguém que inspira o outro a crescer e se desenvolver profissionalmente.

O que você faz para se manter motivada?

Acordo todos os dias como se fosse o primeiro. Acredito que cada amanhecer é um novo recomeço e que, se algo der errado, é porque tenho que aprender sempre.

Qual a importância da inovação nas organizações?

A inovação contínua realiza novos feitos e novas oportunidades. A inovação faz uma organização se diferenciar.

Como você realiza o networking de maneira efetiva?

Busco realizar um trabalho com excelência e eficácia, fazendo de forma natural uma rede de conexões. Procuro participar de feiras e eventos e estar conectada às mudanças do mercado.

Do que você tem saudades?

Dos tempos de inocência.

Do que você tem orgulho?

De não ter desistido e de ter feito de um momento ruim uma oportunidade de crescimento pessoal e profissional.

Qual o significado da palavra felicidade?

Paz de espírito e harmonia no lar.

Qual a sua citação favorita e por quê?

NUNCA DESISTIR.

Quais são seus hobbies preferidos?

Ir à praia e ler um bom livro.

Qual sonho você gostaria de realizar?

Viajar o mundo inteiro.

O que você aprendeu com a vida que gostaria de deixar registrado nesta obra?

Aprendi que não devemos esperar do outro aquilo que temos a oferecer.

Qual mensagem de motivação você gostaria de deixar para os leitores deste livro?

Nunca desistir dos seus sonhos, por mais que o mundo diga não, se você tem a certeza dentro de você, siga em frente com foco na sua meta.

Com base no que você vivenciou, ao longo de sua vida corporativa, qual o segredo do sucesso para ir da teoria ao topo?

Ter disciplina, buscar sempre entender o negócio qual se propõe a empreender. Acompanhar e se adequar às mudanças a fim de sempre renovar.

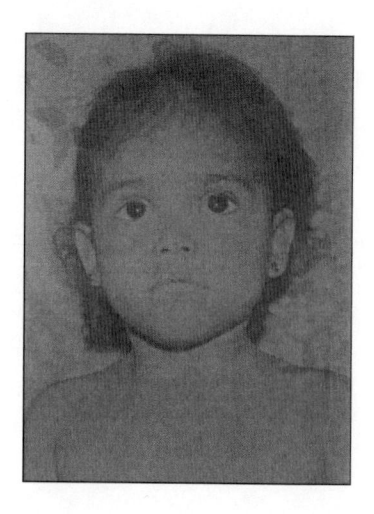

Grazielle da Silva Melo

SEGREDOS DO SUCESSO V
Da teoria ao topo: histórias de executivos da ALTA GESTÃO

15

Nome: **Jordana Garcia dos Santos**
Empresa: Grupo Energisa
Função: Gerente Corporativa de Comunicação e Marketing

Como e onde você iniciou a sua trajetória profissional?

Sempre estive envolvida no mundo da energia. Comecei estagiando na Light e logo depois fui para uma grande agência de comunicação, a Publicom. Lá coordenei a área de novas mídias e comunicação corporativa e atendi grandes clientes, mas continuei atendendo a Light. Depois de oito anos, recebi um convite para voltar para a Light, como analista. Foi um passo atrás para dar outros grandes passos mais à frente. Cresci na Light e fui coordenadora e gerente de comunicação, quando fui convidada pela Energisa para assumir a gerência corporativa de comunicação e marketing do Grupo, cuidando da comunicação das 11 distribuidoras de energia no país. Um delicioso projeto que me desafia todos os dias.

Quem da sua história de vida inspirou/motivou a sua carreira?

Nós aprendemos muito com muitas pessoas ao longo da vida. Sou filha única de uma família simples, que sempre entendeu que a riqueza estava na educação que você tem em casa e no estudo, em boas escolas. Eles sempre apostaram nisso e me possibilitaram todas as oportunidades. Mas sabia que nada para mim seria de "mão beijada". Por isso, me dediquei, aprofundei relacionamentos, mostrei meu trabalho em todas as oportunidades que tive. Sei que consegui cumprir o que me propus a fazer como meta pessoal.

Alguma história na gestão de pessoas que você gostaria de compartilhar?

Uma das coisas que mais gosto é fazer gestão de pessoas. Acredito muito que as pessoas podem se desenvolver em todo seu potencial a partir de um engajamento da liderança. Pessoas com propósito são pessoas mais integradas. O líder precisa ter a certeza que todas as pessoas do seu time sabem, individualmente, aonde o grupo quer chegar. E cada uma delas precisa acreditar no caminho. Quem sabe para onde vai chega muito mais rápido.

Eu tive vários casos em que pude colaborar para que uma pessoa pudesse se encontrar profissionalmente a partir de uma atuação muito individualizada, que fizesse cruzar seus interesses pessoais com os interesses da empresa ou do projeto. Quando as pessoas encontram uma conexão, elas se entregam, dão tudo de si.

Alguma história no relacionamento com o cliente que você gostaria de destacar?

Não uma história, mas uma reflexão. Entendo que a área de Comunicação em um ambiente corporativo tem o papel de servir os clientes internos e externos. A comunicação tem que estar alinhada com a estratégia e focada nos desafios do negócio. Quando a Comunicação, enquanto área, se despe de vaidade e se aproxima dos clientes internos, dos desafios das áreas relacionadas ao cliente ou ao produto ou serviço, ela se torna ainda mais essencial. Acredito que estamos sempre a serviço. Devemos trazer soluções de comunicação para as prioridades do negócio. Com este pensamento, passamos a ter certeza de que temos que construir em conjunto com o cliente, praticando a escuta ativa e percebendo na sutileza dos detalhes o que o cliente – interno ou externo – precisa.

Quais dicas você daria para aqueles que estão iniciando a carreira profissional?

Faça hoje da forma como você quer estar no futuro. Não espere estar em uma posição para mostrar que você tem talento e capacidade para ela. Seja determinado, seja insurgente, seja destemido. E seja principalmente ético e fiel aos seus valores pessoais.

Ao recrutar um profissional, quais características comportamentais você considera fundamentais?

Vontade. Gente com brilho nos olhos. Há muitos excelentes profissionais por aí. Mas poucos que amam o que fazem. Poucos que acreditam em propósito. Eu não consigo viver no automático e não consigo trabalhar com tarefeiro. A comunicação tem muito *glamour*, mas também muitos desafios.

Cite alguns líderes que, em sua opinião, são inspiradores.

Profissionalmente, fui liderada por pessoas com personalidades e estilos muito diferentes. Mas sempre tive uma relação muito aberta e de confiança com todas elas. Sempre me adaptei ao estilo de liderança e consegui fazer com que meus líderes também entendessem minha forma de trabalhar e respeitassem minhas conduções. Tive sorte de ter sido sempre liderada por pessoas que acreditavam em mim e que confiaram em minhas posições. Essa liberdade baseada na confiança ajudou muito no meu desenvolvimento. Faço isso com meus times também. Foco na garantia de que todos saibam para onde estamos indo e dou liberdade para que todos possam encontrar caminhos, formas proprietárias de fazer, desde que todos cheguem no mesmo lugar. E faço questão de estar perto sempre que eles precisam de mim.

Se tiver que nominar alguns líderes que marcaram minha história, tenho três presidentes do setor de energia que me fizeram ficar apaixonada pelo setor elétrico: Paulo Roberto Pinto e José Luiz Alquéres, que foram presidentes da Light. E Ricardo Botelho, presidente do Grupo Energisa. De maneiras diferentes, com estilos diferentes, os três têm em comum a capacidade de trazer a empresa para enfrentar desafios gigantescos. A visão de futuro e o entendimento do setor e do Brasil fazem deles líderes visionários, à frente do tempo mesmo. Dentro do ambiente de comunicação, Carlos Piazza, que foi superintendente de Comunicação da Light, pelo olhar arrojado e insurgente e por ter sido o primeiro a mostrar extrema confiança em meu trabalho. E Daniele Salomão, diretora de Comunicação da Energisa, por ser um excelente exemplo de liderança feminina forte e determinada, mesmo em um ambiente ainda muito masculino do setor elétrico.

Como você define o papel da liderança?

Liderar é um ato de respeito. O bom líder respeita seu time, entende individualmente cada integrante da equipe, compartilha conhecimento, experiência e decisões. Não há nada mais valioso que um ouvido atentdo, a empatia e a oportunidade de fazer um time de que você consegue buscar o melhor de cada um e dar propósito à caminhada.

O que você faz para se manter motivada?

Eu faço o que amo. Poucas pessoas tem a sorte de fazer uma bela carreira naquilo que sempre sonharam fazer e ser reconhecidas por isso. Eu nunca trabalhei em um lugar ou em algo que não gostasse. Que ninguém nos ouça, mas eu faria tudo que eu faço até de graça! Minha maior motivação é ter a certeza de que posso contribuir para o negócio, para a empresa em que atuo e ao mesmo tempo ser muito feliz.

Do que você tem orgulho?

Tenho orgulho das histórias que ajudei a contar, dos desafios que ajudei a superar, das memórias que construí com outras pessoas. Fazer bem o que se propõe fazer é realmente uma enorme satisfação. Muitas pessoas deixaram lindas marcas em minha vida. Tenho certeza que também deixei algumas marcas nas pessoas, sendo sempre fiel aos meus princípios e valores.

Qual a sua citação favorita e por quê?

"Faça o que ama e nunca mais você trabalhará na vida." Porque ela define a minha vida pessoal e profissional.

O que você aprendeu com a vida que você gostaria de deixar registrado nesta obra?

Não se leve tão a sério. Não faça promessas que não possa cumprir. Deseje mais, mas não se escravize por seus desejos. Seja hoje melhor que ontem e encontre sempre sentido nas coisas que faz. Mesmo depois daquele dia cansativo, encontre tempo para você ou para um amigo. Ninguém mais, além de você, é responsável por manter sua chama interna viva. Não deixe que a vida passe sem que você tenha aproveitado cada instante.

Com base no que você vivenciou, ao longo de sua vida corporativa, qual o segredo do sucesso para ir da teoria ao topo?

O segredo não tem segredo: é estudar sempre, é se atualizar como nunca, é se cercar de pessoas tão boas ou melhores que você. É formar um time complementar e engajado e é ter muita paixão pelo que se faz.

Família

Jordana Garcia dos Santos

SEGREDOS DO SUCESSO V

Da teoria ao topo: histórias de executivos da ALTA GESTÃO

16

Nome: **José Carlos Mattiuzzi**
Empresa: Ubicua Brasil
Função: Founder – CEO

Como e onde você iniciou a sua trajetória profissional?

Absoluta obra do acaso: como todo garoto da década de 70 fui trabalhar em uma empresa multinacional americana fabricante de embalagens de vidro como *Office Boy* e surgiu uma oportunidade de transferência para duas áreas: Cobrança e Comercial. Éramos em três garotos, mas só duas vagas. Fui um dos escolhidos, mas meu amigo tinha a preferência por ser mais velho de casa. Adivinha? Ele escolheu a vaga da Cobrança e eu fiquei com a vaga do Comercial. Foi assim que comecei minha carreira, sempre na área de Negócios, passando pelos segmentos de Embalagens, Telecom, Contact Center e mais recentemente fundei uma empresa *startup* de Tecnologia voltada para Autoatendimento e Automação de Processos de Atendimento (através da aplicação das tecnologias de Artificial Intelligence, Machine Learning, Blockchain, Big Data, dentre outros). Com nossa *Startup* fazemos parte de um ecossistema de empresas (*Startups*, Empresas Corporates, Fundos de Investimentos e Investidores) em um HUB – América Latina – com o apoio de um dos maiores bancos privados do país.

Quais os principais desafios e resultados que você vivenciou ao longo da sua carreira?

Acredito que o principal desafio de minha carreira profissional sempre foi manter a automotivação. Já li em algum lugar e ouvi de alguns gestores ao longo de minha carreira que o "Homem de Negócio" é, e sempre será, solitário porque suas tomadas de decisões são, na maioria das vezes, baseadas em dados, sua intuição e quase sempre no calor de alguma reunião de decisão de negócio. Muita resiliência e criatividade são essenciais para essa profissão. O resultado para mim? Amadurecimento e uma capacidade de me manter calmo na mais brava turbulência. Gosto e tenho como um mantra um proverbio chinês que reflete muito bem isso: "Espere o melhor, prepare-se para o pior e aceite o que vier".

Quem da sua história de vida inspirou/motivou a sua carreira?

Não tenho uma pessoa específica, mas existe maior motivação do que sua família? Tivemos uma infância muito pobre, mas extremamente feliz e honesta. Meus pais sempre fizeram o melhor por nós e nunca mediram esforços para nos criar dentro dos melhores princípios de educação, respeito e honestidade (princípios estes em que naturalmente eduquei e criei meus quatro filhos). Meu pai, um aposentado por invalidez por volta dos seus 30 anos (!!), apesar de toda sua limitação, não deixava faltar as coisas em casa (quando não conseguíamos um cliente para realizar uma mudança de móveis com sua Kombi íamos atrás de papelão e ferro para vender no "ferro-velho" – sim, catamos papel na rua. Minha mãe se desdobrava em trabalhar de madrugada e durante o dia cuidar de nossa família com os afazeres domésticos. Quer inspiração e motivação melhor do que essa? Minha família!

Alguma história na gestão de pessoas que você gostaria de compartilhar?

Nenhuma específica (afinal, são muitos anos de gestão e poderia cometer alguma injustiça). E depois, ainda tenho muito que viver e novas histórias para escrever.

Alguma história no relacionamento com o cliente que você gostaria de destacar?

Poderia citar várias, mas acredito que todas se resumem a entender a necessidade de cada cliente e cuidar para que ele fique satisfeito. Mas mais do que isso: que ele fique surpreso! Surpreenda sempre que o benefício é recíproco (cliente satisfeito e você com sensação de realização). Incorporei em minha vida um exercício, que aprendi em uma das empresas em que atuei através de um treinamento para todo corpo gerencial, de sempre me colocar no lugar do seu interlocutor (cliente ou não). O que eu gostaria de receber se estivesse no lugar dela? Pode ter certeza, dá muito certo.

Quais dicas você daria para aqueles que estão iniciando a carreira profissional?

Aprenda sempre! Nos erros e acertos (principalmente nos erros!). Tire aprendizado de todas as situações e seja curioso. Não se satisfaça com um simples "é assim que funciona". Questione, aprenda e se arrisque – não tenha medo de errar.

Ao recrutar um profissional, quais características comportamentais você considera fundamentais?

Honestidade, força de vontade e dedicação são fundamentais

para qualquer profissional. Normalmente encontramos essas características nas pessoas mais simples (não é regra), talvez porque tenham menos oportunidades na vida e valorizem as poucas que têm.

Qual legado profissional e pessoal você gostaria de deixar para a sociedade?

Profissional? De fundar uma empresa que se dedica e realmente se preocupa em resolver o problema do cliente, vivenciando e propondo soluções para o problema DELE (e não encaixar o problema dele em sua solução). Pessoal? Amor, família, dedicação e honestidade em tudo que fizer.

Quais os reflexos das práticas de cidadania empresarial para organizações, profissionais e sociedade?

Construção de um mundo melhor para se viver, com menos desigualdades e oportunidades a todos que estiverem dispostos a se dedicar e fazer a diferença para si mesmo e as pessoas de seu convívio.

Cite alguns líderes que, em sua opinião, são inspiradores.

Steve Jobs (pela sua determinação, criatividade e perfeccionismo) e Nelson Mandela (pela resiliência e persistência).

Como você define o papel da liderança?

O líder sempre será uma pessoa que inspira os demais a participarem de um objetivo comum, porém cada vez mais esse papel é compartilhado com o grupo fazendo com que as vitórias e também as derrotas sejam de todos. Os líderes, da vida pessoal e profissional, têm um papel de extrema importância dentro de um grupo: identificar as qualidades (e potencializá-las) e defeitos (oportunidades de melhoria) de cada um para um objetivo em comum.

O que você faz para se manter motivado?

Procuro sempre me reinventar (até por conta do segmento em

que atuo agora com a Ubicua – Tecnologia!). É um exercício de pura criatividade o tempo todo, pois temos que nos antecipar às tendências e comportamento do ser humano (no final das contas, apesar de toda tecnologia aplicada, estaremos sempre lidando com seres humanos).

Qual a importância da inovação nas organizações?

De extrema importância e essencial para a sobrevivência do negócio! Não existe mais espaço para o "sempre funcionou desse jeito, não precisamos mudar" ou "não se mexe em time que está ganhando". Precisa mudar (e principalmente INOVAR) e sim, se mexe em time que está ganhando para que se possa ser melhor!

Como você realiza o networking de maneira efetiva?

Pratico todos os dias desde o mais simples encontro para cafezinho ou mesmo no corredor. Graças à estrutura que temos hoje à disposição de nossa empresa, um ambiente de *coworking* sensacional, tenho a oportunidade de fazer isso efetivamente todos os dias. Além é claro da participação nos principais eventos e palestras do segmento em que atuamos (oportunidades de aprendizados e conteúdos nunca é demais).

Do que você tem saudades?

Da simplicidade e inocência da infância. Nessa fase de nossas vidas não temos a maldade em nossos corações e muito menos as situações de preconceitos que adquirimos ao longo de nossas vidas. Procuro sempre me recordar disso para que eu possa ter uma vida mais leve. Aceitamos mais as pessoas como elas são.

Do que você tem orgulho?

Tenho orgulho das minhas conquistas pessoais (criação da minha família, dos filhos que tenho) e das profissionais (principalmente a Ubicua, uma empresa *startup* de Tecnologia que precisa se reinventar todos os dias e que literalmente começamos nas padarias da vida, com muitos cafés e pão com manteiga).

Qual o significado da palavra felicidade?

Um estado de espírito. A felicidade está nas coisas mais simples e principalmente nas coisas que nos dão prazer. Uma simples conversa com um amigo ou algo mais complexo como criar uma empresa do zero, algo que nem existe. O importante é fazer aquilo que se acredita e ir fundo com dedicação.

Qual a sua citação favorita e por quê?

Um provérbio chinês: "Espere o melhor, prepare-se para o pior e aceite o que vier". Temos que estar sempre preparados para todos os imprevistos da vida, ou pelo menos para a maioria, pois aquela pode ser a última chance. E sempre, sempre temos que tirar os aprendizados para estarmos preparados para os próximos.

Quais são seus hobbies preferidos?

Cinema, viagens e conhecer pessoas.

Qual sonho você gostaria de realizar?

Não tenho nenhum sonho específico, porém estou realizando um muito especial no momento que é ter uma empresa *startup* de Tecnologia que nunca tem rotina, com uma imprevisibilidade que me fascina, pois todos os dias são cheios de desafios e oportunidades de melhoria!

O que você aprendeu com a vida que gostaria de deixar registrado nesta obra?

Que todos temos que perseguir nossos objetivos, mas também a capacidade de deixá-los de lado por um bem maior ou simplesmente para corrigir nossa rota a qualquer momento. Talvez esse seja o maior desafio: abrir mão, seguir em frente e recomeçar se for necessário.

Com base no que você vivenciou, ao longo de sua vida corporativa, qual o segredo do sucesso para ir da teoria ao topo?

Perseguir os sonhos e persistir sempre. Mas não tenha medo de recomeçar nunca! Porque a vida é um eterno aprendizado.

Família

José Carlos Mattiuzzi

SEGREDOS DO SUCESSO V

Da teoria ao topo: histórias de executivos da ALTA GESTÃO

17

Nome:	**Júlio dos Santos Correia Neto**
Empresa:	JCN Gestão Empresarial
Função:	CEO

Quais os desafios da liderança no cenário atual?

Em um mundo que passa por mudanças políticas, culturais, sociais, comportamentais e religiosas de forma cada vez mais veloz, a busca por diferenciais competitivos diários se tornou uma obrigação, um dever. Estar atento às transformações e como elas impactam e impactarão o seu negócio, sua carreira e sua vida pessoal se tornaram imprescindíveis para a sua sobrevivência e sucesso futuro.

Destaco:
- Capacidade de inovação permanente (antever os fatos e tendências);
- Automotivação;
- Mente aberta e conectada ao novo;
- Desprendimento e desapego a crenças, dogmas e modelos do passado;
- Capacidade de analisar altos volumes de dados extraindo variáveis estratégicas de valor para a sua vida e negócio;
- Sensibilidade para perceber mudanças de comportamento nas pessoas, de uma forma em geral, e nos consumidores de uma forma específica;
- Perceber o seu pais dentro de um contexto cada vez mais globalizado e conectado (visão sistêmica macro);
- Habilidade de leitura e interpretação dos diversos sinais que estarão cada vez mais sendo postos no ar pelos diferentes agentes em atuação no mercado e na vida de uma forma geral;
- Conhecimento mais diversificado (navegando por diferentes matérias) e menos fragmentado, especializado, individualizado.

Qual a sua dica para os que desejam acelerar a carreira?

Estar conectado com a realidade do mundo e suas tendências cada vez mais variáveis e instáveis (curta duração), sem alimentar neuroses e traumas psíquicos e/ou emocionais achando-se incapaz, por exemplo. Minha dica como chave para isso: um permanente desenvolvimento espiritual, buscando o equilíbrio do ser, autoconhecimento identificando talentos e fraquezas, para, então, buscar o autodesenvolvimento.

Estudar, capacitar-se, pensar, observar, refletir, criar. As habilidades cognitivas cada vez mais estarão nos holofotes em detrimento das atividades manuais repetitivas, muito valorizadas até então.

Como você desenvolve a sua inteligência emocional para manter o equilíbrio produtivo e positivo?

Sou adepto da meditação e da Yoga faz 15 anos, aliado a um contato permanente com a natureza.

Em paralelo, estudos intensivos sobre comportamento humano, antropologia, sociologia, história da humanidade, religiosidade, misticismo e esoterismo. Conhecer mais, buscando a transformação diária para melhor.

Com isso uma regra se fez em minha vida: afastar-me de pessoas, situações e lugares que não possuam uma egrégora positiva aliada à prática de ouvir mais, refletir mais, antes de falar ou emitir uma opinião. E falar quando se fizer unicamente necessário. Observar mais pela intuição e não tanto pelos impulsos da mente. Ou seja, fugir de discussões e duelos desnecessários que meramente se traduzem em queima de tempo e energia vitais.

Como você define o seu estilo de liderança?

Estimulante, desafiador. Induzindo a equipe a pensar, a criar, a desenvolver soluções e alternativas por si mesma, dentro de parâmetros previamente acordados por todos os envolvidos.

Como você cria equipes mais motivadas e comprometidas com o negócio?

Através de muita mentoria coletiva e individual, abordando diferentes temas de interesse de todos. Esses encontros possibilitam uma percepção por cada membro da equipe de sua importância dentro do todo e não meramente como um número, aonde todos são estimulados a colaborar coletivamente, para o atingimento dos objetivos traçados.

Variáveis trabalhadas: comunicação, integração entre diferentes áreas, comportamento (modo de falar, por exemplo).

Os destaques são premiados, se tornando multiplicadores de atitudes com o objetivo de estimular outros a atingirem o mesmo patamar.

Compartilhe a sua experiência como coach individual ou de equipes.

Um dos meus maiores papéis como líder tem sido resgatar profissionais que se encontram perdidos dentro das corporações ou até mesmo fora delas. Através de técnicas pessoais desenvolvidas procuro através de muita sensibilidade e intuição adentrar o universo interior de cada um e desvendar traços de personalidade sabotadores e/ou talentos inexplorados, sempre usando de muito respeito e paciência no trato com cada indivíduo. Com isso, busco tirar o máximo de cada individuo de forma natural, espontânea e respeitosa e nunca forçada, regada por regrismos, julgamentos e/ou ameaças.

Em sua opinião, como será o futuro do trabalho?

Difícil traçarmos, na atual conjuntura, ainda prematura de transformações, por conta da revolução digital, a real dimensão de seus impactos no futuro do mercado de trabalho. O que podemos dizer, sem medo de errar, é o fato de que as mudanças serão profundas. Particularmente, venho manifestando perplexidade com o potencial impacto social que a automação dos processos através da Inteligência Artificial (IA) e Machine Learning terão sobre inúmeras atividades e profissões hoje existentes. Acredito, sim, que muitas sucumbirão e outras serão enormemente modificadas, reduzindo a demanda por gente. "A fusão de duas áreas (IA) com a biotecnologia pode em breve expulsar bilhões de seres humanos do mercado de trabalho e solapar a liberdade e a igualdade. Algoritmos de Big Data poderiam criar ditaduras digitais nas quais todo o poder se concentra nas mãos de uma minúscula elite, enquanto a maior parte das pessoas sofre não em virtude de exploração, mas de algo muito pior: a irrelevância." (from "21 lições para o século 21" by Yuval Noah Harari, Paulo Geiger). Temo, sim, pela criação de um exército de inúteis desocupados em um futuro não muito distante, mesmo sabendo que outras atividades surgirão, mas que, provavelmente, não serão suficientes para dar ocupação para o batalhão de excluídos dessa nova onda que varre o planeta, caso esta linha que vem sendo demonstrada continue em curso.

Na sua visão, como as "novas tecnologias" estão impactando o mundo dos negócios?

As novas tecnologias já estão impactando o mundo dos negócios fortemente. Empresas de tecnologia (TI) já vêm ocupando, em alguns segmentos, o lugar de empresas tradicionais, através da implementação de processos totalmente automatizados e conectados. Uma nova forma de gerir os negócios vem tomando corpo objetivando maior produtividade e eficiência, com redução de custos. Dou como exemplo as empresas de Logística, Cobrança e Recuperação de Crédito e mesmo o bancário que vem impulsionando o processo de automação por todo o restante do mercado (por exemplo, os meios de pagamento eletrônico).

Empresas como Uber e Airbnb são exemplos claros de que atividades tradicionais estão sendo fortemente impactadas.

Como você concilia os interesses dos steakholders (acionistas) x colaboradores?

Sempre tive como filosofia de gestão o ganha-ganha. A busca pelo equilíbrio de interesses do capital vs mão de obra através de um diálogo aberto (alinhamento estratégico) com todos os membros da equipe.

Cite um exemplo de oportunidade que você encontrou na dificuldade.

Sempre tive muito medo de me expor, de falar em público. Encontrei nas redes sociais a possibilidade de me desenvolver e superar este obstáculo. Comecei, timidamente, a publicar *posts* e artigos (hoje são mais de 400), que ampliaram a minha visibilidade, possibilitando a publicação em diversos meios de comunicação, entrevistas em canais de rádio e TV, publicações de vídeo em meu *blog* no YouTube (JCN Gestão Empresarial), ser um influenciador bem posicionado em meu estilo próprio na plataforma *LinkedIn*, bem como o gosto de dar palestras, participar de conferências e seminários.

Qual erro você cometeu que foi um grande aprendizado?

Responder provocações de terceiros sem pensar previamente. Agir pela emoção e não pela razão. Despertei para a habilidade de saber ouvir mais e falar menos.

O que você faz para transformar o mundo e deixar o seu legado?

'Compartilhar conhecimentos e verdades' tem sido meu lema. Impulsionar pessoas ao pensar, ao refletir, a busca da verdade, não importando aonde esteja, nem a dificuldade que ela lhe produzirá para ser encontrada, bem como as críticas que receberá pelo caminho. Não repetir e/ou agir a partir de falas e pensamentos alheios. Busque o seu próprio discernimento, seja você mesmo, e não um robô teleguiado. 'A verdade vos libertará'.

O que mais você admira em outra pessoa?

Honestidade, respeito às diferenças, simplicidade no trato com o outro, equilíbrio emocional e muita disposição para lutar com coragem e determinação de ser diferente do politicamente correto que atrofia o ser. Ou seja, ser ela mesma, verdadeira.

Do que você tem saudades na sua infância?

O que costumo dizer muito por aí: a liberdade de ser mais quem realmente eu sou e não tanto um 'boneco' a serviço de modelos sociais destoantes de minha essência verdadeira.

Qual o seu propósito de vida?

- Viver com Dignidade, permitindo que os demais tenham a mesma oportunidade
- Saúde, disposição e paciência para compartilhar os diversos aprendizados que a vida tem me proporcionado ao longo da trajetória
- Atuar sempre com honestidade, transparência e respeito ao próximo e as suas possíveis limitações e/ou falta de oportunidades

Qual a sua definição de sucesso?

Sucesso para mim é viver a sua vida, é experienciar o máximo de situações que a vida poderá lhe proporcionar. É você ser você mesmo, tendo a sua maneira própria de pensar e de ver o mundo e não simplesmente seguir os ditames do politicamente correto, só porque a sociedade espera que você siga esta cartilha. A vida foi feita para ser vivida e não para vivermos os sonhos, desejos e expectativas de terceiros.

Qual mensagem você gostaria de deixar para a sua família?

Minha família sempre foi fonte de inspiração para o meu crescimento como profissional e pessoa e formação de valores que carrego comigo, desde a tenra idade. Tenho muito orgulho da minha origem ibérica e seus inúmeros exemplos com toda a sua carga histórica de luta com coragem, muita vontade de desbravar e conquistar o mundo, dedicação ao trabalho e à família. Minha maior riqueza.

Família

Júlio dos Santos Correia Neto

SEGREDOS DO SUCESSO V
Da teoria ao topo: histórias de executivos da ALTA GESTÃO

18

Nome: **Luiz Fabiano de Oliveira Muniz**	
Empresa: Telos Resultados	
Função: Presidente	

Como e onde você iniciou a sua trajetória profissional?

Comecei minha trajetória profissional na triagem de luvas contaminadas por ácido sulfúrico em uma empresa na Zona Leste de São Paulo que reciclava EPIs. Tinha 17 anos, havia ingressado na faculdade de Engenharia e meu pai, funcionário público, não tinha condições de pagar a graduação.

Era uma atividade muito simples, sem nenhum estímulo intelectual, em um ambiente sujo e pouco agradável, mas fazia aquilo como se fosse o trabalho mais nobre do mundo. Tinha satisfação naquilo porque me sentia útil ao saber que, além de viabilizar a universidade, também auxiliava aquela empresa a cumprir seu propósito.

Fiz isso até ser admitido no programa de iniciação científica ainda no primeiro ano do curso, que me garantia uma bolsa mínima de estudo, e até hoje trago a regra de ouro dessa época: quando você sabe aonde chegar, qualquer atividade se torna uma diversão e o resultado é sempre o melhor.

Quem da sua história de vida inspirou/motivou a sua carreira?

Minha mãe. Uma simpática senhora italiana sem muito estudo acadêmico, uma das pessoas mais sábias que conheci, senão a mais.

O início da vida empreendedora não é fácil pra ninguém. Sobram desafios e a quantidade de erros é sempre maior que a de acertos. O mais difícil não é a decisão de começar, mas a decisão de continuar quando tudo vai mal.

Em 2013 iniciei minha primeira empresa com outros três sócios. Eu era a "engrenagem comercial" e consegui, logo de início, ocupar todos nossos consultores pelo primeiro ano. Éramos um caso claro de sucesso.

Após seis meses de operação, por incongruências societárias, conduzimos nossa empresa à falência. Perdemos faturamento e equipe. Da noite para o dia não tínhamos mais recursos e não havia consenso sobre o que fazer. Nossos fortes laços de amizade foram impotentes nesta hora. Era o fim.

Foram épocas ruins. Desfiz-me de todo meu patrimônio para honrar parte dos compromissos até dissolver a empresa.

Difícil aceitar a realidade de ter sido corresponsável na falência de uma empresa que havia nascido com o propósito de ajudar outras empresas a se tornarem melhores e maiores.

Recordo-me que fui aconselhado a buscar recolocação profissional. Eu tinha muita experiência como consultor e afinal de contas "a fatura do cartão chega no mês que vem".

Até que num almoço de domingo (era dia das mães), conversando com minha mãe ela me disse: "Você pode voltar a ser um empregado e ter seu conforto momentâneo. É um direito seu. Mas você vai viver sob a sombra desse fracasso pelo resto de sua vida, pelo simples fato de você ter desistido. E, se você desistir, não vai desistir de seu sonho. Vai desistir de você".

Ao mesmo tempo que sentia vergonha de tudo aquilo, percebi que a vida nada mais é do que uma sequência de acertos ou erros e que desistir de um sonho, não importa o motivo, é o mesmo que desistir de viver.

Demorou um pouco até que eu pudesse reassumir todo meu potencial em sua plenitude, fazendo aquilo que sei e mais gosto; ajudar as pessoas a crescerem e as organizações a resolverem seus problemas e por isso fundei a Telos Resultados. Já havia passado pelo meu estágio probatório e poderia fazer diferente com o que aprendi.

Foi um recomeço lento e difícil, mas libertador.

Reconheço que a inspiração em minha carreira vem da minha mãe. Sem ela não teria chegado até aqui, teria desistido e voltado a viver o sonho dos outros. Muito menos teria conquistado a certeza pétrea de que o único limitante para qualquer coisa é o tamanho de meu sonho.

Alguma história no relacionamento com o cliente que você gostaria de destacar?

Desde sua fundação, a Telos mantém um contato muito próximo com todos os clientes e ex-clientes. Por isso é muito difícil eleger algum relacionamento de destaque. Todos são especiais.

Mas o relevante é que em nossas relações desenvolvemos um ambiente saudável de crescimento das pessoas.

Por oferecermos soluções em gestão, trazemos melhorias significativas para os resultados das diversas alavancas de desempenho das organizações, quer sejam elas relacionadas ao comercial, operacional, estoque, endividamento, produtividade, dentre outros. Tanto que quantificamos essas melhorias e traduzimos isso em metas em nossas propostas. Por exemplo: "Auxiliar a empresa X a aumentar suas vendas em 5% em seis meses" ou "Auxiliar a empresa Y a aumentar a margem bruta em 3% em 12 meses", ou "Reduzir o retrabalho da linha Z em 15% em três meses".

Fazemos isso em formato de projetos, isto é, temos data para começar e data para terminar com entregas de resultados previamente definidos.

Todo esse movimento passa necessariamente pela inserção de novas ferramentas e protocolos a serem seguidos, o que significa mudança.

Como sabemos pelos nossos 20 anos de experiência, esse tipo de mudança gera um nível de desconforto muito alto nas pessoas, dificultando execução do projeto.

Por isso, ao aplicarmos o método gerencial, nossa técnica também aporta os recursos necessários para o desenvolvimento das pessoas e redução dos níveis de ansiedade, baseados em três pilares:

- Transparência: definimos em conjunto quais as regras para a prática de gestão e como elas serão aplicadas, respeitando o estilo do cliente. Não pode haver desconfiança nem dúvida sobre a prática das relações;
- Suporte às pessoas: mudanças requerem naturalmente a busca de novas habilidades e nem sempre as pessoas foram habituadas a isso. Aportamos os recursos necessários para o desenvolvimento humano para que sejam disponibilizados e as pessoas permaneçam na empresa;
- Zelo: cada pessoa tem um perfil. Cuidamos de cada um como sendo único, independentemente de sua função ou cargo dentro da organização.

Essa forma de se relacionar com o cliente permite resultados mais rápidos e consistentes, construindo relações duradouras de confiança e o crescimento de todos.

Quais dicas você daria para aqueles que estão iniciando a carreira profissional?

Insista! Não existe problema que resista ao trabalho! Se um problema ainda existe é porque não se trabalhou o tempo necessário ou da forma adequada para resolvê-lo. Persista no seu sonho e busque sempre os melhores recursos para alcançar seus resultados.

Se você quiser ser um campeão, cerque-se de campeões. Você nunca conseguirá alcançar seus objetivos, se quem está a sua volta deseja menos que você.

Ao recrutar um profissional, quais características comportamentais você considera fundamentais?

- Respeito: aceitar as características de todos, independentemente da posição que ocupe ou de preferências pessoais;
- Comprometimento com o negócio do cliente;
- Capacidade de manter o foco.

Cite alguns líderes que, em sua opinião, são inspiradores.

Falar de um líder, ou alguns, é muito difícil porque podemos fluir desde Jesus Cristo, Maomé e Buda, passando por Sam Walton e Steve Jobs e chegar a Iosif Stalin e Adolf Hitler.

Cada um com suas convicções e valores para formar e conduzir suas "equipes", que na visão deles alcançariam o bem maior coletivo. Inspiração depende da construção moral de cada um.

O objetivo aqui não é, em hipótese nenhuma, fazer o juízo da moral de cada um, mas apenas chamar a atenção, em qualquer um desses ou outro que possamos eleger, para a característica de que, todos, sem exceção, nunca desistiram de suas crenças por mais adversa que a conjuntura estivesse.

Como você define o papel da liderança?

A liderança deve ser capaz de identificar quais pessoas possuem sonhos equivalentes ou similares ao seu. Só a partir disso faz sentido criar os pontos de conexão entre esses sonhos e mantê-los firmes, com cada membro da equipe. Isso é viver em rede, é criar um ambiente de abundância e não de escassez. Esse é o grande papel do líder! Só assim é possível criar um conjunto maior e mais forte que a soma dos indivíduos, onde todos possam se realizar.

Qual a importância da inovação nas organizações?

As empresas não existiriam sem inovação. Garante diferenciais competitivos e traz riqueza. Mas inovação, por mais complexa que seja, um dia é copiada, tornando o ambiente de concorrência uma verdadeira arena de gladiadores, penalizando os produtos que tanto foram pesquisados para serem desenvolvidos e inovados.

Por isso, entre um ciclo e outro de inovação, as organizações devem buscar melhores padrões de produtividade.

Isso é gestão do negócio em si. Só isso garante a perenidade do negócio. Permite aos recursos serem utilizados com menor desperdício, sem precisar oferecer menos valor aos clientes. Vejo claramente isso na indústria de consumo. Ela gasta fortunas buscando produtos inovadores, mas há cerca de uma década iniciou a prática da diminuição da quantidade por embalagem, em nome dentre tantos outros fatores da "manutenção dos preços ao consumidor dada a oferta". Imagino que em algum tempo não muito distante teremos apenas a oferta das embalagens vazias nas gôndolas. Essa prática, além de ser o pesadelo de qualquer área de engenharia e marketing, destrói todo o valor criado pela inovação justamente porque não há gestão operacional eficiente, ou seja, não há gestão para resultados.

Como você realiza o networking de maneira efetiva?

Considero *networking* como sendo uma daquelas coisas na vida que você faz ou você não faz. Ou se faz *networking* de maneira efetiva ou não. *Networking* requer confiança não apenas no profissional, mas também na pessoa.

Quantas vezes vamos a reuniões, a encontros de lideranças, ou até churrasco na casa do vizinho e quando encontramos uma pessoa nova o contato não evolui muito de um "O que você faz?" ou então "Vou deixar meu cartão com você", como em um discurso forçado, não natural. Isso não é *networking*, isso é atualização cadastral que qualquer *software* de CRM faz.

Vamos lembrar que estamos falando de pessoas e que pessoas têm desconfortos e anseios. Considero *networking*, como a capacidade que um grupo de pessoas tem de unir seus recursos para reduzir os desconfortos e facilitarem o alcance dos desejos pessoais, pelo simples fato de fazer as pessoas crescerem. Por isso é importante tratar pessoas como elas são, ou seja, as pessoas precisam ser tratadas como pessoas e de maneira genuína.

Cada vez que tenho a oportunidade de me aproximar de alguém me interesso ao invés de me mostrar interessante. Isso me dá condições para focar na pessoa ao invés do que ela tem a me oferecer. Permite-me dispor uma solução dentro daquilo que conheço, quando necessário e oportuno. Cria pontos de afinidade e motivos para continuar o relacionamento de maneira recíproca para quem está aberto a isso num ambiente de confiança e crescimento.

Do que você tem orgulho?

Já desenvolvemos muitos trabalhos para empresas europeias, americanas e japonesas, dentre outras, montando equipes multidisciplinares entre nós e os clientes.

Confiança é fator decisivo para a contratação e desenvolvimento do trabalho de uma consultoria, ainda mais quando ela se propõe a melhorar os resultados de seus clientes e esse resultado é colocado em suas propostas.

Precisamos agir exatamente no foco do problema com a correta percepção de valor do trabalho. É disso que me orgulho: das sólidas relações de confiança criadas ao longo de nossa história.

Qual o significado da palavra felicidade?

É agir em coerência com meu propósito.

Quantos são os casos de pessoas e profissionais que tomam decisões para manterem seu *status quo* mesmo sabendo não ser o melhor caminho.

Além de um problema ético e destruir vínculos de confiança, esse comportamento aprisiona as pessoas que vivem assim, tornando-as meras "passageiras" de suas próprias vidas, por não enxergarem a autonomia que têm de seguirem suas convicções.

Qual a sua citação favorita e por quê?

"Um líder de verdade tem confiança para ficar sozinho, coragem para tomar decisões difíceis e compaixão para escutar a necessidade dos outros" – Douglas MacArthur

Independentemente do tipo de liderança exercida, um líder tem uma árdua rotina de tomada de decisões em prol do objetivo coletivo maior que, algumas vezes, frustrará as expectativas individuais da equipe, incluindo a sua. Por isso deve ter como seu último conselheiro ele próprio e nada melhor para se ouvir do que estar só.

Mas, se um líder tem de confiar que finalmente sua solidão trará a melhor resposta, e isso requer coragem para assumir responsabilidades, por outro lado ele deve se colocar no lugar de cada liderado, reduzindo o nível de incerteza existente, proporcionando o crescimento de todos. E isso requer não simplesmente ouvir, mas ouvir com compaixão.

Quais são seus hobbies preferidos?

Venho de uma família de italianos, por isso é na cozinha onde passo a maioria do tempo livre. Quando era criança nossa casa era muito pequena, meus pais trabalhavam fora e minha avó cuidava de mim. Ela me esperava voltar da escola no final da manhã para terminar de preparar nosso almoço. Eu ficava na cozinha vendo-a mexer aquele monte de panelas querendo entender o que acontecia ali que a fazia cantar.

Depois de almoçarmos, eu fazia meus deveres (na cozinha) enquanto ela organizava a louça do almoço e logo em seguida já começava a se preocupar com a janta. Havia uma venda muito simples ao lado de nossa casa, onde eu ia com ela pra ver se "tinha alguma verdura boa no dia".

Era na cozinha que nossa vida acontecia.

Quando meus pais chegavam as conversas aconteciam ali.

Cresci nesse meio. Trabalhávamos, estudávamos, nos aconselhávamos lá. Conforme fui crescendo, comecei a ajudar minha avó, até o dia que fritei meu primeiro ovo. O ato de fazer algo com todos juntos foi tão recompensador que daí em diante nunca mais deixaria de cozinhar.

Hoje, as reuniões familiares acontecem e, evidentemente, não poderia ser de outra forma, cozinhamos juntos. Começo bem cedo, vou ao mercado. Escolho o que há de melhor e mais fresco no dia e como também tenho interesse particular pela produção de vinhos, aproveito para decidir com minha mãe não apenas o que e como faremos, mas com o que harmonizaremos. E entre um acerto e erro, no momento da refeição e no de limpar ainda conversamos sobre as coisas mais importantes da vida.

O que você aprendeu com a vida que gostaria de deixar registrado nesta obra?

- Na vida, não faltarão pessoas para fazê-lo desistir do seu sonho;

- Não se preocupe em deixar todas as portas abertas. Algumas devem estar muito bem fechadas;

- Nunca siga o conselho de quem tem um sonho menor que o seu. Você voltará para trás, ou então, se tiver muita sorte, apenas não crescerá mais.

Com base no que você vivenciou, ao longo de sua vida corporativa, qual o segredo do sucesso para ir da teoria ao topo?

- Sou o protagonista da minha vida. Ninguém poderá nem fará nada por mim. Descobri que ninguém está disposto a correr riscos que não seja por ele mesmo. Aconselho-me muito sempre, mas a soberania da decisão final para conduzir a minha vida pertence a mim. Ninguém além de mim mesmo é responsável pela minha vida. Sou livre;

- Termino sempre o que começo. Nada mais frustrante do que começar algo e deixar inacabado;

- O dia que decidir fazer algo, e não importa o que seja, faça o melhor que puder, sempre.

Família

Luiz Fabiano de Oliveira Muniz

SEGREDOS DO SUCESSO V
Da teoria ao topo: histórias de executivos da ALTA GESTÃO

19

Nome: **Luiz Fernandes Mallmann**
Empresa: ESB Instituto de Ensino Superior Brasileiro / ESP Instituto de Especialização do Amazonas
Função: Sócio-Diretor

Como e onde você iniciou a sua trajetória profissional?

Comecei bem cedo por necessidade, e isso ocorreu quando eu tinha uns 12 anos de idade. Sou natural de Santa Cataria e aos meus dez anos meus pais decidiram aventurar-se em busca de melhorias no interior do Mato Grosso, éramos eu, meu pai, minha mãe, meus três irmãos e meu tio e sua família. Nos primeiros dois anos em que estávamos morando no Mato Grosso houve um grave acidente de trabalho, uma grande árvore caiu atingindo meu pai e meu tio. Meu pai, com muitos ferimentos, ficou internado por seis meses em um hospital e meu tio não resistiu. Naquela situação gastamos o pouco de recurso que tínhamos. Minha mãe teve a iniciativa de plantar verduras em um terreno ao lado de casa para conseguir o sustento para nós. Foi desta maneira que comecei a trabalhar, eu e meus irmãos fazíamos as vendas, saíamos todos os dias pelas manhãs batendo de casa em casa ofertando as verduras que carregávamos em uma bacia na cabeça. Logo depois, com a volta do meu pai para casa, busquei um novo trabalho adicional como garçom, pelas manhas continuava com as vendas das verduras e nos intervalos do meio-dia e à noite prestava serviços de garçom pelas churrascarias e lanchonetes da cidade, "meus primeiros empregos". Nas tardes eu ia para a escola e em finais de semana trabalhava como *barman* em boates. Aos meus 18 anos já liderava equipes de garçons para atender grandes festas e eventos da cidade. Já aos 22 anos de idade eu tive um novo emprego, agora como gerente de uma exportadora de madeira, exportávamos para a Europa, Estados Unidos e China. Mesmo sem uma formação eu me tornei gerente dessa empresa, acredito que pelo comprometimento e força de vontade que tem sido meus principais destaques para permanecer no cargo. Depois de anos trabalhando no ramo, eu e meu irmão mais velho resolvemos empreender naquele segmento de exportação de madeiras. A empresa teve crescimento rápido e constante por dois anos e no terceiro ano, mais especificamente em 2014, com a grande queda do dólar, a empresa veio à falência. Isso ocorreu por não termos o conhecimento necessário para entender e respeitar as oscilações do mercado. Quando acordamos não teve outra solução a não ser vender tudo pelo mínimo para findar o negócio. Nesse mesmo ano 2014 veio uma nova oportunidade, recebi a ilustre visita de um grande amigo de infância que me convidou para investir em uma franquia no ramo educacional. Em 2005 já estava em Manaus, Amazonas, atuando no ramo educacional, mais especificamente com ensino superior (pós-graduação) representando uma marca nacional que durou nove anos e foi de muito sucesso. Logo veio a necessidade de empreender com o próprio negócio devido ao crescimento, e o modelo franquia não era mais viável e sustentável. Foi aí que veio a grande oportunidade de inovar e empreender. Hoje com duas instituições somos referência em ensino superior. O "Instituto ESP", Instituto de Especialização do Amazonas, que atua fortemente no Estado Amazonas com cursos de especializações.

E em 2016 veio novamente uma nova e grande oportunidade de inovar e empreender nacionalmente e internacionalmente também no ramo educacional. O "Instituto ESB", Instituto de Ensino Superior Brasileiro. Constituído em 2016 o Instituto, tem sede em Brasília e atua em várias capitais do Brasil com cursos de referência e inovadores, como graduação, especializações. Atua com modelos diretos com filiais e com modelos indiretos como conveniados ou franquias.

Quais os principais desafios e resultados que você vivenciou ao longo da sua carreira?

Sem sombra de dúvida o conhecimento! A falta de conhecimento no início foi a maior das dificuldades, os desafios e aventuras vieram de várias formas possíveis, lá no início quando trabalhava com as madeireiras cheguei a enfrentar chuva, sol, noites sem dormir ou mal dormidas em redes no meio da mata, fiquei por várias vezes frente a frente com onças ao meio da floresta quando ficava acampado por semanas junto com as equipes de extração das madeiras. Mais tarde as dificuldades foram outras, o próprio mercado, gestão de equipes e até grandes problemas financeiros. Antes do meu primeiro empreendimento chegar à falência eu não imaginava que uma moeda internacional poderia fazer tanta diferença no mercado, esse foi um dos aprendizados. Hoje, vejo que meus erros foram importantes para o meu crescimento e aprendizado, mas não é só errando que se aprende, anteciparmos e buscarmos o máximo de conhecimento com os estudos, formações, palestras, congressos e MBAs faz toda a diferença e faz com que erramos menos.

Quem da sua história de vida inspirou/motivou a sua carreira?

Fui inspirado pela necessidade e a vontade de vencer, vivi boa parte de minha vida em condições extremas, em trabalhos difíceis e alguns deles perigosos, mas nunca desisti, pelo contrário, encarei cada um deles e dei o meu melhor. Decidi que mudaria aquilo, e foi buscando melhorias, dei o primeiro passo, um de cada vez, na dignidade, na honestidade e o mais importante, nunca pensei em desistir.

Alguma história na gestão de pessoas que você gostaria de compartilhar?

Uma história de que sempre me recordo foi quando eu gerenciava uma equipe de produção na empresa de exportação de madeira no interior do Mato Grosso. Lembro que na época precisávamos fazer um carregamento de alguns caminhões com urgência e era final de semana, mais especificamente sábado pela manhã, e para agravar o salário de todos estava atrasado. Chamei minha equipe e conversei com eles para que os mesmos viessem trabalhar o resto do final de semana, sábado e domingo até o carregamento ser concluído, expliquei a importância do carregamento, e para minha surpresa todos vieram, mesmo com pagamento atrasado eles vieram, foi um final de semana inteiro de muito trabalho pesado, o carregamento foi braçal, mas foi um momento único que tive com a equipe, trabalhamos juntos e foi muito boa a experiência. Para compensar, domingo, enquanto a equipe trabalhava no carregamento, eu preparei, ali mesmo na empresa, um churrasco para eles como forma do meu agradecimento. E isso se repetiu por algumas vezes, e depois eu descobri que eles só iam no fim de semana porque eu pedia. Vi que minha equipe enxergava em mim um líder, eles me tinham como exemplo e confiavam em mim, isso fez com que eu me sentisse grato e realizado. Hoje, vejo como todos os passos e experiências foram muito importantes para o meu crescimento profissional.

Alguma história no relacionamento com o cliente que você gostaria de destacar?

Relacionamento é uma oportunidade incrível que temos para fazer negócios, parcerias e amizades. Na minha vida tudo aconteceu através de um relacionamento, meu primeiro emprego veio por indicação de um cliente, meu primeiro empreendimento foi através de um clientes, meu segundo empreendimento foi através de um amigo, no terceiro empreendimento tínhamos muita gente conosco, uma grande carteira de clientes, parceiros, amigos e prestadores de serviços, isso nos deu credibilidade e a certeza para iniciarmos um negócio grandioso e com penetração rápida no mercado. No ramo educacional temos grandes histórias com clientes, uma delas que me chama atenção é de um profissional que para fazer uma de nossas especializações se deslocava uma vez ao mês de barco pelos rios do Amazonas por três dias até chegar em Manaus e mais três dias para seu retorno e nunca faltou em suas aulas, isso se dava pelo formato das aulas, de serem ministradas em um encontro mensal em finais de semana. Outra é de uma família inteira que vinha do interior do Amazonas para nossa instituição todos os meses para estudar conosco. Outro cliente é um aluno que vinha todos os meses dos Estados Unidos para cursar uma especialização conosco aqui no Brasil. Depoimento de alunos que a vida dele mudou completamente através de nossos cursos, de nossos serviços. É muito gratificante saber que podemos fazer diferença nas vidas das pessoas, que podemos contribuir para a melhoria de um profissional, e de uma sociedade.

Quais dicas você daria para aqueles que estão iniciando a carreira profissional?

Para aqueles que estão iniciando, seja para empreender ou se lançando no mercado, é muito importante dar a partida o quanto antes. De nada adiantam boas ideias, bons projetos e sonhos na gaveta. Uma dica que tenho como exemplo e foi o que levou até mim grandes possibilidades foram os relacionamentos, nunca perca as oportunidades de se relacionar, de deixar sua marca expressa na mente das pessoas, sejam seus clientes, colegas ou amigos de tal forma que um dia quando estas pessoas pensarem em indicar alguém, contratar ou fazer negócios, que você seja o primeiro na mente delas. Aliado a isso, busque incansavelmente informações, formações e parcerias. Eu só sabia se ia dar certo se tentasse e, se não desse certo, bem, pelo menos ganhava aprendizado e tirava uma grande lição daquilo. Por isso, não tenha medo de tentar, de ir atrás. Se você tem uma ideia inovadora ou um objetivo de crescer dentro da sua área profissional, então não desista! Confie em si, valorize seu potencial e estude! Conhecer o mercado, adquirir conhecimento é essencial para se tornar um excelente profissional.

Ao recrutar um profissional, quais características comportamentais você considera fundamentais?

Encontrar as pessoas certas sem dúvida é o maior desafio.

Primeiramente buscamos encontrar candidatos que se encaixem no fit cultural da empresa. Feito isso, entre as características e habilidades que buscamos, uma delas é a capacidade que eles têm de enxergar e vivenciar o negócio com olhar de dono, que tenham ambição, criatividade, comunicação, respeito, energia, compromisso, proatividade, liderança, equilíbrio emocional e outras conforme o *job description*. O passo seguinte já é o desenvolvimento do time e isso não deve parar nunca, costumamos dizer "treino duro, jogo fácil".

Qual legado profissional e pessoal você gostaria de deixar para a sociedade?

Queremos ser lembrados profissionalmente pela diferença que construímos juntos, que através do conhecimento e das experiências possamos proporcionar no indivíduo, grupo, comunidade uma mudança transformadora e todos juntos disseminarmos estes conhecimentos para uma sociedade melhor. E que pessoalmente minha história aqui descrita possa ser um legado e servir de inspiração para alguém.

Como você define o papel da liderança?

Toda liderança tem antes de tudo um propósito, um objetivo e metas da organização a serem cumpridas. Para obter os resultados e chegar aos sucessos, esta liderança terá um papel muito importante, que é manter seu time da melhor forma possível, desenvolvê-lo, treiná-lo, manter a motivação constante, alinhar cada um com o propósito da empresa, ser admirado, ser exemplo a ser seguido.

O que você faz para se manter motivado?

Erros e acertos fazem parte do mundo dos negócios, assim como qualquer profissional ou empresário, vivenciamos momentos bons e ruins. Para me manter motivado eu sempre estou me projetando aos sonhos, ao propósito, isso faz com que todo o resto tenha sua parte importante na caminhada. Afinal, quando chegarmos ao topo, o que ficará marcado em nossas memórias será a nossa jornada, então que seja prazerosa.

Qual a importância da inovação nas organizações?

Uma organização que não inova está fadada ao fracasso! Seja com novas ideias, produtos ou tecnologia, dá-se a necessidade de inovar constantemente. Cabe olharmos para as tendências, para os clientes do futuro, das novas gerações e nos prepararmos para atendê-los. Alguns segmentos e profissões terão que se reinventar, empresas com fins coletivos estão surgindo cada vez mais e modificando os modelos tradicionais.

Como você realiza o networking de maneira efetiva?

Bons e novos relacionamentos têm vindo na maioria através de indicações de parceiros existentes, dos clientes e amigos! É claro que sempre que possível e oportuno estamos realizando e efetivando novos contatos com novas pessoas, seja no trabalho, em eventos ou em viagens. Nunca podemos deixar de nos relacionar e de criar novas oportunidades, de fazer novos negócios, de realizar novas parcerias ou de fazer novas amizades.

Do que você tem orgulho?

Tenho orgulho do legado que estamos deixando, da trajetória, da família, dos amigos, dos parceiros e de todos que nos acompanharam nesta jornada.

Quais são seus hobbies preferidos?

Gosto de pescar, é o momento especial que tenho comigo mesmo, de reflexão. Adoro fazer viagens, conhecer lugares, novas histórias e culturas. Por terceiro gosto muito de cozinhar, de inventar e inovar com novos pratos, mas minhas preferências são com carnes e peixes.

Qual sonho você gostaria de realizar?

Expandir os negócios com excelência em todo o território nacional e também de internacionalizar a empresa com algumas unidades internacionais. Acompanhar estes desenvolvimentos e vivenciar esta jornada passo a passo realizará muitos dos meus sonhos.

Qual mensagem de motivação você gostaria de deixar para os leitores deste livro?

Enquanto corria meus primeiros 20 km, descobri algo poderoso que fez com que eu corresse exatamente os 20 km com tranquilidade. Preparei-me o dia todo e fiquei mentalizando que eu iria conseguir, mentalizei cada km, cada respiração. Desafiador para alguém que estava iniciando suas atividades físicas, esta experiência tem dado tão certo para mim e foi tão boa que mentalizo em meus negócios e atividades que venho a fazer. Vai lá! Vai esperar até quando para dar início aos seus sonhos e projetos? MENTALIZE E FAÇA! Esta é a minha frase poderosa e mensagem para você.

Com base no que você vivenciou, ao longo de sua vida corporativa, qual o segredo do sucesso para ir da teoria ao topo?

Na minha vivência, não tem sido fácil a caminhada rumo ao topo. De vendedor de rua, garçom, gerente, empresário, falências, reconstruções, empresário novamente, tem sim alguns "segredos". O segredo é você não manter segredo de seus sonhos e projetos, é dar o *start* agora com os recursos e limitações que você tenha. Após iniciar, as coisas vão se ajeitando e, é claro, não deixe de buscar parcerias, conhecimentos, experiências e inovações. Mas faça com propósito, com paixão e se possível e mais assertivo, faça para resolver uma dor da sociedade.

Família

Luiz Fernandes Mallmann

SEGREDOS DO SUCESSO V

Da teoria ao topo: histórias de executivos da ALTA GESTÃO

20

Nome:	**Maria José Martinez F. Campos**
Empresa:	Atento Brasil S.A.
Função:	Vice-Presidente de Recursos Humanos

Quais os momentos mais importantes da sua carreira?

Quando consegui meu primeiro estágio. A partir daí percebi que ser corajoso, correr atrás de conhecimentos e enfrentar desafios seriam a trilha da minha carreira.

Qual legado profissional e pessoal você gostaria de deixar para a sociedade?

Respeito às pessoas e dedicação.

Fale sobre aprender com os erros e aproveitar as oportunidades.

Às vezes você encontra mais desafios do que precisaria, mas é com eles que você se torna mais forte e competente. Mudar o escopo da sua atividade, de um processo complexo, demitir uma pessoa competente por atitude etc... São alguns exemplos.

Como você administra seu tempo nas questões família, espiritualidade, lazer, atividade física, amigos e trabalho?

Muito difícil e só fui aprendendo com o tempo. Aquela história que mulher tem de mostrar que pode tudo como um homem me atrapalhou por vários anos, agora com maturidade sei que era besteira. O mais importante é a competência e vontade de vencer em cada área, fazendo o meu melhor sempre.

Cite alguns líderes que, em sua opinião, são inspiradores.

Fábio Barbosa, ex-presidente ABN AMRO Real, visionário, inteligente, que dava espaço e desafiava com respeito.

Do que você tem saudades?

Minhas filhas correndo pela casa, mas sempre tive minha mãe para me ajudar, pois cheguei aqui com o apoio dela e do meu marido, que sempre foi muito parceiro.

Do que você tem orgulho?

Com certeza da minha família, a base de tudo, eles sempre estiveram ao meu lado, independentemente de qualquer coisa, me apoiando e incentivando para seguir em frente e alcançar os meus objetivos. Das minhas filhas formadas em boas universidades e da carreira que construí.

Qual a sua citação favorita e por quê?

"Sozinhos vamos mais rápido, mas juntos vamos mais longe". Essa frase para mim é a essência do papel do líder. Trabalhar em equipe não é fácil, mas no final o trabalho tem mais qualidade e engajamento.

Quais são seus hobbies preferidos?

Leitura e grandes caminhadas.

O que você aprendeu com a vida que gostaria de deixar registrado nesta obra?

Dedicação, resiliência e foco na entrega.

Qual mensagem de motivação você gostaria de deixar para os leitores deste livro?

Não importa de onde você vem, o importante é a dedicação, o comprometimento e a perserverança para fazer o seu melhor; não ignore as possibilidades e não desista diante das dificuldades, pois elas lhe darão base para alcançar seus objetivos.

Família

Maria José Martinez F. Campos

SEGREDOS DO SUCESSO V
Da teoria ao topo: histórias de executivos da ALTA GESTÃO

21

Nome: **Maria Lucilene Silva Aguiar**
Empresa: Expertise Consultoria e Treinamento Empresarial
Função: Diretora Administrativa

Fale sobre origens e trajetória de vida.

A minha história começa em Fortaleza/CE, onde nasci. Cresci em um família simples formada por seis filhos (eu, Lirene, Fátima, Vera, Assis e Chagas), minha mãe, Terezinha Silva Aguiar, era costureira e meu pai, Raimundo Baia de Aguiar, era vendedor ambulante. Meus pais me ensinaram os melhores valores de vida, tais como: honestidade, solidariedade e acima de tudo vontade destemida pelo trabalho. Minha família veio para Belém do Pará quando eu tinha sete anos, estudei sempre em colégio público e desde pequena dizia que ia ser contadora, mesmo sem saber o significado dessa profissão, mas era o sonho de que não abria mão diante de tantos desafios. Cursei o Técnico em Contabilidade, graduação, especialização e mestrado na mesma área. Minha missão mais linda dada por Deus foi ser mãe dos meus filhos, Alex David Aguiar e Aline Danielli Aguiar, a eles dedico todos os meus exemplos de vida. Iniciei minha vida profissional como estagiária do Banco da Amazônia S/A, depois como auxiliar de escritório em uma indústria. Formada em Ciências contábeis ampliei meus objetivos e fui trabalhar como contadora, o que muito me orgulha, tenho uma empresa chamada EXPERTISE CONSULTORIA E TREINAMENTO EMPRESARIAL LTDA, que realiza consultorias contábeis, tributárias e financeiras e treinamentos empresariais em vários segmentos. No âmbito do ensino superior desenvolvo atividades de coordenação e de professora em pós-graduação *lato sensu* na área de Contabilidade.

Como e onde você iniciou a sua trajetória profissional?

Minha vida profissional se iniciou como estagiária no Banco da Amazônia S/A, em Belém do Pará. Trabalhei 18 meses no Departamento Pessoal, onde fui moldada profissionalmente. Para mim, sempre foi um sonho trabalhar em um dos maiores bancos do meu estado, que era referência na área. Além de realizar esse sonho pude adquirir conhecimentos significativos que hoje se espelham na minha vida profissional.

Quais os principais desafios e resultados que você vivenciou ao longo da sua carreira?

Ao longo da minha carreira eu vivenciei vários desafios que provavam meu empenho em realizar meus sonhos. Um deles foi quando tive que morar sozinha aos 18 anos, a ideia era terminar meu curso Técnico em Contabilidade. Sem o amparo da família eu iniciei minha vida e foi difícil ficar longe dos meus familiares por tanto tempo, exemplo disso foi quando resolvi fazer meu mestrado em Contabilidade e Controladoria pela Universidade de São Paulo (USP). Foram três anos de muitas renúncias, trabalhos e sacrifícios, mas no fim a resiliência e determinação se mostravam como palavras de ordem para conseguirmos alcançar nossos objetivos profissionais.

Quem da sua história de vida inspirou/motivou a sua carreira?

Gostaria de deixar aqui os meus mais sinceros agradecimentos às duas pessoas que mais me motivaram durante minha vida profissional: Elcias Araújo Freitas e Waldelice Brito. Elcias acreditou em mim quando trabalhávamos juntos em uma empresa de telecomunicações, onde me deu a responsabilidade de cuidar da parte tributária, departamento pessoal e contabilidade. Foi uma experiência única para mim, pois tudo que eu aprendia em teoria na faculdade de Ciências Contábeis eu conseguia aplicar na prática.

Waldelice foi a pessoa que despertou o desejo da docência em mim, ela foi minha professora durante a faculdade e nela eu conseguia ver todos os valores de uma excelente professora, pautados no comprometimento e humanização, esses que hoje eu levo para a sala de aula, pois eu acredito que a educação pode transformar os seres humanos.

Alguma história na gestão de pessoas que você gostaria de compartilhar?

Por 19 anos trabalhei em uma universidade particular em Belém. O reitor, Edson Franco, tinha um hábito que eu nunca tinha visto: tratar o professor como ser humano primeiramente. Ele realmente humanizava as relações com os professores, os chamava todos pelos nomes e existiam mais de 500, era um tratamento diferenciado. Nos aniversários ele mesmo ligava para desejar parabéns e felicidades, e mesmo hoje eu não sendo mais funcionária ele ainda liga logo pela manhã para me dar os parabéns.

São atitudes como essa que eu vejo em um brilhante gestor, pois se tornam um diferencial e valorizam os profissionais e os mantêm motivados.

Quais dicas você daria para aqueles que estão iniciando a carreira profissional?

Acredito que com foco e determinação as pessoas conseguem chegar ao final do objetivo. Em muitas situações tudo parece impossível, vários serão os desafios, mas é preciso acreditar na sua capacidade, ser honesto naquilo que se propõe a fazer, ter a integridade em algumas situações de poder dizer que não sabe fazer aquilo que lhe foi solicitado, mas que está proativo para aprender. A persistência é sinônimo de êxito.

Ao recrutar um profissional, quais características comportamentais você considera fundamentais?

No mundo corporativo, a competência comportamental é fundamental para a inclusão ou exclusão do profissional. Os resultados das empresas dependem das pessoas que formam o seu quadro, portanto, ser comunicativo, autêntico, flexível, ético e apresentar espírito de liderança. São elementos fundamentais para o desenvolvimento da inteligência emocional, o que torna um diferencial para qualquer profissional.

Qual legado profissional e pessoal você gostaria de deixar para a sociedade?

Acredito que meu maior legado seja minha grande paixão por conhecimento. Devemos estar em constante busca por conhecimento e aplicá-lo com ética, respeito, comprometimento. São valores que devem ser semeados para os seus seguidores, pois são as crenças e valores pessoais que agregam valor ao profissional.

Cite alguns líderes que, em sua opinião, são inspiradores.

Em primeiro lugar tenho Jesus como um dos maiores líderes, a humildade e vontade de servir sempre o transformou em líder por excelência. Outro que me inspira é Nelson Mandela, que trazia como legado: liberdade, justiça e igualdade, um jovem advogado tornou-se um dos maiores líderes da resistência não-violenta da juventude, considerado um dos maiores líderes morais e políticos de nosso tempo. E, por fim, Silvio Santos, que de simples camelô passou a ser um dos empresários mais ricos do mundo. Suas qualidades como credibilidade, perseverança, carisma, liderança e poder de vendas inspiram pessoas em busca do sucesso profissional.

Como você define o papel da liderança?

Em qualquer organização existe a necessidade de ter profissionais fortes e decisivos para liderar os mais diversos tipos de atuação no mercado. O papel de um líder é incentivar a produtividade dos colaboradores, motivá-los a alcançar os objetivos, além ser uma pessoa que inspira dentro da equipe. Um bom líder é aquele que consegue projetar seus colaboradores ao sucesso, além de ser respeitoso, corajoso, humilde, analista, comunicativo etc.

O que você faz para se manter motivada?

O que mais me motiva é ser professora, é muito bom ter essa troca de conhecimento com os alunos, conhecer histórias e pessoas interessantes. E durante esses anos lecionando eu cheguei a uma única conclusão: Eestar em sala de aula é meu oxigênio. Como professora encontramos muitos desafios, um deles é quando precisamos fazer viagens para lugares distantes, o cansaço humano bate logo na porta, mas quando entro em sala de aula me transformo, a alegria de poder compartilhar o conhecimento e ter a oportunidade de aprender diariamente com meus alunos é imensurável. Essa troca me motiva a querer estar em constante atualização por entender que o conhecimento é volátil. E, no fim, receber dos meus alunos, ao término de um trabalho, um abraço e obrigado pelos ensinamentos, isso verdadeiramente me faz persistir em continuar na estrada da educação, pois é meu maior prêmio.

Qual a importância da inovação nas organizações?

O mundo dos negócios é cada vez mais competitivo, por isso

inovar é a palavra de ordem. O avanço tecnológico proporciona aos empresários a necessidade de utilizar, de modo estratégico, as inovações para que tenham um excelente desempenho em todas as áreas da organização. Hoje, inovar é ser visto, mas para isso temos que entender que vivemos em um mundo globalizado, com uma sociedade alimentada pela informação, e para atender à demanda temos que estar sempre inovando, é preciso desenvolver, constantemente, novas formas de atendimento ao cliente, criação de novos produtos e dinamizar os processos organizacionais. Sem essas atribuições a vida útil das organizações pode acabar bem antes do esperado.

Já em momentos de crise inovar se torna mais do que essencial para se manter no mercado.

Como você realiza o networking de maneira efetiva?

Acredito que o ponto principal é gostar de pessoas. Sempre estou em busca de conhecer pessoas novas, diferentes em várias ocasiões como sala de aula, eventos e palestras de que participo. É comum trocarmos cartões de visitas, mas eu acredito que o que realmente difere é quando apresentamos um trabalho de excelência, isso faz toda a diferença. Nessa hora, nossos nomes são disseminados e podemos conseguir até um parceiro nos negócios.

Do que você tem saudades?

Acredito que o que mais sinto falta é das brincadeiras de infância. Hoje, eu vejo meus netos brincando sozinhos, isolados, sem interação com outras crianças, sem criar brincadeiras imaginárias. As crianças estão presas demais a *smartphone*, *tablets*, cada uma no seu mundo.

Do que você tem orgulho?

Meu maior orgulho é ter construído o meu nome profª Lucilene Aguiar, pautado no amor pela docência e na Contabilidade. Além de ter formado inúmeros alunos que hoje estão atuando como profissionais liberais, empresários contábeis e professores. Esse sentimento é imensurável, ao compartilhar conhecimentos fazemos parte da história de alguém, inspiramos e proporcionamos a cada estudante o despertar para novos horizontes, no sentido de buscar seu desenvolvimento pessoal e profissional.

Qual o significado da palavra felicidade?

O termo felicidade é muito relativo, acredito ser um estado de vida, não podemos ser felizes eternamente. Para o nosso desenvolvimento espiritual precisamos estar em constante busca da felicidade. Posso estar feliz pela conclusão de um projeto, pela compra de um carro novo, pelo resultado de um exame médico. A felicidade pode estar presente nas coisas mais simples da vida, como poder apreciar o pôr do sol ou tomar banho de chuva.

Qual a sua citação favorita e por quê?

Tenho duas citações que amo, a primeira "Onde há Fé existe Amor, onde há Amor existe Paz, onde há Paz existe Deus, onde existe Deus não falta nada". Entendo que essa citação resume o sentido da vida, se todos nós a aplicássemos não teria espaço para a maldade humana que provoca o sofrimento e desigualdade a seu irmão. A segunda citação que repasso para os meus alunos é de que a Contabilidade é linda! Amo a Contabilidade em todas as suas nuances. Como contadora e professora, essa ciência é considerada a linguagem internacional dos negócios e uma ferramenta significativa para gestores, independentemente do porte da empresa a Contabilidade tem o poder de identificar, mensurar e transformar as informações e dados relevantes para as tomadas de decisões.

Quais são seus hobbies preferidos?

Uma das coisas com que eu mais me divirto fazendo e que me ajuda como uma válvula de escape é dançar, o movimento deixa leve o meu corpo e a alma. Eu me sinto muito bem, revigorada, alegre, feliz. É uma arte que faz bem para o corpo e a mente, melhora meu dia e me deixa pronta para mais rodadas de desafios diários.

Por isso, a dança se tornou meu *hobbie* preferido, pois num passe de mágica tudo muda, todo cansaço, estresse desaparecem e dão lugar para o bem-estar físico.

Qual sonho você gostaria de realizar?

Os sonhos nos fortalecem para continuar a lutar frequentemente sem perder o ânimo. E foi dessa forma que eu cresci com o primeiro grande sonho de ser contadora, busquei e realizei. Foi difícil, tive que abrir mão de muitas coisas, mas eu consegui, pois meu sonho era maior do que qualquer dificuldade. Hoje, meu maior sonho é ser fundadora de uma grande empresa de serviços contábeis. De fato, é um desejo ambicioso, mas não é impossível e eu acredito que possa conseguir realizar mais este sonho na minha vida que me deixaria mais feliz e realizada profissionalmente.

O que você aprendeu com a vida que gostaria de deixar registrado nesta obra?

Aprendi que o conhecimento se faz necessário, mas a essência do "ser" deve permanecer preservada. Nada adiantará ter sucesso, empreendimentos e fama se você não pode estar perto das pessoas que ama e não aprendeu a trabalhar com humildade para se relacionar.

Qual mensagem de motivação você gostaria de deixar para os leitores deste livro?

A vida é cheia de desafios, é preciso diariamente ter coragem e ousadia para realizar seus projetos. É preciso correr atrás, persistir e superar seus limites. Dar o seu melhor sem se preocupar com o resultado, cada dificuldade superada nos deixa mais fortes para trilhar caminhos brilhantes e extraordinários.

Com base no que você vivenciou, ao longo de sua vida corporativa, qual o segredo do sucesso para ir da teoria ao topo?

Não existe uma fórmula mágica para chegar ao sucesso, ele surge com a persistência, amor pelo que se faz, resiliência e muito trabalho. Temos vários exemplos de empresários de sucesso que não tiveram formação acadêmica, foram excelentes empreendedores, mas sabemos que os grandes empreendimentos precisam ser gerenciados, portanto o conhecimento em várias áreas se faz necessário. Outro ponto importante, é trabalhar valorizando seu funcionário, isso é um diferencial para o sucesso de uma empresa, colaboradores motivados vestem a camisa e procuram dar o seu melhor. E por mais que tudo pareça impossível não desista diante das adversidades, é preciso correr riscos e ter uma visão ampla do que o mercado necessita, é em pequenas lacunas que podem ser lançados excelentes produtos. E, por fim, primar pelo bem-estar social que norteia um determinado negócio, hoje não basta ter um excelente produto, ele precisa ser aceito e a empresa ter credibilidade perante a sociedade.

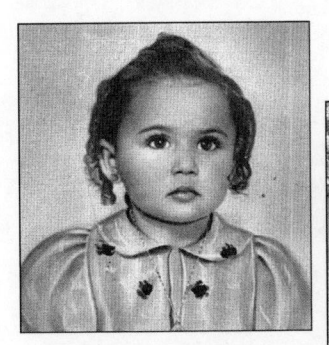

Família

Maria Lucilene Silva Aguiar

SEGREDOS DO SUCESSO V

Da teoria ao topo: histórias de executivos da ALTA GESTÃO

22

Nome: **Marcelo Guimarães Conte**
Empresa: Fundação Getulio Vargas
Função: Superintendente Adjunto de Pesquisa de Campo

Se você pudesse, o que faria diferente em sua carreira?

Seria mais flexível. Quando mais jovem era muito direto e objetivo, esquecia que atrás de qualquer desafio existia gente.

Em toda e qualquer tarefa, desafios e/ou relacionamentos temos sempre que lembrar que pessoas estão no caminho.

Ser flexível não indica falta de opinião ou mesmo falta de postura. Parar para pensar um pouco sobre a opinião alheia pode nos fortalecer em muito quando do tratamento de um problema, ou no mínimo trazer para junto de você um "aliado".

Entendo que por muitas vezes tornei o meu caminho um pouco mais árduo pelo simples motivo de não ter enxergado desta forma.

Aos mais jovens, segue uma dica:

Pensem em uma atitude um pouco mais "compartilhada" em tudo que vocês se comprometem a fazer na vida.

Como se diferenciar em um mercado competitivo?

Proatividade, Criatividade e muito poder de Persuasão. Essas três habilidades são essenciais para nos diferenciarmos da multidão.

Na minha trajetória de vida, pude verificar que a maioria das pessoas não conseguem enxergar que elas não podem se acomodar, esperando serem direcionadas em suas tarefas.

Este tipo de perfil "acomodado" é o que mais encontramos na maioria das organizações, mesmo vivendo em um mercado extremamente exigente e competitivo. Portanto, estas habilidades mais raras são sempre enxergadas pelos contratantes (seja interno ou clientes externos) como um diferencial competitivo.

Sem a **proatividade**, você sempre vai ficar dependendo de alguém para direcioná-lo durante toda a sua trajetória profissional.

Se você é um líder de um grande time, que perfil você iria preferir, aquele que se antecipa aos problemas e corre para resolvê-los ou aquele que espera ser "empurrado" para então se mexer?

E quanto à **criatividade**. Quem realmente contribui efetivamente para as melhores soluções, o indivíduo criativo, ou aquele que somente segue o determinado?

Por fim, nas organizações, na sua vida pessoal, sempre estamos tentando convencer alguém ou um grupo para que possam "comprar" as nossas ideias, as nossas soluções, compartilhar de nossos objetivos comuns. A forma de como nos relacionamos e de como convencemos os outros pode facilitar ou dificultar em muito a implementação das ações necessárias para o desenvolvimento de um determinado tema.

Neste caso um pouquinho de poder de persuasão facilita a vida em muito, não acham?

Então, jovens.... Vamos treinar essas habilidades, não esquecendo que tantas outras também podem ser um diferencial competitivo dependendo do ambiente e tipo de desafio que lhes for imposto.

Ao recrutar um profissional você considera mais relevante o critério técnico ou comportamental?

O critério a ser adotado vai sempre depender do objetivo quando da contratação deste profissional. Se for uma área extremamente técnica, provavelmente o peso do critério técnico será grande, se for uma área mais de humanas (vendas, relacionamento...), o peso do comportamental será o maior.

Fato é que, mesmo em uma contratação mais técnica, o comportamental deverá ser muito bem avaliado, pois, apesar de um currículo repleto de boas formações, boas experiências no âmbito técnico, um contratante não pode deixar de observar a parte comportamental sob pena de ter integrante na equipe que não consegue interagir com o grupo, não consegue "trocar" e com isso os objetivos gerais com certeza serão prejudicados.

Em resumo:

- Cargo com perfil Técnico: peso maior na habilidade técnica, porém não esquecer de verificar o mínimo necessário do comportamental.
- Cargo com perfil Comportamental: peso maior para habilidade comportamental, porém não esquecer das competências específicas do cargo.

Qual decisão você teve que tomar rapidamente e quais os resultados alcançados?

Tratando-se de uma longa carreira, acho que muitas decisões não puderam esperar uma reflexão mais demorada.

Eu poderia aqui descrever inúmeros *cases*, porém prefiro deixar registrado que em um mundo cada vez tecnológico, no qual as informações são atualizadas a cada segundo, não há mais espaço para morosidade em decisões, principalmente quando nos referimos ao mundo corporativo.

Rapidez na tomada de decisão pode ser o diferencial entre ganhar ou perder, entre estar na frente ou ficar atrás, entre atingir ou não atingir uma meta ou um objetivo dentro de sua organização...

E lembre-se: O ótimo é inimigo do bom.

Por vezes precisamos deixar o ideal, aquele perfeito de lado para ganharmos tempo em nossos processos decisórios.

Isto pode ser o diferencial!!!

O empreendedor interno pode ser um agente de transformação?

Com certeza, tanto pode como deve...

Toda e qualquer organização deve incentivar que pelo menos 20% de sua força de trabalho tenha o perfil de empreendedorismo.

É através destes colaboradores que a empresa conseguirá se atualizar, se transformar e ser competitiva em um mercado em que a transformação, a inovação torna-se preponderante para a própria sobrevivência da corporação.

Normalmente este perfil empreendedor vem dos mais jovens, que mesmo sem a experiência do mundo corporativo trazem ideias revolucionárias de como fazer as coisas diferente.

Uma boa maneira de unir esta criatividade, por vezes muito abstrata ao mundo real, é mesclar os mais experientes com esses novos empreendedores...

Segue a dica!!!

Como reconquistar um cliente?

Antes de responder à pergunta, gostaria de alertar que reconquistar um cliente pode custar pelo menos dez vezes mais do que fidelizar.

Portanto, seja preventivo, evite a perda de clientes!

Por muitas vezes, pequenas ações podem contabilizar pequenos gastos, porém estes "gastos" devem ser analisados como "investimentos", principalmente quando se trata de fidelização de clientes. Gastamos um pouco agora para evitar que a posterior gastemos mais para reconquistar este mesmo consumidor.

Então segue uma dica:

- Fique sempre de olho na sua atual carteira, este é um dos ativos mais importantes de uma empresa.
- Algo aconteceu que perdemos o cliente, o que fazer para reconquistá-lo?
- Primeiramente devemos tentar identificar o motivo pelo qual houve esta perda.
- Uma vez identificado, tomar as ações necessárias para que este evento não se repita.
- Agora precisamos criar uma estratégia para encantar o cliente.

Qual seria esta estratégia?

Muitas ações podem ser utilizadas para esta reconquista, tais como oferecimento de vantagens adicionais, troca de um produto por um de maior valor agregado, explicações mais detalhadas sobre o evento que proporcionou a perda do mesmo... tudo isso irá depender exclusivamente do fato gerador que ocasionou esta perda.

Somente após a conclusão destas etapas é que devemos retomar o contato com o cliente, colocando em prática o que definimos como ações de reconquista.

E lembre-se:

"A melhor propaganda é aquela em que o cliente satisfeito, através do boca-a-boca, divulga de forma positiva a sua marca".

O líder deve ter uma visão humanista?

Com certeza!!!

Nestes 40 anos de vivência no mundo corporativo, todos os gestores que conheci que não valorizavam o ser humano em algum momento fracassaram em seus objetivos.

Por vezes, aqueles gestores que se intitulam líderes só veem na frente números. Aqueles que passam por cima de tudo e de todos, inclusive da sua equipe, para atingir suas metas, podem até em um primeiro momento conseguir algum resultado expressivo, mas acreditem, isso não tem sustentação a longo prazo.

Gestores que só conseguem olhar para seus colaboradores com a visão de simples máquinas, tal como aquelas que encontramos nos parques industriais, só conseguem produção pela pressão e pelo medo.

Perpetuando esta linha de visão, as pessoas com o tempo vão perdendo o poder de produzir, o que gera alta rotação de equipe, perda da experiência acumulada e, consequentemente, queda da produtividade.

Devemos, sim, tratar as pessoas como seres humanos, quando possível fazer concessões pontuais, dando hoje para colher amanhã.

Acreditem... O colaborador produz muito mais quando se sente parte integrante da equipe, quando se sente motivado a produzir, quando sente que não é um simples número e sim uma pessoa que pode "trocar" com seu gestor, que pode confiar nele e na equipe, que quando precisar pode contar com o grupo.

O tratamento mais humanizado requer muita mais habilidade e muito mais dedicação de tempo, pois cabe ao gestor conhecer cada membro de sua equipe de forma quase individual para que possa tratá-lo da forma mais adequada ao momento.

Desta forma conseguiremos proporcionar conforto e colher comprometimento de cada colaborador, e tudo isso inevitavelmente se traduzirá em efetivo retorno de produtividade.

Posso garantir de olhos fechados: vale a pena este investimento!!!

Adotando esta visão, todos vão sair ganhando: o colaborador, porque vai trabalhar satisfeito em um ambiente saudável, e o gestor, porque vai conseguir extrair o máximo da equipe.

Gestão com pessoas ou gestão de pessoas?

Notório que o termo correto é "Gestão de Pessoas".

Conforme já mencionado em tópicos anteriores, um líder deve saber fazer gestão de cada indivíduo, de cada colaborador de sua equipe.

Para uma boa gestão, o "comandante do barco" deve possuir um conjunto de habilidades individuais tais como saber ouvir, saber se posicionar de forma segura e concisa, investir no relacionamento, ter poder de persuasão através de argumentos sólidos, saber dar *feedback*, entre outras qualidades necessárias para gerir pessoas.

Em alguns momentos até podemos nos cercar de outras pessoas para auxiliar na gestão. Mas a responsabilidade principal vai ser sempre do gestor...

Como fazer mais com menos?

Podemos elencar uma série de fatores para o aumento da produtividade de uma equipe, tais como: processos e treinamentos adequados, utilização de tecnologia, trabalho em ambientes descontraídos etc. etc...

Na minha visão e experiência de algumas décadas, o primordial, aquilo que mais impacta no fazer mais com menos, é a **motivação da equipe**, a vontade do grupo em querer junto com o líder atingir o desafio em pauta.

Entendemos, então, que para fazer mais com menos, além de utilizar as ferramentas mais apropriadas para a ocasião, sem dúvida, o grande diferencial será a **capacidade de gestão do líder**.

Este é o Segredo para o Sucesso!!!

Como você desenvolve os talentos da sua equipe?

Costumo sempre dizer que todo colaborador possui talento escondido, mesmo aquele que inicialmente você não consegue enxergar.

Antes de se preocupar em desenvolver o talento de cada um, o líder de uma equipe deve procurar conhecer um pouco melhor de cada colaborador permitindo a identificação de quais habilidades potenciais vale a pena desenvolver para torná-lo mais produtivo.

Talvez esta etapa seja a mais difícil, mas também a mais importante, pois tirar leite de quem não produz leite normalmente não funciona.

Passada esta etapa de identificação, devemos tentar alocar este colaborador nos projetos em que, conforme suas habilidades, ele possa se desenvolver e consequentemente ser mais produtivo.

Feito isso, o terceiro e último passo é treinar, acompanhar, treinar, orientar, treinar e produzir.

"Pessoas certas nos lugares certos é um dos componentes da fórmula do sucesso."

Como você muda o mundo?

Não temos o poder de sozinhos mudar o mundo, mas acredito que todos nós podemos colaborar com um pedacinho, com uma fatiazinha de boas práticas para a construção deste mundo melhor.

Como fazer isso?

Simples, dando exemplos próprios...

Exemplos de como tratar o ser humano: paciência, compreensão, amor, cordialidade, respeito, são boas práticas.

Exemplos de como se portar dentro de uma organização, mesmo quando a pressão por resultados parece ser grande: ética, transparência, verdadeiro espírito de equipe também são boas práticas.

Exemplos de que é possível vencer sem ter que passar por cima dos outros.

Exemplos de solidariedade quando alguém precisa. Isto pode salvar vidas.

Se cada um de nós adotarmos boas práticas tal como nos exemplos citados acima, com certeza estaremos ajudando a construir um mundo melhor.

Como você lida com os obstáculos da vida e o quanto você é persistente?

Costumo dizer que não há vida sem obstáculos.

A grande diferença é como cada indivíduo consegue enxergar, classificar (quanto ao tamanho e gravidade) e principalmente como constrói as soluções.

Tenho algumas regrinhas de que, tento seguir para que eu consiga superar estes obstáculos de forma mais tranquila.

Regra 01: Precisamos ter consciência de que com exceção da morte, não existe nenhum obstáculo intransponível. Então acalme-se, a princípio pode parecer um problemão, mas normalmente é menor do que parece.

Regra 02: Se achar que o problema é grande, fatie. Vamos resolvê-lo por parte.

Regra 03: Se após algum tempo você não consegue enxergar solução, procure um(uns) amigo(s) e compartilhe o problema, ele(s) pode(m) ter sugestões de caminhos que você sozinho não conseguirá enxergar.

Regra 04: Por fim, se parecer difícil, não desista nunca daquilo que você precisa resolver, pare, respire fundo, levante a cabeça, peça ajuda, mas não desista, principalmente se for importante para você.

Descreva como você é hoje depois dos aprendizados da vida.

Muito mais paciente, muito menos ansioso, mais flexível.

Para os jovens:

"Aproveite os erros para aprender, para agregar ensinamentos de vida, isso se chama experiência positiva."

Depois de alguns anos, você vai perceber o quanto grande ficou a sua biblioteca interna e o quanto isso vai ser útil para o seu autodesenvolvimento.

Conte alguns momentos de muita felicidade.

Nascimento de meus filhos;

Os diversos reconhecimentos que tive e tenho em minha carreira;
Quando consigo ajudar uma pessoa necessitada;
E, principalmente, quando venço um grande desafio...
Isso me faz muito feliz!!!

Na vida, o que realmente importa?
S E R **F E L I Z** e poder fazer os outros **F E L I Z E S** !!!

Como você avalia a relevância de registrar a sua biografia nesta obra literária?

Após participar de quatro edições, sempre que começo a desenhar minhas respostas, a todo momento penso em deixar algumas dicas preciosas para os jovens, para aqueles que estão iniciando sua vida profissional. Isso realmente me motiva...

Acredito que este é um legado que podemos deixar para estes "estreantes" do mundo corporativo.

São ensinamentos que reunimos durante toda nossa carreira, dicas de aprendizados de anos errando tentando acertar, o quais podem servir de exemplos, de orientação, para que estes novos profissionais, no início e durante sua caminhada, possam construir uma trajetória profissional repleta de valores éticos e de grande sucesso.

Uma contribuição para o futuro, uma contribuição para a Sociedade!!!

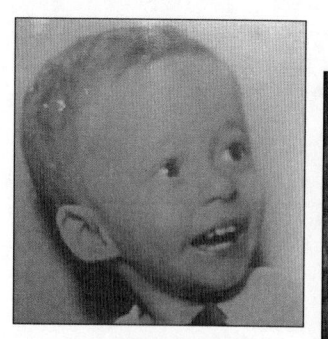

Família

Marcelo Guimarães Conte

SEGREDOS DO SUCESSO V
Da teoria ao topo: histórias de executivos da ALTA GESTÃO

23

Nome: **Marcelo Madarász**
Empresa: Parker Hannifin
Função: Diretor de Recursos Humanos para América Latina

Quais os momentos mais importantes da sua carreira?

Minha formação é Psicologia e, embora tenha construído uma carreira em Recursos Humanos, iniciei na área clínica. Esta etapa inicial pavimentou minha jornada profissional e certamente a experiência em clínica me ajuda muito a lidar melhor com o ser humano. Trabalhei nas empresas Thomson, Camargo Corrêa, Nokia, Natura e desde 2014 respondo pelo RH da Parker Hannifin para América Latina. Ao refletir sobre minha carreira e tentar visualizá-la como um filme, percebo momentos valiosos em cada uma das empresas e também entre uma empresa e outra. Claro que falar disso hoje é parecido com a frase de Fernão Capelo Gaivota: "...daquele tempo me restam vagas lembranças, lembranças de ter sido expulso do bando". Falo isso, pois as experiências de transição entre uma empresa e outra, por mais que tragam a oportunidade de evolução, também exigem de você abrir mão de algo, desapego. Nem sempre é um processo fácil. Como disse o Rabino Nilton Bonder em *A Alma Imoral*: todo lugar um dia torna-se estreito. Acredito profundamente que é muito saudável honrar sua história e se possível se esforçar para sempre ver o copo meio cheio. Tenho hoje a oportunidade de aplicar tudo que conheci desde o primeiro momento de minha carreira. Cada fase com sua beleza, algo como as nossas quatro estações. O bom é que na vida você pode sempre fazer o movimento de incluir e transcender... assim, vamos evoluindo.

Qual legado profissional e pessoal você gostaria de deixar para a sociedade?

Tenho uma crença muito forte que todos estamos aqui para evoluir. Cada um tem um roteiro, um *script* que tem uma sequência mais ou menos definida e que, à medida que as experiências vão sendo vividas, a história passa por ajustes. Nesta jornada, quando você reflete sobre sua existência, para que mesmo você está aqui e qual é o seu propósito de vida, você passa a ter muito mais força. Falo sobre o fato de que, ao descobrir aquilo que o trouxe para este mundo e que o mobiliza a viver, o universo vai conspirar para que as coisas aconteçam. Gostaria muito de viver este propósito, vivê-lo em sua totalidade, servir, evoluir e contribuir para a evolução das pessoas, dos grupos, da sociedade, do mundo. Sem nenhuma ambição desmedida, de alguma forma tocar o coração das pessoas com quem me relaciono. Quero que as pessoas que tenham trabalhado comigo e as que tenham convivido possam ter recordações boas, de alguém que de uma forma ou de outra contribuiu para o crescimento, fez a diferença, deixou marcas positivas. Quero muito ter conseguido fazer a travessia do ego para o eu e lá, naquilo que chamamos de final, dizer que foi uma vida que valeu a pena viver. Como diz a música, se chorei ou se sorri, o importante é que emoções eu vivi...

Quais os reflexos das práticas de cidadania empresarial para as organizações, profissionais e sociedade?

Gosto muito do conceito de polaridades. Vivemos um período muito complexo, com uma energia densa na qual muitos indivíduos, empresas, partidos, segmentos da sociedade acabaram invocando o seu pior e de alguma forma a sombra ocupou um espaço muito grande. Como, além do conceito de polaridades, gosto do conceito da era caórdica, onde tudo na vida é uma sequência de caos e ordem, agora, algo fundamental que é a ética, que aparentemente não havia sido convidada para a festa pobre, começa a surgir nas discussões. Sei que às vezes a desesperança bate à porta, mas é nisso que quero acreditar: as coisas irão melhorar.

Fale sobre aprender com os erros e aproveitar as oportunidades.

Quando se acerta muito, ou quando se acerta sempre, há o risco de o orgulho surgir e o ego tomar conta. Nunca vou esquecer a frase que ouvi do Alessandro Carlucci, ao sair na capa da revista Exame. Eu comentei que ele estava bonito na foto e ele respondeu: salto baixo, sem joias. Adoro esta expressão, que revela a humildade de um grande líder. No império romano, quando um general era aclamado pela multidão, após uma vitória importante, um escravo o acompanhava e dizia com frequência: lembra-te que és mortal. É a voz da consciência, a voz do Grilo Falante do Pinóquio. Da mesma forma que precisamos ter clareza da impermanência do sucesso, também precisamos ter esta lucidez ao fracassarmos.

Como você administra seu tempo nas questões família, espiritualidade, lazer, atividade física, amigos e trabalho?

Para ser muito sincero, sempre percebi algum desequilíbrio no investimento de energia no trabalho e no lazer, por exemplo. Ao ter clareza disso, procurei inserir elementos como a meditação e ter rituais, por exemplo, o cinema é lazer, quase sagrado para mim, mas uso também como inspiração para questões ligadas ao trabalho. Não é possível termos fronteiras tão claras. O que na minha opinião não se deve nunca abrir mão é da conexão com algo superior e dos vínculos com a família. A família é sempre o porto seguro, seja como ela for.

Cite alguns líderes que, em sua opinião, são inspiradores.

Quando penso em líderes inspiradores, imediatamente penso em mestres e, na verdade, felizmente eles são muitos. Há os conhecidos universalmente que me inspiram, como Madre Teresa, Mandela, Martin Luther King, Gandhi, Buda, Jesus, Moisés e os que tive o privilégio de conhecer. Lama Michel Rimpoche, Lia Diskin, Rabino Nilton Bonder, Oscar Motomoura, Luiz Seabra, Guilherme Leal, Pedro Passos. Cada um a seu modo e com o seu conjunto de talentos. Aprendi muito com Marcelo Cardoso. Aprendo com o atual presidente da Parker, Candido Lima. Um aspecto bom de amadurecer é que por mais que eu admire um líder, e isso é aplicável a todos, enxergo seu lado luz, mas sei que todos têm seu lado sombra e é muito bom quando você perde a ilusão de que seria diferente. Com cada um você aprende um conjunto de experiências. Tenho uma crença que não é por acaso que você encontra as pessoas que encontra.

Como você define o papel da liderança?

Apesar de clichê, líder é aquele que conquista as pessoas e consegue fazer com que elas se mobilizem por algo comum a todos. O líder inspira, emociona, convoca, fortalece, apoia, suporta, vibra, aplaude, sofre junto e revela seu lado humano. O líder tem compaixão e sabe fazer o uso mais adequado possível da empatia.

Fale sobre resiliência.

Resiliência hoje é tão necessária quanto a luz nos caminhos escuros. Brasileiros em 2018 conseguem viver e sobreviver porque têm resiliência. Sem assumirmos o papel de vítima, mas nosso dia a dia parece às vezes uma corrida de obstáculo. De novo, além da resiliência o sagrado exercício de se salvaguardar a lucidez. Apesar de alguns e de muitas coisas que nos ocorrem, valorizarmos cada oportunidade de crescimento e evolução. Um dos meus mestres é Viktor Frankl. Sobrevivente de campos de concentração, estuda o comportamento do ser humano e cria a logoterapia. "Quem tem um porquê, enfrenta qualquer como". Isto é pura resiliência e conexão com o propósito e a vida.

Qual a importância da inovação nas organizações?

Ou as organizações inovam, seja no produto, seja no serviço, na forma de se fazer as coisas, na adaptação ao novo que a tecnologia traz, ou elas deixam de existir. Simples assim.

Como você realiza o networking de maneira efetiva?

Uma das piores coisas quando pensamos em *networking* é aquela situação forçada na qual uma pessoa fica décadas sem falar com outra e, quando se vê numa necessidade, lembra-se de ligar para a pessoa e age como se tivessem conversado na véspera. As pessoas percebem a falta de sinceridade neste tipo de *approach*. Por uma característica pessoal, desde que me conheço por gente, sempre valorizei minhas amizades e relacionamentos. Tenho amigos desde meus 12 anos que são amigos muito próximos. De maneira natural, alimento esta rede e, conforme a carreira vai sendo construída, esta rede passa pelo movimento de inclusão e expansão. Acredito que as verdadeiras relações transcendem as organizações e merecem ser cultivadas. Com a tecnologia, há a possibilidade de estarmos mais próximos, mesmo à distância. É uma das mágicas das redes sociais. Hoje as ofertas de grupos, fóruns, eventos é tão grande que precisamos ser seletivos, sem, entretanto, menosprezar ninguém. Costumo dizer que dor de barriga não acontece uma vez só.

Quais valores são importantes para você?

O autoconhecimento, a expansão do nível de consciência, a evolução, a empatia, a compaixão, a integridade, a família, os amigos, a ética. Este conjunto de valores colocados num todo harmônico me ajuda a me guiar pelos caminhos. Há algo muito simples que para mim é um valor muito grande: todas as noites, ao dormir, eu preciso poder deitar a cabeça no travesseiro com a consciência de que posso ter cometido falhas, mas que busquei fazer o meu melhor sempre. Se pude ajudar alguém, excelente, se não pude, pelo menos que eu não tenha prejudicado ninguém. Não quero criar mais carma...

Do que você tem saudades?

Por paradoxal que seja, para quem acredita na evolução, tenho saudades da ingenuidade do início da jornada, quando você não tem ainda clareza do ser humano em sua totalidade e só conhece o lado da luz e não o da sombra. Saudades da possibilidade de ter o gozo da primeira vez, do primeiro olhar, da primeira viagem, da força absoluta que os sonhos tinham naquela época. Eu não deixei de sonhar e espero nunca o fazer, mas, após tantos confrontos entre sonhos e realidade, claro que acabamos nos posicionando de uma forma diferente.

Do que você tem orgulho?

Tenho orgulho da minha trajetória que inclui a família, separações, superações, conquistas e dos aspectos profissionais da jornada. Tenho orgulho por ter aprendido a dar valor ao que de fato merece, de ter vivido uma situação de crise financeira na família e de tê-la superado. Orgulho de me colocar a serviço e de ajudar a quem posso. Orgulho de me perceber um eterno aprendiz e de as vezes conseguir domar o ego... (risos). Este é um aspecto bem desafiador e é uma busca eterna.

Qual o significado da palavra felicidade?

Sempre que penso em felicidade lembro-me de Guimarães Rosa dizendo que felicidade se encontra em horinhas de descuido. Acredito tanto nisso e nos momentos felizes que podem inclusive ser muito simples. Todos os dias quando deito para dormir, naquele segundo de colocar a cabeça no travesseiro e se cobrir, eu agradeço por este momento tão especial. Quantas pessoas não tem este privilégio? E todas as bênçãos que temos? Há dores, sofrimentos, perdas, mas há momentos mágicos. Felicidade é poder e saber desfrutar destes momentos.

Qual a sua citação favorita e por quê?

Tenho algumas e certamente Fernando Pessoa é o poeta que me acolhe em momentos de desassossego, mas para citar apenas uma, a frase de Nietzsche, resgatada por Viktor Frankl: "Quem tem por que viver pode suportar quase qualquer como". O motivo é pela força que esta ideia nos traz: a vida pode ser sofrimento, sobreviver é encontrar sentido na dor. Como acredito que há um propósito na vida, deve haver um na dor e na morte. Precisamos lembrar que o contexto no qual Viktor resgata a frase é o de campos de concentração. Outra citação poderosa é uma frase do Rabino Nilton Bonder: quantos de nossos esforços são oferendas ao nada? Esta frase é absolutamente libertadora.

Quais são seus hobbies preferidos?

Arte em geral me alimenta, mas o cinema e o teatro ocupam um lugar de destaque.

Qual sonho você gostaria de realizar?

Chegar no final desta vida com a certeza de que foi uma vida que valeu a pena...

Como você conseguiu deixar sua marca?

Nunca foi algo buscado de forma consciente. Lembro de um *coach* que tive, e hoje é um amigo querido que, há muitos anos, me falou que eu beirava o sinceridídio e que nas organizações nem sempre isso era totalmente adequado. Quando penso nos momentos de extrema sinceridade com repercussões, chego a dar risada. Felizmente aprendi a me comportar um pouco melhor e discernir as coisas que podem ser ditas e as outras que só podem ser pensadas... minha marca talvez inclua um resgate do que temos de mais humano, com falhas, imperfeições e aspectos maravilhosos.

O que você aprendeu com a vida que gostaria de deixar registrado nesta obra?

Fico pensando em quem poderá ler este depoimento, daqui a muitos anos, quando eu não estiver mais aqui e de que forma estas palavras podem mobilizar quem tiver ouvidos de ouvir e olhos de ver. Aprendi que apesar de tudo que possamos enfrentar há um propósito envolvido e que fazemos parte de algo muito maior, algo no qual tudo está entrelaçado. Aprendi que se eu fizer o bem colho o bem e o oposto também é verdadeiro. Aprendi que o que é mal feito não tem futuro e o que é bem feito não tem fronteiras...

Qual mensagem de motivação você gostaria de deixar para os leitores deste livro?

Da mesma maneira que Fernando Pessoa é o poeta que me acolhe em momentos especiais e que os autores citados me dão alguma esperança e conforto, assisti uma peça chamada *A Alma Imoral* que foi um verdadeiro portal que se abriu para mim. Lindamente interpretada por Clarice Niskier, a peça foi baseada no livro de mesmo nome do Rabino Nilton Bonder. Todas as minhas inquietações estão na peça e há mensagens tão libertadoras quanto a reflexão sobre nos sacrificarmos por nada, mas a que me vem à mente agora, que me arrebatou, traduz a minha mensagem de motivação que é: busque evoluir sempre, evolua, mas nunca, em hipótese alguma, deixe de ser você mesmo e abandone sua essência. A ideia vem de uma história judaica:

Em seus momentos finais de vida, Reb Sussya estava agitado. Seus discípulos, tomados de reverência e temor, estavam perturbados com a agonia do mestre. Perguntaram: "Mestre, por que estais tão irrequieto?" "Tenho medo", respondeu. "Medo de que, mestre?" "Medo do tribunal celeste!" "Mas tu, um mestre tão piedoso, cuja vida foi exemplar... a que temerias? Se tu tens medo, o que deveríamos sentir nós, tão cheios de defeitos e iniquidades?", reagiram surpresos. "Não temo ser inquirido porque não fui como o profeta Moisés e não deixei um legado de seu porte... Posso me defender dizendo que não fui Moisés porque não sou Moisés. Nem temo que me cobrem por não ter sido como Maimônides e não ter oferecido ao mundo a qualidade de sua obra e pensamento... posso me defender de não ter sido como Maimônides porque não sou o Maimônides. O que me apavora é que me venham indagar: 'Sussya, por que não fostes Sussya?'"

Marcelo Madarász

Família

SEGREDOS DO SUCESSO V

Da teoria ao topo: histórias de executivos da ALTA GESTÃO

24

Nome: **Marcia Saad Pierucci**
Empresa: Fotossintese Consultoria
Função: Co-Founder

Como e onde você iniciou a sua trajetória profissional?

Recém-graduada em Matemática, com especialização em Estatística, ingressei no mercado de trabalho pelo programa de *trainee* da Oxiteno, indústria petroquímica, inicialmente na área de Planejamento e Controle de Produção. Nem imaginava que em muito pouco tempo tomaria novos rumos. Depois de três anos de aprendizado, percebi que minha vocação estava mais voltada às áreas de Marketing e Comercial, do que para as rotinas operacionais das fábricas. Mesmo sem saber o que iria encontrar, decidi me arriscar no varejo, onde permaneço até hoje, como consultora de negócios. Agradeço aqui à sra. Sylvia Levy Cardoso, pelo incentivo, apoio e exemplo inspirador.

Sempre fui muito dinâmica, com uma vontade incansável de aprender e (des)aprender, de buscar desafios fora da rotina cotidiana. Ampliar os horizontes é parte de mim e estudar, uma das formas de fazer isso que cultivo até hoje, por meio de cursos e especializações da minha área, sou mestre em Reiki e mais recentemente um curso de teatro, um antigo sonho da juventude. Aos poucos, construí uma carreira promissora no mercado de shopping centers dos anos 90.

Passos para trás, recomecei como *trainee*, agora, na área de marketing do Morumbi Shopping. Lembro que na época fui considerada irresponsável pelos meus pais! Como eu poderia largar uma carreira em indústria petroquímica de grande relevância para ir trabalhar em um shopping center? Loucuras gratificantes que só jovens fazem com tanta tranquilidade. E ainda bem! Quanto mais eu conhecia os bastidores de um shopping center, mais me apaixonava, mais me envolvia, mais estudava, mais trabalhava. A oportunidade de participar da criação, planejamento e realização da 1ª Edição do Morumbi Fashion Week, o maior evento de moda do Brasil naquele momento, contribuiu para meu maior engajamento com os varejistas de moda que despontavam no mercado nacional. Hoje denominado São Paulo Fashion Week (SPFW), esse evento que vi nascer integra o calendário internacional da indústria *fashion* do mundo.

Em 1998, meus esforços profissionais foram reconhecidos pelo ICSC – International Council of Shopping Centers com o "CMD" – Certified Marketing Director. Agradeço muito a Reginald Barnes, diretor de Marketing da Multiplan, pelos constante apoio e incentivo, e ao dr. José Isaac Peres pela oportunidade e inspiração no início de minha carreira.

Os desafios não foram poucos! Ao longo destes mais de 20 anos como gestora de diferentes shopping centers, enfrentei crises econômicas, políticas e sociais nos âmbitos nacional e internacional, que afetaram sensivelmente a performance do varejo.

Sem dúvida, a maior delas ainda é a mudança de comportamento de consumo, decorrente de uma sociedade mais consciente dos impactos de suas decisões no planeta, aliada ao advento da tecnologia, que vem desafiando a indústria de shopping centers a se ressignificar, se transformar.

E neste contexto, da Era da Incerteza, decidi sair mais uma vez da minha zona de conforto e me reinventar profissionalmente. Com meu espírito sagitariano, não poderia ser diferente! Eu precisava desbravar novas áreas, conhecer a fundo esse tal de Movimento do Capitalismo Consciente e a teoria do sociólogo polonês Zygmunt Baumaun sobre Modernidade Líquida. Registro aqui uma importante reflexão para os dias atuais: "A vida líquida é uma sucessão de reinícios e precisamente por isso é que finais rápidos e indolores tendem a ser os momentos mais desafiadores e as dores de cabeça mais inquietantes."

Na minha imersão constante no mundo do conhecimento, tive a honra de participar da 1ª Turma do Curso de Pós MBA da Saint Paul Escola de Negócios – o Advanced Boardroom Program for Women (ABP-W). Agradeço a Andrea e José Securato pela motivação. Esse reconhecido curso desenvolve competências técnicas multidisciplinares e comportamentais em futuras integrantes de Conselhos de Administração, ajudando a entender o cenário e necessidades do mercado brasileiro. Recomendo muito para mulheres em cargos de liderança, e espero ainda poder contribuir em conselhos de diversas empresas.

A diversidade nesses Conselhos de Administração, e me refiro aqui não só à de gênero, mas também de qualificação profissional e acadêmica, com representatividade de gerações distintas, aliada à presença de conselheiros independentes, é comprovadamente uma receita de sucesso para empresas de qualquer segmento e que buscam uma boa governança corporativa.

Com esse propósito de transformar negócios de forma consciente, sustentável e inovadora, fundei há alguns anos a Fotossintese Consultoria, conectando negócios e empresas que desejam gerar impactos sociais significantes.

Quais os principais desafios e resultados que você vivenciou ao longo da sua carreira?

Como acontece com qualquer ser humano, os desafios foram inúmeros. A começar pelo preconceito de ser mulher em um mundo eminentemente masculino e considerada muito jovem para assumir cargos de alta liderança. A maior experiência foi trabalhar como superintendente, na época da inauguração do polêmico Shopping Pátio Higienópolis em São Paulo.

Meu trabalho estava voltado também às relações institucionais com diferentes públicos, desde a comunidade local, autoridades, formadores de opinião até a imprensa. Tivemos de enfrentar uma mobilização contrária ao empreendimento, revertendo a situação e consolidando seu posicionamento em um cenário de forte concorrência.

Acompanhei também o lançamento do primeiro fundo imobiliário para shopping centers, marco de grande profissionalização na gestão desse tipo de negócio devido às exigências do mercado financeiro e acionistas participativos.

Agradeço profundamente ao empreendedor sr. Paulo Malzoni, Paulo Malzoni Fillho e Rubens Marques pela confiança depositada naquela jovem cheia de sonhos e brilho nos olhos, que se tornaria a primeira mulher a assumir a superintendência de um shopping erguido com tanto esforço e brilhantismo.

Com a dedicação de toda equipe que liderei, parceiros, amigos, minha mestre em Reiki, Célia de Paula, meu marido e familia e a DEUS, a quem sou igualmente grata, deixamos para trás a máxima de mercado que dizia que 'superintendente que inaugura shopping não completa um ano de atuação'.

Quais dicas você daria para aqueles que estão iniciando a carreira profissional?

A famosa frase "Conhece-te a ti mesmo", que todos nós já escutamos mas nem sempre enfrentamos, é para mim a principal reflexão, e irá desenhar ao longo de qualquer carreira o roteiro da sua vida. Saber quem de fato você é. Compreender seus limites físicos, afetivos, financeiros. Quais são verdadeiramente seus desejos? A vida que você vai levar será descrita por você, dentro das limitações humanas. A sua escolha vai determinar seu futuro. Seja protagonista da sua vida, não se deixe levar pela inércia. Não permita que outros determinem seus desejos.

Ao recrutar um profissional, quais características comportamentais você considera fundamentais?

O candidato precisa ter pesquisado em profundidade a cultura e valores da empresa, saber dialogar a respeito e conhecer suas futuras atribuições. Esta postura investigativa e curiosa demonstra comprometimento, motivação e atitude. Quem se valoriza irá valorizar o trabalho, que precisa ser bom para o contratante e para o contratado. O candidato precisa ser confiante, assertivo, verdadeiro. Seus olhos têm de brilhar e ter conexão com quem o entrevista. Entusiasmo é a chave! Dizem, inclusive, que vem de Deus!

Cite alguns líderes que, em sua opinião, são inspiradores.

Jesus Cristo, Nelson Mandela, Barack Obama, Madre Teresa de Calcutá, entre outros tantos.

Como você define o papel da liderança.

Liderar não é ter todas as respostas, não é saber tudo. Liderar é saber o que você não sabe. Como líderes, temos de nos permitir ser também aprendizes. Conscientes de nossa experiência e conhecimento, manter a mente aberta, dando oportunidade ao colaborador de participar e criar valor para nossos clientes. Oportunidade para ser coproprietário do negócio, dando seu melhor com equilíbrio, sem abrir mão de sua vida por isso.

Nas sábias palavras de Jim Burns: "Um líder precisa manter uma equipe que contemple a diversidade na experiência, gênero, perfil e idade, refletindo o mercado no qual atuamos para podermos entender melhor as demandas dos consumidores e clientes e gerar criatividade e inovação".

Creio que é essencial cativar e inspirar sua equipe, ter carisma e zelo com os funcionários, capacidade de prever o futuro e a persistência que muitos confundem com teimosia. Saber identificar potencial em pessoas e negócios distintos. Ter capacidade de se reinventar, sair do automático, ser capaz de perceber os pequenos sinais.

O bom líder desperta o melhor de cada um, sabe identificar a essência e alocar as pessoas certas nos lugares certos. Como se diz na Alemanha, se o funcionário não está performando, a responsabilidade é do líder.

Para liderar é necessário resiliência, capacidade de inovação, inspiração e poder de persuasão. Saber estabelecer boas relações com os funcionários e, principalmente, ter capacidade de ainda sonhar e saber transformar esses sonhos, essa inspiração em muita transpiração.

O que você faz para se manter motivado?

"Se você não traçou um plano para você mesmo, é possível que você caia no plano de outra pessoa. E adivinha o que ele planejou para você? Não muito" – Rohn

"A lógica pode levar de um ponto A a um ponto B. A imaginação pode levar a qualquer lugar" – Einstein

Parafraseando esses dois personagens, na base do sucesso está a capacidade de tomar a vida em suas próprias mãos, de pensar em vez de ser pensado, de agir em vez de estar à mercê das circunstâncias. E para conseguir isso é preciso automotivação, que começa com o famoso "Conhece-te a ti mesmo".

Para me manter em constante movimento e estado de receptividade ao novo, aprofundo meu conhecimento sobre mim mesma, luz e sombra, talentos e deficiências, desejos e necessidades. Busco sempre ampliar meus horizontes, inclusive espirituais, apresentar ao mundo a melhor versão de mim mesma. Desta forma, sinto que estou evoluindo e posso contribuir para o desenvolvimento de pessoas ou empresas.

Qual a importância da inovação nas organizações?

Sobrevivência.

Como você realiza o networking de maneira efetiva?

Viver é se relacionar, estar em conexão com o outro. Com ele aprendemos e nos transformamos. No meu caso em particular, a natureza do meu trabalho já favorece o *networking* pela necessidade de estar presente em muitos eventos, fóruns, congressos, além dos acolhedores encontros com amigos e ex-colegas de cursos. Participo também de grupos de mulheres executivas, como o Ellevate Brasil e o Mulheres do Brasil, que conscientes da situação ainda discriminatória do feminino promovem eventos para gerar reflexão e compartilhar aprendizados e angústias.

Do que você tem saudades?

Exercitar o desapego ainda é um desafio em minha vida. Tenho muita saudade de pessoas e experiências. De viagens e projetos, das pessoas que encontrei, daquelas que me ensinaram pelo amor e até das que me orientaram pelo tortuoso caminho da dor. A todas elas eu agradeço. Como dizia Khalil Gibran, "aprendi o silêncio com os faladores, a tolerância com os intolerantes, a bondade com os maldosos; e, por estranho que pareça, sou grato a esses professores". E eu acrescento: tenho saudade!

Do que você tem orgulho?

Tenho muito orgulho da minha única filha, a querida Luiza. Um ser humano muito especial que desde muito cedo me ensinou sobre coragem, superação, resiliência e amor. Que a cada dia me mostra que é possível escolher como estar no mundo, independentemente das circunstâncias. Que é possível viver no mundo com um olhar belo, colorido e solidário. Tenho também orgulho de meu parceiro de vida, Pedro, e de mim mesma em nosso esforço constante de construir uma relação equilibrada, exercitar o perdão e de nos tornarmos os melhores pais, amigos e profissionais, dentro da imperfeição humana. Meus pais, meu maior orgulho pelo incansável AMOR que até hoje desfruto.

Qual o significado da palavra felicidade?

"A felicidade é uma borboleta que, sempre que perseguida, parecerá inatingível; no entanto, se você for paciente, ela pode pousar no seu ombro" – Nathaniel Hawthorne, escritor

Felicidade é estar vivo, de verdade no tempo presente. De olhos bem abertos – para dentro e para fora. Esta é a minha interpretação.

Qual a sua citação favorita e por quê?

"O que nos parece uma provação amarga pode ser uma bênção disfarçada" – Oscar Wilde, escritor. Com esta citação, o autor nos lembra da perfeição da vida, de que estamos em uma grande escola e que cada situação ou pessoa que se apresenta é apenas uma oportunidade de aprendizado. Cabe a nós descartar o drama e absorver o aprendizado. Simples assim!

Quais são seus hobbies preferidos?

Viajar muito, meditar na praia, ler bons livros, entrar no mundo mágico das artes. E, claro, ter boas horas de sono. Quem me conhece, sabe bem!

O que você aprendeu com a vida que gostaria de deixar registrado nesta obra?

Minhas dúvidas existenciais e dramas pessoais me obrigaram a sair da zona de conforto e ter reflexões fundamentais para a minha evolução como ser humano. O que nos sustenta nesta vida? Qual a importância da beleza? Qual o significado das doenças? Qual a relação entre saúde, conduta, ética e espiritualidade? O que realmente importa? Buscar as respostas a essas perguntas me trouxe muito entendimento e clareza. Nesta curta jornada, fui líder e aprendiz, acertei e errei, perdoei e fui perdoada, amei e fui amada. Tive muitos desafios – físicos, mentais, morais e espirituais – e pude desenvolver virtudes importantes. Tive muitos sonhos, como viajar para a distante Bali em busca do sentido da vida, e escrever um livro contando tudo isso, em parceria com a amiga e terapeuta Regina Rebello. Um antigo sonho que se tornará realidade neste ano de 2019.

Qual mensagem de motivação você gostaria de deixar para os leitores deste livro?

Não espere por líderes ou gurus! Arrisque-se! Crie seu próprio roteiro. Amplie seus horizontes físicos, mentais e espirituais! Torne-se uma pessoa equilibrada e mude o patamar de suas relações. Tenha metas e acredite em sua sabedoria interna. Expresse no mundo o único que você é. Isso fará de você uma pessoa que brilha, acrescenta e que, portanto, é insubstituível.

Com base no que você vivenciou, ao longo de sua vida corporativa, qual o segredo do sucesso para ir da teoria ao topo?

Seja ético(a) e corajoso, aceite suas imperfeições e vulnerabilidade, amplie seus conhecimentos, mantenha a mente aberta e pratique a compaixão. Seja autêntico(a) e, principalmente, seja verdadeiramente o Bom Exemplo. Somente com respeito e amor se chega ao topo e se permanece nele. Fique atento(a).

Família

Marcia Saad Pierucci

SEGREDOS DO SUCESSO V
Da teoria ao topo: histórias de executivos da ALTA GESTÃO

25

Nome: **Marly Vidal Silva**
Empresa: Sabin Medicina Diagnóstica
Função: Diretora Administrativa e de Pessoas

Quais os momentos mais importantes da sua carreira?

Iniciei minha carreira no Laboratório Sabin de Análises Clínicas em 1991 como recepcionita, formada em Administração com MBAs em Gestão de Pessoas, Gestão de Negócios e Gestão Empresarial. Um dos marcos na minha trajetória foi a estruturação da área de RH em 2001/2002 e tivemos como grande desafio estabelecer nossas políticas. Com cinco pilares sistematizamos nossos programas: Desenvolver, Desafiar, Reconhecer, Recompensar e Celebrar. No início da estruturação não tínhamos orçamentos disponíveis para contratação de consultorias, então todos os projetos que realizávamos eram construídos internamente, como nosso primeiro plano de cargos e salários, Estruturação do PLR, comprávamos livros, estudávamos e formatávamos nosso modelo, a partir daí íamos para ciclos de refinamento. A pesquisa de clima sempre foi uma ferramenta importante para nortear nossos programas pois o resultado era o diagnóstico que precisávamos para entender a organização, planejar as ações e ter a certeza de que estávamos no caminho certo. Há 12 anos estamos no *ranking* das 10 melhores empresas para trabalhar no Brasil segundo metodologia GPTWI. Em 2012, dentro do planejamento estratégico da empresa começamos o processo de crescimento com fusões e aquisições, o que fortalece a importância da gestão de pessoas pois somos processos – chaves na transformação cultural, na consolidação da marca e disseminação do Jeito Sabin traduzido em 23 mandamentos. Em 2018 a empresa estava presente em 12 estados e no Distrito Federal, crescendo consolidando sua marca sem perder a sua essência e seu propósito que é "inspirar pessoas a cuidar de pessoas". Tenho muito orgulho de fazer parte de uma empresa que com 34 anos está entre os maiores *players* de saúde do país e é referência na gestão de pessoas humanizada.

Qual legado profissional e pessoal você gostaria de deixar para a sociedade?

Acredito que cada um de nós tem uma missão na vida. Quero impactar de forma positiva a vida do outro, contribuir no direcionamento das pessoas na busca constante de novos aprendizados e crescimento.

Como você administra seu tempo nas questões família, espiritualidade, lazer, atividade física, amigos e trabalho?

Eu era uma pessoa extremamente *workaholic*, mas há dez anos mudei alguns hábitos, comecei a administrar melhor minha jornada, e percebi melhor equilíbrio na minha vida pessoal e profissional, tenho duas filhas (Rayssa – 23 anos e Maria Eduarda – 13 anos, neste ano de

2018), levo a Duda todos os dias para a escola, almoço em casa, faço atividades físicas diariamente (amo musculação, corrida, meia maratona 21 Km), ando de *bike*, faço meditação diariamente, Yoga, e a Biodanza ("é a Poética do encontro humano" – Rolando Toro), técnica que conecto com o melhor de mim, foi no primeiro encontro que me apaixonei, faço uma vez por semana. AMO estar com minha família, mas também tem quinzenalmente o dia que reservo para ir ao cinema sozinha ou com amigos, adoro cozinhar aos domingos, tenho dois lindos cachorros (Theo e Nick), participo de alguns grupos de estudo e dinâmicas de autoconhecimento, enfim... curtir família, dançar, fazer trilha, praia, música, vinho, degustar cervejas artesanais e uma boa gastronomia, além de assistir sempre o jogo do meu Flamengo, pois sou apaixonada por futebol.

Cite alguns líderes que, em sua opinião, são inspiradores.

Nelson Mandela, Papa Francisco, Mahatma Gandhi, Jack Welch, Madre Tereza de Calcutá.

Como você define o papel da liderança?

Líder é aquele que inspira, encoraja, desenvolve, dá *feedbacks*, estabelece uma relação e conexão de confiança promovendo o crescimento das pessoas, potencializando o melhor de cada um.

Fale sobre resiliência.

A resiliência é a capacidade humana de superar as adversidades, transformando os momentos difíceis em oportunidades para aprender, crescer e mudar. Na trajetória profissional não pode faltar a habilidade "resiliência" para que possamos enfrentar obstáculos, suportar a pressão e ter flexibilidade para nos adaptarmos a mudanças e seguirmos sempre em frente, é assim que conseguimos não apenas amadurecer emocionalmente mas também sentirmos fortalecidos com uma mentalidade de crescimento e aprendizado. Nas organizações resiliência é um imperativo estratégico pois é preciso ter a capacidade de antecipar-se, preparar-se e adaptar-se às transformações graduais e interrupções repentinas a fim de sobreviver e prosperar.

Do que você tem orgulho?

Tenho orgulho de fazer parte da história de crescimento do Grupo Sabin em âmbito nacional e saber que somos reconhecidos por nossas políticas e boas práticas na gestão de pessoas, investimento que reflete na satisfação e bem-estar do colaborador, o que impacta direto na satisfação do cliente. Faço uma retrospectiva e vejo também meu crescimento como pessoa e profissional em uma organização a que alinho meus valores e a qual tenho muito orgulho de pertencer.

Qual o significado da palavra felicidade?

Felicidade pra mim é um estado de espírito, autoconhecimento, sentir o verdadeiro propósito da vida, estar em sintonia com seus valores, essência, gratidão. Estar conectado com o aqui e agora. Felicidade é alma leve, simplicidade.

Qual sonho você gostaria de realizar?

Um projeto social de desenvolvimento para jovens ou mulheres.

O que você aprendeu com a vida que gostaria de deixar registrado nesta obra?

O autoconhecimento é um investimento necessário para seu crescimento, busque equilibrar sempre corpo e mente. Viva sempre o aqui e agora, esse é nosso maior presente. Seja determinado, focado, humilde e resiliente e assim alcançará seus objetivos. Não existe conquista sem esforço e toda escolha existe uma renúncia, isso faz parte da vida. Conecte-se sempre com sua alma, busque sempre leveza e simplicidade.

Qual mensagem de motivação você gostaria de deixar para os leitores deste livro?

Tenha como ingrediente na sua jornada amor pelo que faz,

disciplina, humildade, esteja sempre aberto a aprender e receber *feedbacks*, observe o fluxo da vida, conecte-se com o outro, brinque, sorria, seja leve, aprecie a natureza, e que sua coragem seja sempre maior que seu medo e "Acredite sempre em você".

Marly Vidal Silva

Família

SEGREDOS DO SUCESSO V
Da teoria ao topo: histórias de executivos da ALTA GESTÃO

26

Nome: **Michel Daud Filho**
Empresa: Health To Biz
Função: Diretor Médico

Quais os momentos mais importantes de sua carreira?

Posso citar a descoberta e aplicação do sistema de atenção primária com resolutividade, 16 ambulatórios que recebiam 90% dos funcionários com 85% de soluções e a responsabilidade de ter sido uma figura de importância na nova cultura Vivo partido da única *Joint Aventure* de sucesso do mundo.

Quais as competências principais do profissional do futuro?

Preparo técnico, inovação, criatividade e principalmente objetivos bem definidos.

Em sua opinião, a Inteligência Artificial pode alterar o nosso estilo de liderança?

Altera para o mal, caso seja utilizada indevidamente e não como uma ferramenta de apoio, pelo menos em saúde.

Quais atitudes do líder conquistam a cooperação da equipe?

Saber ouvir, ter experiência do certo e errado e saber convencer o subordinado através de argumentos.

Como o design thinking pode contribuir para resolver problemas e criação de oportunidades?

Não vejo como uma ferramenta efetiva, apresenta muitas falhas que não estão corrigidas.

Fale como aprender com erros e aproveitar oportunidades.

Uma das grandes virtudes do ser humano é reconhecer seus erros, Através de erros e acertos e principalmente analisando–os a fundo as respostas virão e a segurança prevalecerá para o resultado do projeto.

Fale sobre resiliência.

O ser humano não é preparado para mudanças, principalmente quando existe comodismo. Toda mudança é bem-vinda desde que venha planejada. Será um sucesso quem souber aproveitá–la.

Quais são os valores mais importantes para você?

Ética, honestidade, franqueza, vontade de acertar e dedicação.

Como você conseguiu deixar sua marca?

Através da estratégia estabelecida para os resultados, luta, perseverança e domínio de argumentos.

Quais as habilidades que utiliza na vida executiva?

Conviver com vaidades, arrogâncias, prepotências e principalmente ignorância, que é usada como escudo. O desgaste físico e mental é grande mas gratificante.

O que te faz feliz?

São os resultados obtidos, a utilização pelas pessoas beneficiadas e a certeza do caminho certo e dever cumprido.

Como você concilia sua vida profissional e pessoal?

Sinto-me frustrado, sempre me dediquei e muito à vida profissional em detrimento da pessoal. Ainda reflete negativamente em mim. Que sirva de exemplo.

O que você não tolera?

Preguiça, falta de vontade de crescer, todos nós não sabemos tudo, seja humilde e pergunte, pois nos dá como executivo a vontade de argumentar e ver o sucesso desta pessoa.

Quando você erra reconhece sempre?

Sempre e me sinto honrado por ser transparente e honesto comigo mesmo.

Qual seu sonho realizado?

A sensação de quase ter cumprido minha missão.

Como você lida com a frustração?

Buscando resultados, sei do que sou capaz e meus limites.

Como você se define?

Um executivo que deu certo, com respeito não só da cúpula e sim de toda a organização (base), faxineiros, limpadeiras etc. Como é bom apertar a mão destas pessoas, te enriquece como pessoa humana.

Como você mantém o foco para os seus objetivos?

Acreditando e sempre analisando olhando para frente. Assim o resultado virá.

Qual a sua visão sobre a solidão do poder?

Pena, pois esta pessoa não é um líder, só tem poder e ?????.

Fazer o que se gosta é fundamental para o sucesso?

É preciso amar o que se faz, a satisfação pessoal é imensa.

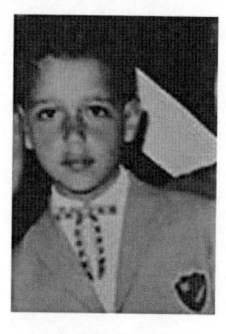

Michel Daud Filho

Família

SEGREDOS DO SUCESSO V
Da teoria ao topo: histórias de executivos da ALTA GESTÃO

27

Nome:	**Mylena Avelino Diegues**
Empresa:	Cabedal Financial
Função:	CEO

Quais os desafios da liderança no cenário atual?

Liderança não é técnica, é comportamento. Você pode aprender e utilizar técnicas de gestão, mas, você não agir com o devido comportamento, de nada vai adiantar saber a TEORIA. Observando os bons líderes que tive em minha trajetória profissional, pude notar que todos tinham três características em comum:
- Impulsionavam as pessoas;
- Energizavam a equipe;

- Mobilizavam todos para um objetivo COMUM.

E assim aprendi que as metas são alcançadas com maior facilidade quando o líder tira o MELHOR de cada um da sua equipe, valorizando SEMPRE os esforços, o treinamento contínuo, *feedbacks* construtivos e que direcionam as pessoas.

O maior desafio da liderança atual é sem dúvida unificar as diferenças das gerações transformando valores em ações, visões em realidade, obstáculos em inovações, isolamento em solidariedade e principalmente RISCOS em recompensas. É agir e criar um clima em que as pessoas utilizam oportunidades desafiadoras para gerar resultados extraordinários. E, se posso deixar aqui as melhores práticas para liderança, são:

- Líderes dão o melhor de si e não têm medo de desbravar caminhos;
- Inspiram uma visão e objetivo comuns;
- Líderes questionam processos;
- Capacitam outras pessoas para a ação;
- Reconhecem e recompensam os esforços.

Qual a sua dica para os que desejam acelerar a carreira?

Minha dica é que o principal motivo que as pessoas devem ter para acelerar a carreira deve ser o seu propósito de vida. Perguntem-se diariamente se estão plenamente felizes na posição em que estão. Claro que você deve ter os pés no chão para ESCALAR sua subida até o monte favorito. Tenha a certeza de que não será fácil, porém não é impossível quando você sabe aonde quer chegar. Eu levei 16 anos para me realizar profissionalmente, e afirmo que todos me chamavam de maluca quando optei por seguir meu caminho. Tive medo de não dar certo, mas cada receio que tinha eu o mantinha abafado pelo desejo e convicção de que meu interior dizia: "Mylena, você está no caminho certo!" E o que me ajudou a acelerar minha carreira? A imensa vontade de atuar no mesmo segmento de antes, mas com uma visão que poucos ou quase ninguém mantém ativa:

Fazer a diferença construindo relações ganha x ganha, surpreendendo sempre as expectativas do cliente!

Como você desenvolve a sua inteligência emocional para manter equilíbrio produtivo e positivo?

Por ser uma pessoa empática e observadora, descobri que a verdadeira chave para desenvolver a inteligência emocional está na PACIÊNCIA. Ter paciência para saber ouvir, analisar os diferentes pontos de vista, não querer impor sua vontade a qualquer custo, considerar as sugestões dos mais envolvidos no problema, não permitir que conflitos pessoais interfiram nas relações profissionais. Desta forma procuro sempre ajudar a todos que posso, pois nunca sabemos de quem iremos precisar.

Como você define o seu estilo de liderança?

Possuo uma liderança democrática em que, sempre que possível, ouço todos os envolvidos no processo. Desta forma a interação com minha equipe está sempre em um nível elevado. Preocupo-me frequentemente com a satisfação e motivação dos meus liderados, o que os torna mais responsáveis e produtivos. E nunca deixo de valorizar a contribuição de todos do time.

Como você cria equipes mais motivadas e comprometidas com o negócio?

Penso que a única maneira de tirar o melhor de cada um da minha equipe é conhecendo suas qualidades e trabalhando para que cada um fique melhor a cada dia. Não incentivo a competitividade, pois todos temos de ser melhores do que nós mesmos. E assim treinamos nossas qualidades a cada dia, de maneira que os defeitos começam a ser complementados pela qualidade do outro.

Em sua opinião, como será o futuro do trabalho?

- Acredito que a concorrência profissional será cada dia maior;
- Não haverá mais o emprego da vida toda;

- Portanto será comum trocar de emprego com frequência;
- Vamos nos manter estudando constantemente;
- Flexibilidade de horários priorizando o bem-estar do empregado;
- Novas profissões ligadas a alta tecnologia e inteligência artificial, o que fará com que a maior importância esteja no intelecto e não somente embasada no conhecimento.

Na sua visão, como as "novas tecnologias" estão impactando o mundo dos negócios?

A chegada das novas tecnologias está facilitando e agilizando os negócios, de maneira que com um conjunto dessas tecnologias se tem acesso às informações certas, no momento certo e direcionado para o público correto. É uma nova era onde a junção de vários sistemas proporciona maior agilidade com exatidão no direcionamento dos negócios.

Como você concilia os interesses dos steakholders (acionistas) x colaboradores?

Conciliar estes interesses está relacionado a ter uma boa governança corporativa, priorizando a transparência em apresentar as regras e confiança nos membros da empresa. Com um mundo cada dia mais competitivo e globalizado, todos devem se adaptar às regras. Afinal quem conhece as regras joga o jogo com maior excelência.

Como criar uma cultura corporativa de orientação ao cliente?

O segredo está em ter o cliente como o centro da estratégia da empresa. O foco está em criar valores, práticas, objetivos e missão que estejam voltados a proporcionar a melhor experiência possível aos clientes. Desta forma a empresa ganha credibilidade em sua marca, aumento da sua reputação no mercado, fideliza seus clientes e consequentemente vai gerar um aumento significativo em suas receitas.

Clientes satisfeitos trazem mais clientes, pois vão indicar sua empresa. Temos também como consequência redução de custos, pois os negócios vão sendo gerados organicamente.

Cite um exemplo de oportunidade que você encontrou na dificuldade.

Após quase um ano atuando em uma assessoria de investimentos, a dificuldade de encontrar clientes para investir estava cada dia mais difícil. Todas as empresas que visitava me pediam produtos de crédito, pois seus bancos e fundos estavam cada vez mais engolindo suas empresas com os juros do mercado. Foi então que iniciei a busca por montar minha própria consultoria. Com o único objetivo: AGREGAR PRODUTOS E SERVIÇOS QUE REDUZAM CUSTOS E MAXIMIZEM LUCROS. Busquei fornecedores com produtos e serviços diferenciados e a cada parceria fechada meu próprio *site* foi sendo construído. Além das parcerias sólidas com os fornecedores investi em *networking* de valor e em especialistas comerciais com fortes carteiras de clientes empresariais. Assim nasceu a Cabedal!

Ao invés de lamentar a queda de clientes, busquei novas soluções para os clientes que não estava conseguindo atender anteriormente. Essa foi literalmente uma oportunidade que nasceu em meio à dificuldade.

O que você faz para transformar o mundo e deixar o seu legado?

Procuro sempre levar minha vida com leveza e alegria, demonstrando a todos que me cercam que vale muito mais buscar as soluções dos problemas do que ficar lamuriando sobre o porquê foram acontecer. Carrego comigo que somos todos ENERGIA e que, quanto mais plantarmos o bem, melhor será nossa colheita. O maior legado que posso deixar são minhas boas atitudes, principalmente por ter uma bebê que se espelha na mamãe.

O que mais você admira em outra pessoa?

Admiro sempre pessoas que buscam ajudar o próximo, sem que

tenha interesse algum envolvido. Pessoas que têm prazer em compartilhar seu conhecimento para que outros cometam NOVOS ERROS e busquem alcançar caminhos que ainda não foram desbravados. Admiro pessoas que valorizam o SER e nunca o TER.

Do que você sente saudades na sua infância?

Sinto saudade de respirar com mais calma, saudade de ter menos pressa e mais tempo para notar os diferentes perfumes que cada local possui. Recordo-me que o pátio do meu colégio tinha perfumes diferentes não só nas diferentes horas do dia, mas também em cada estação do ano. Lembro-me também da gostosa maresia que sentia quando íamos para a casa de praia. Lotávamos o carro com praticamente a CASA TODA (malas, roupas de cama, mantimentos, nosso querido *poodle* Átila e até nosso peixinho Beta) e descíamos para Mongaguá. Logo na serra sentia o perfume das árvores e quando já estávamos quase lá embaixo aquela gostosa maresia. Gosto até hoje de prestar atenção aos perfumes dos locais que frequento, pois consigo gravar em minha memória como fotografia cada momento vivido. Porém confesso que a correria do dia a dia, muitas vezes, não me permite "curtir mais" esses momentos de sentir os perfumes da VIDA.

Qual o seu propósito de vida?

Meu propósito de vida é ser LUZ na vida daqueles que me cercam. De maneira a proporcionar melhores alternativas nas trajetórias profissionais e pessoais dos meus familiares, amigos e todos aqueles a quem eu puder estender a mão. Cresci ouvindo da minha mãe a frase: SE PUDER AJUDAR, AJUDE! SE NÃO PUDER, ENTÃO NÃO ATRAPALHE!

Qual a sua definição de sucesso?

Sucesso é você se sentir realizado pessoalmente e profissionalmente, é valorizar cada queda e tropeço que teve pois foram estes que o fizeram mais forte. É comemorar todas as conquistas por mínimas que sejam, pois não existe alegria maior do que atingir um objetivo traçado. Sucesso é você se sentir feliz e grato por cada passo que deu e tem dado rumo a executar com mestria o seu propósito de vida. E finalmente o auge do sucesso é você aplaudir a vitória daqueles que o cercam para incentivá-los a subir sempre mais um degrau e superar os seus objetivos.

Qual mensagem você gostaria de deixar para a sua família?

Quero deixar minha eterna gratidão ao meu marido por me amar e apoiar em todos os saltos que resolvi dar desde 2014 até agora, por ser um pai presente e exemplar em compartilhar as tarefas de casa e cuidados com nossa princesinha Maytê. Agradeço muito aos meus pais que, com muito amor, embora sempre tiveram receio sobre empreendedorismo, não deixaram de me apoiar e se interessar pelos meus caminhos. E agradeço também por inúmeras vezes que cuidaram e continuam cuidando da pequenina, para que eu possa estar presente em eventos de negócios tão importantes para mim. Gratidão principalmente a Deus que me presenteou com esta linda família que sem dúvida é meu alicerce para buscar ser uma pessoa melhor a cada dia. Saibam que eu amo muito vocês para todo sempre!

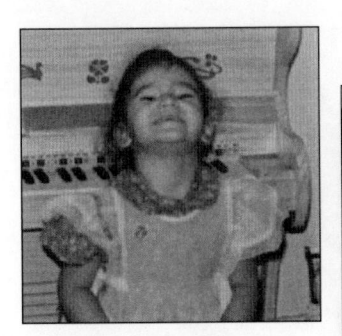

Mylena Avelino Diegues

Família

SEGREDOS DO SUCESSO V
Da teoria ao topo: histórias de executivos da ALTA GESTÃO

28

Nome: **Nilson Bernal**	
Empresa: Complexo Hoteleiro Jurema Águas Quentes	
Função: Diretor-Presidente	

Quais os desafios da liderança no cenário atual?

Fazer gestão é extremamente complexo. Você tem que adquirir uma habilidade imensa para lidar com todas as variáveis do dia a dia, as quais não são poucas. Desde o seu cliente, no meu caso hóspedes, fornecedores, funcionários em geral, investidores. Há grande competitividade e o nível de exigência é alto. Há muita informação disponível a todos e em tempo real. O gestor obrigatoriamente precisa se manter atualizado, capacitado e, acima de tudo, resiliente para suportar a sua carga diária. Tem que incentivar, motivar e desenvolver a sua equipe. Tem que entregar os melhores resultados para o seu negócio. Tem que entregar uma excelente experiência ao seu cliente. Deve ainda alinhar os seus objetivos e propósitos de todo seu time aos objetivos e à cultura da empresa – objetivos claros, transparentes. Tem que ter um planejamento estratégico, tem que administrar conflitos, tem que ouvir muito, reconhecer e valorizar sempre sua equipe. Resolver problemas de todos os níveis. Em suma, equilíbrio emocional e muito relacionamento.

Qual a sua dica para os que desejam acelerar a carreira?

Você já teve a sensação de que a sua vida profissional não evoluiu? Pergunto a você que está lendo este livro: "Você quer se tornar gestor em três meses?" Afirmo que, muitas vezes, leva-se mais de 20 anos para sentar na cadeira de gestor. Estou na zona de conforto porque eu quero? Ou porque ninguém me motiva? Todos nós temos problemas, sejam eles de diversas maneiras. Isso afeta o seu trabalho? Que tal começar reconhecendo que você não sabe tudo e que você erra todos os dias? Isso não é fraqueza. Meu exemplo: tem que estudar, se manter atualizados, ler vários livros. Isso me ajuda a ter clareza na minha rotina. Invista em você, estude. Arrisque – agora é a hora de errar. Tenha um plano de ação, meta – encare as situações, os problemas de frente. Quais decisões que você já tomou que afetaram a sua vida? Só não erra quem não faz!!!! Faça!!!

Como você desenvolve a sua inteligência emocional para manter o equilíbrio produtivo e positivo?

Inteligência emocional é saber ou tentar descobrir sobre os seus sentimentos e também dos outros. Exemplo: como está o seu comportamento? Sua saúde física, seu corpo? Como devemos fazer para não nos preocuparmos tanto com os problemas diários da nossa vida? No meu caso, sou muito ansioso, e você? Eu pratico exercícios, corrida, diariamente. Não tem jeito, mantenha a calma, senão você em algum momento surta. Você consegue por algum momento deixar de julgar? Consegue ter empatia pelas situações e pelas pessoas? Agradeça a vida, o trabalho, a saúde, o alimento, a família, os amigos diariamente e saiba seus limites. O resto é perfumaria.

Como você define o seu estilo de liderança?

Perfil de gestor situacional, aquele que direciona, orienta, apoia e delega. Ser gestor em qualquer situação exige que se mantenha o engajamento das equipes. Você terá que fazer o seu time produzir, terá que buscar e entregar resultados, administrar mudanças, conflitos, ego, vaidade. Se você conseguir trilhar esse caminho, se tornará um gestor de alta performance o qual se adapta de acordo com a cultura da empresa.

Como você cria equipes mais motivadas e comprometidas com o negócio?

Através do exemplo, treinamento, acompanhamento, reconhecimento. A motivação, ao mesmo tempo que surge, desaparece. Depende muito da gestão.

Em hotelaria você deve treinar, orientar, capacitar, falar e acompanhar, supervisionar, dar suporte, apoiar diariamente. Demonstrar que o trabalho que todos fazem é importante. Cada funcionário tem o seu valor, ninguém deve se colocar na posição de que eu sou o melhor que todos. Invista no seu time, na sua equipe. Dê condições a todos para se desenvolverem e crescerem na empresa.

Compartilhe a sua experiência como coach individual ou de equipes.

Eu procuro investir nos funcionários. Em todas as empresas que tive a oportunidade de trabalhar, formei profissionais para ocupar cargos de gestão. É isso que vale a pena na vida. Você olhar para trás e ver que conseguiu "criar, formar" pessoas para brilharem em suas carreiras.

Em sua opinião, como será o futuro do trabalho?

É um processo de transformação contínuo, a concorrência profissional está grande. Digam adeus muitas pessoas que desejam ficar 30 anos na mesma empresa. Estude mais, trabalhe onde você quiser (remotamente, por que não?). Seja flexível para mudança de horários, conheça TI, saia da zona de conforto, esteja aberto a novas profissões. O segredo para estar pronto para as mudanças no mundo do trabalho é se manter competitivo como profissional. E isso demanda a humildade de sempre se colocar na posição de eterno aprendiz, porque os avanços são muito mais rápidos do que podemos absorver. Por isso, a palavra de ordem é estar continuamente aprendendo.

Na a sua visão, como as "novas tecnologias" estão impactando o mundo dos negócios?

TI ganhou muita força ao longo destes anos. Na área hoteleira, era comum inaugurar um hotel e aguardar que os hóspedes viessem até nós. Hoje, o primeiro contato do cliente com o hotel é pelos buscadores, geralmente digitando o destino e opções de hospedagem. Além da competitividade com os hotéis, hoje as casas das pessoas também podem ser consideradas nossos concorrentes, porque também lidamos com aplicativos e outros mecanismos que oferecem hospedagem ao redor do mundo na palma da mão do usuário. Estudar sobre modelos de negócio inovadores também deve estar na pauta dos hoteleiros, que podem aprender muito sobre a disrupção nos negócios e também evoluir na gestão de suas cadeias centenárias. Infelizmente, no mundo de hoje negócios seculares podem cair por terra a partir de ideias que vão ao encontro do que o contexto social vem sinalizando. Por isso, a minha orientação é que os profissionais sejam mais analistas de tendências para sair à frente e não atrás das transformações.

Como você concilia os interesses dos steakholders (acionistas) x colaboradores?

No segmento hoteleiro é relacionamento puro. Resolução de

conflitos e sempre cuidando da reputação da empresa. A base de tudo continua sendo o respeito, a transparência, fazendo com que todos entendam a finalidade da corporação que é um negócio e sobrevivemos de resultados. Na minha visão é o ganha-ganha, profissional que é comprometido, engajado e que respeita a cultura da empresa deve ser reconhecido, valorizado. Funcionários satisfeitos x clientes recebendo uma prestação de serviços digna = resultados positivos para a companhia como um todo. É um trabalho de grande responsabilidade que demanda transparência de forma justa a todos.

Como criar uma cultura corporativa de orientação ao cliente?

Em um mercado hoteleiro, extremamente concorrido, o atendimento precisa ser feito para o cliente, pelo cliente e pensando no cliente. Resolva as situações do seu cliente enquanto ele estiver no seu hotel, na sua empresa. Do contrário, você está trabalhando o atendimento baseado no suporte pós-*checkout* – "Bem-vindo ao hotel desculpas". Se o seu cliente não tem uma experiência boa no seu hotel/resort, como você quer se destacar da concorrência? Como quer conquistar mais clientes? Coloque em 1º lugar o CLIENTE como centro absoluto da sua estratégia. Defina junto com seu *board*, seus gestores e toda sua equipe, uma cultura de serviços/atendimento. Façam isso e perceberão mudanças positivas no seu negócio hoteleiro.

Cite um exemplo de oportunidade que você encontrou na dificuldade.

Ao implementar, adequar, inserir uma gestão profissional em empresas que por longos aplicaram determinadas ações que deram certo sim, mas que com o passar do tempo necessitam de inúmeras atualizações, acompanhando as tendências que o mercado exige. Com muita persistência e resiliência, trabalhando junto com suas equipes para construir e constituir uma cultura voltada para serviços impecáveis e alta performance nos resultados. A maior dificuldade é a resistência dos funcionários e até mesmo dos investidores pelo receio de mudar o que sempre deu certo e sempre foi feito assim. E falando nisso, saliento que construir uma carreira de sucesso, seja em qualquer segmento, exige muito trabalho, resiliência, disciplina e muita paciência. Inúmeras são as dificuldades e obstáculos no dia a dia. Desistir de tudo é o caminho mais fácil. O cansaço mental e físico atrapalha nossos objetivos. Tudo é experiência e não podemos nos abater. Sem erros e fracassos não há evolução profissional. As dificuldades nos tornam mais fortes e resilientes. Há inúmeras pessoas nas quais possamos nos espelhar que superaram todas as dificuldades sem desistir. Sonhe e realize, com autoconfiança e muita persistência.

Como você vê o empoderamento feminino nas organizações?

O empoderamento feminino é uma prática necessária não apenas no meio corporativo, mas na sociedade como um todo. O número de mulheres no mercado de trabalho, seja ocupando grandes cargos, empreendendo ou investindo é maior do que uns anos atrás.

Apesar desses avanços, ainda é alarmante a desigualdade entre homens e mulheres. Como forma de modificar esta realidade, é crescente o número de empresas que estão utilizando o empoderamento feminino como estratégia em seus negócios.

No âmbito corporativo, o empoderamento feminino fornece ferramentas para que a empresa desenvolva ações que resultem em mudanças reais. A ideia é identificar práticas que estimulem a igualdade de gênero e fazer com que ações de igualdade sejam incorporadas não só nas atividades da organização, mas no mercado como um todo e na própria sociedade, contribuindo para o crescimento econômico, social e político.

Qual a sua opinião sobre a diversidade nas empresas e os seus resultados?

Aceitar a diversidade não é apenas conseguir lidar com gêneros, cores ou orientações sexuais distintas, mas principalmente respeitar ideias, culturas e histórias de vida diferentes da sua. Se você ainda não teve essa experiência, como se comportaria em um ambiente de trabalho com pessoas com cultura, raças ou opiniões totalmente diferentes da sua? Como você trataria pessoas com deficiência ou ex-presidiários, por exemplo? A diversidade nas empresas melhora a competitividade e até a rentabilidade, além de reforçar o respeito entre as diferenças. As empresas devem sim investir em diversidade, isso também é inovação e evolução. Deve fazer parte da cultura da empresa. Afinal, passamos a maior parte das nossas vidas no trabalho. Principalmente quem escolher ser hoteleiro. O respeito é o pilar de qualquer bom relacionamento.

Qual erro você cometeu que foi um grande aprendizado?

Errei muitas vezes e poderei de alguma forma errar novamente, pois só não erra quem não faz. A sensação de falar sobre as falhas, erros sem dúvida é péssima, pois você só quer falar e defender suas qualidades. Cito como exemplo contratar profissionais de outros países com cargo de gestão que não se adaptaram à realidade da cultura do Brasil/Empresa, criando com isso uma instabilidade na companhia.

O que você faz para transformar o mundo e deixar o seu legado?

Todos os dias você tem um motivo para vencer, conquistar seus objetivos e sonhos, mesmo com todas as dificuldades da vida que são inevitáveis a todos nós. Depois que eu consegui sair da favela, firmei um compromisso comigo mesmo: nunca vou desistir dos meus sonhos, propósitos e darei uma vida digna e melhor a toda a minha família. Se não conseguir, vou morrer tentando, mas jamais vou desistir. Se você pensa assim, já está no caminho certo. Saia da sua zona de conforto, se a vida fosse uma festa, não fomos convidados. A realidade é dura e cruel muitas vezes. Faça a diferença no mundo, deixe um legado simples, mas admirável. Trabalhe muito, pois nada resiste ao bom trabalho.

O que mais você admira em outra pessoa?

A admiração é a forma mais evidente de você reforçar os seus valores. Se você admira alguém que superou alguma dificuldade na vida, você perceberá que ela teve determinação, disciplina e muita força de vontade. Quem são as pessoas que você admira? Essas podem ajudar de alguma maneira a fazer algo diferente na sua vida. Seja exemplo, leal e transparente.

Do que você saudades na sua infância?

Ao voltar depois de alguns anos na favela onde eu vivi parte da minha vida, lembrei-me meus amigos correndo, jogando bola comigo. Tudo era diferente e os dias eram difíceis dentro da simplicidade de tudo que ali se encontrava. Vejo uma infância de muito aprendizado. Como não se emocionar? Como esquecer que sua mãe diariamente, ao final de cada tarde, me mandava comprar algo para me tirar do "grupinho de amigos"? Como esquecer da estratégia de vender melancias para os vizinhos? Não importa, à nossa maneira, passamos dificuldades, mas fica a saudade, as boas lembranças.

Qual o seu propósito de vida?

Sei que muitos de vocês já conquistaram muitas coisas na vida, mas mesmo assim, também sei que muitos sentem um vazio por dentro. O que acham que isso significa? Se você tivesse certeza absoluta de que teria sucesso na vida, faria o quê? No meu caso, o trabalho deixou de ser trabalho e passou a ser fonte de alegria, prazer e realizações pessoais.

Qual a sua definição de sucesso?

Cada um de nós define essa palavra de forma diferente. É muito pessoal. Quem não quer ter sucesso na vida? Quando você olha uma pessoa rica, bem-sucedida, muitas vezes você se projeta na pessoa e diz que gostaria de ser como ela, mas sem saber o preço que a pessoa paga para estar nesta situação. Cuidado, pois parecer tudo isso não significa estar mais feliz ou satisfeito consigo mesmo. Talvez muitos não gostariam de pagar o preço após saber de fato como funciona nos bastidores. Olhar/avaliar o sucesso dos outros de longe é um grande erro e só pode prejudicar a si mesmo. Ter saúde, viver a vida intensamente, viajar o mundo, cuidar da família, ajudar pessoas no âmbito pessoal e profissional. Dar risada dos problemas da vida, ter respeito pelas pessoas, suportar a carga pesada da vida, ser simples e valorizar a simplicidade. Isso para mim é sucesso.

Qual mensagem você gostaria de deixar para a sua família?

Sobre o verdadeiro valor da família, talvez eu comecei a ter aulas ainda dentro do ventre da minha mãe, Margarida Machado, e lá eu recebi muita proteção, carinho, afeto, amor e principalmente que ao vir para este mundo descobriria coisas importantes da vida. E a educação que recebi, o apoio, o suporte dentro das limitações foram fundamentais para o meu desenvolvimento. A família continua sendo a base de tudo. Que um dia possamos estar todos juntos novamente.

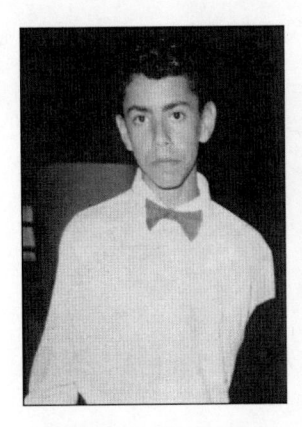

Família

Nilson Bernal

SEGREDOS DO SUCESSO V

Da teoria ao topo: histórias de executivos da ALTA GESTÃO

29

Nome: **Paulo Márcio de Paiva**
Empresa: Becomex Consulting
Função: Vice-Presidente

Como e onde você iniciou a sua trajetória profissional?

Antes de falar da minha trajetória profissional, gostaria de relatar, brevemente, um histórico de vida que serviu de alicerce para a minha carreira até aqui. Venho de uma família simples, de oito irmãos, sendo que eu sou o antepenúltimo. Sempre estudei em escolas públicas e meu sonho era entrar na área de tecnologia na Escola Técnica Tupy. Minha barreira era passar no processo de seleção pois havia muitos candidatos para as vagas existentes. O processo era muito difícil e passar era um grande desafio. Sem condições de fazer um curso preparatório, comecei a estudar muito para o teste de seleção mas infelizmente não fui aprovado. Percebi nesse momento que nem tudo na vida seriam vitórias e que as derrotas fazem parte do crescimento. Com a reprovação, comecei a estudar o curso normal na escola pública mas estava decidido a ir atrás do meu sonho e não iria desistir. No ano seguinte fiz novamente o teste de seleção e desta vez fui aprovado. Fiz o curso técnico e entrei no mercado de tecnologia. Aprendi a persistir e não desistir dos meus sonhos, por mais difíceis que eles pudessem parecer. Começava assim a minha trajetória profissional. Formei-me e já iniciei no mercado de trabalho. Comecei como estagiário numa pequena empresa de informática onde executava todas as atividades, técnicas e de atendimento ao cliente. Atender o cliente era a área que eu mais gostava. Sempre fui um excelente ouvinte, tinha empatia pelo problema do cliente e isto sempre impulsionou a minha carreira. Era muito elogiado pelos clientes aos meus superiores e isto foi fazendo com que eu assumisse funções de gestão. Ao longo do tempo essa minha característica me ajudou muito com a gestão das minhas equipes.

Quais os principais desafios e resultados que você vivenciou ao longo da sua carreira?

Um grande desafio que sempre acompanhou a minha carreira era como equilibrar os aspectos profissionais e pessoais. Sou casado com a Helena e tenho três filhos maravilhosos (Gustavo, Miguel e Ana Paula) e como pai tinha a responsabilidade de dar o sustento e exercer o meu papel. Por um outro lado sou meio que um *workaholic* e sempre me dediquei muito ao meu trabalho, muitas vezes viajando demais e estando ausente de casa. O fato de estar perdendo os melhores momentos da infância dos meus filhos era uma questão que sempre vinha no meu pensamento. Felizmente me casei com uma pessoa muito especial e que assumiu todo o controle da nossa casa, exercendo muitas vezes o papel de mãe e pai sem jamais reclamar ou me cobrar nada. Isso me deixava mais tranquilo para ir pro ataque sabendo que a defesa estava protegida. Hoje nossos filhos já são adultos e estão trilhando seus caminhos. Não me arrependo das escolhas que fiz mas, como tudo na vida, as decisões são mais fáceis quando temos o suporte e no meu caso a dobradinha com a minha esposa deu certo.

Quem da sua história de vida inspirou/motivou a sua carreira?

Sempre busquei me inspirar em pessoas inquietas, inconformadas, empreendedoras e que tinham um histórico de sucesso em suas carreiras. Felizmente não precisei buscar muito longe. Como falei no início, venho de uma família grande e meu 4º irmão, Jaly, foi sempre a minha inspiração. Desde pequeno era o mais diferente, sempre agitado e ousava fazer as coisas que muitas vezes pareciam loucura. Ele foi o primeiro a empreender na nossa família. Trabalhava numa grande empresa e resolveu pedir demissão e fundar sua própria empresa. Sem muito capital para investir, a empresa começou com poucos funcionários e tendo que crescer num país que nem sempre oferece as melhores condições para os pequenos empresários. As dificuldades eram muitas mas a capacidade de se reinventar e ousar faziam a diferença na empresa, que foi crescendo. Foi nessa empresa que comecei a trabalhar. Juntos sempre formamos uma parceria de sucesso. Num determinado momento ele saiu da sociedade e resolveu trilhar uma carreira de executivo em outras empresas. Eu também fui trilhar o meu caminho como executivo na Datasul, onde encontrei uma outra pessoa que também me ensinou muito e me inspirava, sr. Miguel Abuhab, dono da empresa. Foi ele que, em 1999, chamou um grupo de funcionários e propôs que criássemos uma empresa para prestar serviços para a Datasul e começava ali a minha vez de empreender. Por último, quero citar minha amiga e conselheira Tania Gurgel, uma das maiores especialistas tributárias do Brasil e que tem uma história de vida inspiradora. Com ela compartilhava ideias, recebia o incentivo pra prosseguir e repensava as minhas estratégias à luz de outras visões. Só posso agradecer a essas pessoas por tudo que fizeram pela minha carreira.

Alguma história no relacionamento com o cliente que você gostaria de destacar?

Em todos esses anos de trabalho, meu relacionamento com os

clientes sempre foi muito bom, mesmo em momentos muito difíceis. São muitas histórias e não vou relatar uma específica mas quero reforçar a necessidade de ter empatia e buscar a solução conjunta dos problemas e o resultado no final é o fortalecimento da parceria e do relacionamento. Houve uma vez que um cliente, numa situação muito crítica, me chamou e falou que acreditava na nossa capacidade de resolver o problema. Aquelas palavras de apoio e incentivo fizeram toda a diferença e conseguimos reverter a situação. Muitas vezes o que precisamos fazer com as nossas equipes é isso, chamar e motivar as pessoas para que o objetivo seja alcançado.

Quais dicas você daria para aqueles que estão iniciando a carreira profissional?

Como tudo na vida, o início de uma carreira é como começar a aprender a andar de bicicleta. No início é tentar buscar se manter equilibrado, explorar o desconhecido, alguns tombos virão mas eles devem ser o incentivo para continuar e persistir sempre, sem jamais desistir. Focar no alvo que deseja atingir sempre e buscar estar pronto para os desafios que virão. As oportunidades tendem a não passar mais de uma vez na nossa carreira e, quando elas aparecerem, estar preparado é fundamental.

Ao recrutar um profissional, quais características comportamentais você considera fundamentais?

Nas minhas contratações busquei continuamente por profissionais que apresentavam uma característica de inovação para ousar sempre e fazer as coisas de forma diferente; com capacidade de empreender; dispostos a assumir riscos. Sempre falo para os meus profissionais que prefiro muito mais frear do que empurrar, ou seja, frear um profissional é quando o mesmo vai avançando muito, tem iniciativa e você, como gestor, precisa ir orientando e colocando o mesmo no caminho. Mas esse tipo de profissional tende a aprender e seguir as orientações. O empurrar é muito mais complicado pois muitas vezes é preciso resgatar o profissional que ficou pelo caminho, que não tem iniciativa e que fica dependente das demais pessoas.

Qual legado profissional e pessoal você gostaria de deixar para a sociedade?

O legado que eu gostaria de deixar é de ser lembrado como um líder que fez a diferença na vida das pessoas que gerenciei. Já trabalhei com centenas de pessoas, com diferentes personalidades, com problemas pessoais, familiares, muitas vezes limitadas, e sempre pautei a minha gestão pelo respeito e valorização do ser humano. Tenho plena convicção que cheguei até onde estou hoje graças às pessoas que trabalharam comigo e ao reconhecimento que sempre recebi delas.

Cite alguns líderes que, em sua opinião, são inspiradores.

Steve Jobs pela sua capacidade de inovação e de reinventar uma empresa.

Charles Chaplin pela sua genialidade e criatividade.

Mahatma Gandhi pela sua capacidade de liderança e de influenciar toda uma nação.

Como você define o papel da liderança?

Vejo o papel da liderança como de extrema importância na gestão das empresas e equipes. Ser um líder é mobilizar as pessoas para a busca de um objetivo comum sem necessariamente utilizar a hierarquia e autoridade. Aqui tem mais uma lição que eu gostaria de deixar que é a importância de ser um líder e não um mero gerente/diretor. Conheço inúmeros gerentes e diretores que chegaram a estes cargos por méritos, muitas vezes técnicos, mas que na gestão das pessoas deixam muito a desejar. Mas qual é a diferença? A diferença é muito sutil mas fundamental. Um líder envolve as pessoas, joga com elas, orienta, ensina, extrai das pessoas o que elas têm de melhor, sorri e comemora nas vitórias, chora e se entristece nas derrotas, mas que acima de tudo cresce sustentado pelos alicerces do respeito, reconhecimento e atingimento dos objetivos. Líder que não entrega resultados não cresce e fica estagnado na sua carreira.

O que você faz para se manter motivado?

O primeiro passo para se manter motivado é amar o que se faz. Ao longo da minha carreira sempre busquei fazer o que gostava e a motivação era natural. Vejo muitas pessoas hoje buscando as profissões que melhor remuneram como se o dinheiro fosse o principal fator de motivação, mas essa sensação de satisfação é momentânea e a frustração é o indício de que o caminho escolhido foi errado. A motivação vem de dentro e precisa gerar uma força capaz de impulsionar você para utilizar o máximo de sua capacidade para executar o seu trabalho com excelência e satisfação. Sempre que isto acontecer a motivação será a consequência.

Qual a importância da inovação nas organizações?

A inovação é fator fundamental de sobrevivência das empresas, mesmo para as empresas que muitas vezes acreditam que não exista o que ser inovado em seus produtos e processos. Inovar é necessário sempre, seja na nossa vida pessoal ou nas nossas empresas. Todos os dias tem alguém pensando como fazer algo diferente e na era da tecnologia as mudanças são muito mais rápidas. O desafio é acompanhar tudo o que tem sido lançado e reinventar os negócios para manter a competitividade.

Como você realiza o networking de maneira efetiva?

Na era da tecnologia, a melhor forma de fazer *networking* é estar ligado nas redes sociais e manter um hábito diário de acompanhamento, leitura, publicação, divulgação, resposta e interação com a sua rede de contatos. Utilizo muito o LinkedIn para o ambiente mais profissional. Além disso busco participar de eventos e congressos que reúnem especialistas nos temas que trabalho pois estes eventos são uma excelente forma para troca de experiências e fortalecimento do *networking*.

Do que você tem saudades?

Ah, saudades... Essa palavra acompanha todo executivo, pois na medida que vamos crescendo nossas amizades vão ficando pelo caminho, muitas vezes o crescimento vai isolando o executivo em seu mundo e as conversas e trocas de ideias tornam-se mais seletivas e necessitam de um outro tratamento. Tenho saudades do tempo que eu ficava com a minha equipe, até tarde da noite, resolvendo os problemas e atendendo os clientes... O bom é que aproveitei muito cada momento o que me permite pensar nesses momentos como boas lembranças que o tempo não apaga.

Do que você tem orgulho?

Orgulho-me de ter vencido na vida. Como falei no início, nunca imaginei que um dia eu estaria onde estou hoje. Orgulho-me de ser um bom profissional, ético e competente, que cresci sem jamais passar por cima de ninguém e valorizando sempre as pessoas que trabalharam comigo. Orgulho-me muito da Becomex, uma empresa que tem muito do meu DNA e que me motiva a ir pra cima todos os dias. Orgulho-me de não ter desistido quando tudo o que eu via na minha frente eram incertezas e ameaças e orgulho-me das noites em claro que passei resolvendo os problemas dos meus clientes ou das minhas empresas, buscando forças para jamais desistir e assim vencer.

Qual o significado da palavra felicidade?

Felicidade pra mim é um momento. É um estado de espírito. É fazer o que amo, estar rodeado de pessoas que eu amo e estar num lugar que eu amo.

Qual a sua citação favorita e por quê?

"A persistência é o caminho mais curto para se chegar ao êxito." Charles Chaplin. Essa frase, deste genial artista, resume muito da minha trajetória e da visão que sempre tive da vida. O sucesso não vem por acaso, não é da noite pro dia e exige, sim, muita dedicação e persistência. Foi isso que me trouxe até aqui. Se eu tivesse desistido no dia que reprovei no meu teste de seleção, minha história poderia ter sido outra muito diferente. Também é importante entender quando a persistência vira teimosia e tem momentos que não adianta insistir, é necessário o discernimento para saber a hora de parar ou mudar de rumo e recomeçar.

Qual sonho você gostaria de realizar?

Um dos sonhos que eu tinha na vida estou realizando neste momento que era escrever um pouco sobre a minha trajetória. Não posso guardar pra mim o que a vida me ensinou, é preciso compartilhar. Um outro sonho que tenho é fazer algum projeto social para resgatar os jovens, sem futuro, e trazer eles para uma nova realidade.

O que você aprendeu com a vida que gostaria de deixar registrado nesta obra?

Aprendi que qualquer pessoa pode mudar a história da sua vida, basta apenas QUERER. Quando deseja algo, o ser humano é capaz de coisas incríveis para superar limites e ir além. Muitas vezes o que falta é tomar a decisão de mudar, de recomeçar ou simplesmente encarar de frente os desafios e acreditar que cabe a você escrever a história da sua vida e, nesta história, o ator principal é você. Não seja coadjuvante da sua própria história.

Qual mensagem de motivação você gostaria de deixar para os leitores deste livro?

Difícil falar algo que possa motivar alguém pois a motivação é um movimento de dentro pra fora, ou seja, eu sou responsável por buscar o que me motiva e espero que neste momento, depois de ter lido toda a minha trajetória, algo de especial tenha despertado dentro de você e lembre-se que nada vai mudar se você não der o primeiro passo. Então, minha mensagem é mude o que o faz infeliz e que limita o seu crescimento e experimente fazer diferente, ousar mais, extravasar mais, brincar mais, sorrir mais, chorar mais, se cobrar menos e ser mais feliz.

Com base no que você vivenciou, ao longo de sua vida corporativa, qual o segredo do sucesso para ir da teoria ao topo?

Posso afirmar que a vida real é muito diferente do que está escrito nos livros. Não existem respostas para todas as situações que você vai viver e muitas destas respostas ainda serão escritas por quem vivenciar novas experiências e tiver a possibilidade de compartilhar o que aprendeu com outros. É assim que a humanidade evoluiu ao longo de toda a história. Para encerrar a minha participação nesta obra, quero dizer que pra chegar ao sucesso um profissional deverá ter claramente definido aonde quer chegar, ter foco para trilhar o caminho planejado, ter consciência de que as dificuldades aparecerão, ter a sabedoria de mudar quando necessário, ter a disposição para não desistir e, acima de tudo, ter a persistência de ir até o seu objetivo. Ouse pensar grande mesmo que hoje você seja um mero estagiário, pois não conheço ninguém que tenha chegado ao topo da noite para o dia, e entenda que a trajetória será cansativa, que existirá muito suor, algumas lágrimas, mas que o sabor da chegada irá superar todas as dificuldades e você verá que todo o esforço será recompensado.

Família

Paulo Márcio de Paiva

SEGREDOS DO SUCESSO V
Da teoria ao topo: histórias de executivos da ALTA GESTÃO

30

Nome: **Paulo Rogério Mendes**
Empresa: Grafos Supply Chain
Função: Diretor Executivo

Como e onde você iniciou a sua trajetória profissional?

Já faz muito tempo, mais de 30 anos quando iniciei a minha carreira, ainda na área técnica, mais especificamente na área Química – Qualidade & Qualidade Assegurada na 3M do Brasil, por sinal, uma das grandes e excelente empresa para trabalhar.

Quais os principais desafios e resultados que você vivenciou ao longo da sua carreira?

O primeiro grande desafio que enfrentei na minha carreira foi tomar a decisão de seguir uma carreira técnica e estável, ainda na 3M do Brasil, ou me desligar e empreender – novo negócio, nova cidade/estado e muitas incertezas. A decisão por me instigar, mesmo sendo muito jovem, mostrou-se a decisão mais assertiva e impulsionou a minha carreira para caminhos inimagináveis. Novos desafios surgiram e continuam a surgir no dia a dia, assumir a gestão do maior Centro de Distribuição da antiga Gessy Lever (atualmente Unilever) – Divisão Elida Gibbs ainda com 26 anos, estar como referência operacional e liderar a maior operação logística da Exel Logistics da América Latina. Com muito empenho e dedicação, minha equipe e eu transformamos a operação em *benchmarking* mundial. Mais recentemente, tive a missão de recriar a área de Supply Chain de uma das maiores empresas de chá e café do mundo – líder brasileira no segmento em várias regiões. Em outra ocasião, encarei o desafio de reorganizar toda a Cadeia de Suprimentos Nacional da maior empresa de Travel Retail do mundo. Sem dúvida, ao longo desses anos foram muitos desafios, e espero que venham muitos mais!

Quem da sua história de vida inspirou/motivou a sua carreira?

A minha referência são os meus pais, minha família! Sempre foram eles que, com o exemplo diário, me incentivaram a buscar os meus objetivos, nunca abrindo mão da ética e do desejo em fazer o certo, ainda que fosse o caminho mais difícil. Meus pais encorajavam diariamente a mim e meus irmãos a superar as barreiras que a vida simples e difícil impunha, a acreditar nos meus sonhos! Hoje, minha família – esposa e minhas filhas – é a motivação, a força que me move e inspira!

Alguma história na gestão de pessoas que você gostaria de compartilhar?

Ao longo da minha trajetória tive a oportunidade de trabalhar com profissionais exemplares, de extrema qualificação, que impuseram a mim a necessidade constante do aprimoramento técnico e de gestão de pessoas e negócios. Destacaria dois grandes personagens nesta longa história. O sr. Osvaldo da Costa, mais conhecido como "Sr. Osvaldo", pessoa simples, orientador, firme nas ações e certeiro nas decisões. O sr. Osvaldo fez parte do meu time e da minha trajetória profissional em duas grandes empresas e sempre foi uma referência para mim e para o restante do grupo. A outra é meu irmão, Eduardo Mendes. O "Du", como é mais conhecido, é uma pessoa de personalidade forte, alegre e descontraída. Buscou o seu espaço onde seria impossível acreditar que o pudesse fazer, mostrou garra e determinação, e hoje é uma referência para mim na área de Transporte Terrestre.

Quais dicas você daria para aqueles que estão iniciando a carreira profissional?

O início da carreira profissional é sempre cheio de incertezas, dúvidas, desafios e, por que não, sonhos. Na ideia de contribuir com os jovens em início de carreira, a dica que deixo aqui é para nunca, nunca esquecerem dos seus sonhos, mas que se preparem: trabalhem forte no hoje, permitam-se a oportunidade de viver novas experiências, deixando-as florescerem a seu tempo. Uma frase que gosto muito diz que "... ninguém planta uma semente hoje, para comer o seu fruto amanhã... é necessário tempo!..."

Ao recrutar um profissional, quais características comportamentais você considera fundamentais?

As principais características comportamentais que busco identificar – e que valorizo fortemente – quando tenho oportunidade de entrevistar um novo profissional para ingressar no meu time são: integridade (questões éticas são inegociáveis); boa comunicação (saber falar e ouvir); flexibilidade & resiliência (lidar com pressão e ser brando); e criatividade (pensar o novo, "fora da caixa").

Qual legado profissional e pessoal você gostaria de deixar para a sociedade?

O legado profissional que eu gostaria de deixar é um impacto positivo na carreira das pessoas que trabalharam comigo. Que todos reconheçam que conhecimento técnico, atitude proativa e ética sempre levarão para uma carreira de sucesso, seja no mundo corporativo, seja no empreendedorismo. O legado pessoal que eu gostaria de deixar é uma contribuição de tempo e conhecimento em Supply Chain – Logística, ao maior número de jovens possível, a efetivação de um sonho, Instituto Paulo Mendes – Logística para Jovens.

Quais os reflexos das práticas de cidadania empresarial para as organizações, profissionais e sociedade?

A adoção de práticas de cidadania empresarial (ética, transparência, cuidados com o meio ambiente etc.) pelas empresas acaba por transformá-las em agentes de mudança, em meio à sociedade em que atuam. Isso ajuda a criar e fortalecer uma imagem positiva junto a clientes e fornecedores e, por fim, a atrair e reter talentos.

Cite alguns líderes que, em sua opinião, são inspiradores.

A liderança, como conceito básico, pode ser transmitida de diversas formas, assim eu acredito. O visionário, quando transforma um simples esboço no mais puro negócio de sucesso. O determinado, quando tudo e todos parecem sabotar os seus desejos de vitória, impondo desafios imensuráveis. Seguindo nesta linha de pensamento, eu destacaria três personalidades que os respectivos históricos demonstram os pontos acima: Bill Gates, Steve Jobs e Airton Senna.

Como você define o papel da liderança?

Na atualidade os jovens chegam ao mercado de trabalho com uma bagagem acadêmica e cultural bastante elevada. Cabe ao verdadeiro líder a tarefa de orientar profissional e pessoalmente os mais jovens, utilizando-se de sua vivência e experiência, para mostrar e ensinar a melhor forma de aplicar o conhecimento teórico no mundo corporativo.

O que você faz para se manter motivado?

Manter-me motivado talvez seja um os maiores e recorrentes

desafios que tenho enfrentado. Busco identificar nas coisas simples do cotidiano a "mola propulsora" para dar não espaço ao desânimo e/ou à depressão. No âmbito pessoal, acompanhar de perto e poder contribuir para o desenvolvimento das minhas filhas, e manter-me próximo dos meus familiares, são ações que me fortalecem. Já no ambiente corporativo, o planejamento correto das minhas atividades e a busca efetiva por resultados são ações que me tornam mais forte profissionalmente.

Qual a importância da inovação nas organizações?

Falar sobre inovação requer liberdade de expressão, pois só assim será possível identificar e valorizar a real importância do tema para as organizações. Se considerarmos "...Inovação é a exploração com sucesso de novas ideias..." (Nick Balding) poderemos afirmar que, para algumas corporações, a inovação é *core business*, está no DNA da instituição. Já para outras, um tabu a ser rompido. Em ambos os casos, o tema é de especial importância e não deveria nunca ser negligenciado.

Como você realiza o networking de maneira efetiva?

Networking se tornou palavra e atitude – chave no ambiente empresarial, seja corporativo ou no empreendedorismo. Eu acredito e pratico um networking proativo, busco numa frequência regular, que não atrapalhe e/ou impeça a realização das minhas atividades e responsabilidades diárias, me encontrar com pessoas do meu círculo expandido[1] de relacionamento profissional. Um rápido café, almoços executivos e *happy hours* são oportunidades de colocar o papo em dia e expressar interesses profissionais (como mobilidade e desejo de mudança), até iniciativas de negócios que estão sendo prospectadas e/ou desenvolvidas.

---

[1] Círculo expandido: grupo de pessoas com quem já foram mantidos contatos prévios, na maioria dos casos, em eventos de negócio, como Feiras Empresariais, Workshops, Convenções etc.

Do que você tem saudades?

Saudade talvez não seja a palavra que melhor expresse a ausência que sinto, mas reflete bastante bem a lembrança de um período onde estive à frente das operações logísticas da Exel Logistics para a Unilever, especificamente no MLC Louveira. Por um período longo foi possível estar junto a profissionais altamente qualificados, realizando projetos inovadores e entregando resultados de excelência num ambiente corporativo jamais visto preteritamente ou possível de se reproduzir. Time de alta performance entregando resultados de altíssimo nível. Para poucos!

Do que você tem orgulho?

Hoje eu posso afirmar que me orgulho do homem, pai e profissional que me tornei, fruto, claro das experiências que passei, dos aprendizados e acima de tudo da ajuda e apoio das pessoas que me rodeiam, pois sem elas não me sentiria completo.

Qual o significado da palavra felicidade?

Felicidade! Há quem acredite que seja possível "ser feliz", mas eu não. Acredito que felicidade seja um momento. Acredito em "estar feliz", aproveitar "os momentos" em que a plenitude, a emoção, as questões físicas e as emocionais estão em equilíbrio. Nesses raros momentos acredito que seja possível estar feliz!

Qual a sua citação favorita e por quê?

Minha citação favorita é "...Embora ninguém possa voltar atrás e fazer um novo começo, qualquer um pode começar agora e fazer um novo fim..."

Quais são seus hobbies preferidos?

A necessidade de distrair a mente, envolvendo-se com atividades que possibilitem nos desligarmos das nossas rotinas diárias, é de extrema importância. Assim, mantenho um bom livro de cabeceira, cozinho para a minha família e amigos e é claro uma atividade mais radical, trilha de moto (*off-road*), afinal todos nós precisamos de um pouco de adrenalina!

Qual sonho você gostaria de realizar?

Eu tenho vários sonhos. O meu maior sonho no momento é, sem dúvida, colocar em prática as atividades do Instituto Paulo Mendes – Logística para Jovens. Talvez pela complexidade, talvez pelo impacto social, este é sem dúvida um sonho que vale a pena ter, e pelo qual vou lutar para que se concretize.

O que você aprendeu com a vida que gostaria de deixar registrado nesta obra?

A reflexão dos ensinamentos que a vida me oferece é diária. Cada novo dia traz uma nova oportunidade. A vida tem me mostrado diariamente que é necessário querer aprender sempre, e que humildade e sabedoria caminham juntas.

Qual mensagem de motivação você gostaria de deixar para os leitores deste livro?

É preciso sonhar, é preciso querer, é preciso se preparar, mas acima de tudo é preciso muito suor! Lembrem-se: ninguém planta uma semente hoje para comer o fruto amanhã. Dê tempo ao tempo!

Com base no que você vivenciou, ao longo de sua vida corporativa, qual o segredo do sucesso para ir da teoria ao topo?

Trabalho. Trabalho de preparação... estudar! Trabalho de execução... realizar! Trabalho de autoconhecimento... esperar! A minha carreira sempre foi marcada por estes três pilares (estudar, realizar e esperar), mas como base de sustentação o trabalho sério, digno e ético.

Paulo Rogério Mendes

Família

SEGREDOS DO SUCESSO V

Da teoria ao topo: histórias de executivos da ALTA GESTÃO

31

Nome: **Pedro Ramos**
Empresa: TAP Air Portugal
Função: Diretor de Recursos Humanos do Grupo TAP

Como e onde você iniciou a sua trajetória profissional?

Sou um profissional com mais de 25 anos de experiência em Gestão de Topo de RH, em várias empresas de grande dimensão.

Costumo dizer que entrei nas empresas "pela porta do treinamento", pois Iniciei a minha atividade profissional na área do Desenvolvimento de Pessoas e Formação no início da última década do século passado, mas rapidamente passei a assumir uma maior responsabilidade pela Gestão Integrada das Pessoas nas empresas onde tenho passado.

Tudo começou quando me enganei no formulário de escolha do curso superior e fui admitido a um curso de Pedagogia em vez de em Administração ou Economia. Daí um professor meu convidou-me logo no início da faculdade para eu ser formador para as empresas e nunca mais parei.

Por essa razão, a minha primeira função foi de formador, depois coordenador de formação e mais tarde diretor de Formação/Treinamento.

Tive a sorte de ter começado logo a trabalhar quando estava na faculdade e nunca mais parei… E sempre estive fortemente envolvido em projetos de grande mudança e transformação organizacional.

Julgo que me pode distinguir de outros profissionais o fato de ter sido sempre um profissional sem nunca ter perdido de vista um aprofundado crescimento, materializado numa aposta na minha formação acadêmica. Nunca deixei de ser aluno!

Em termos acadêmicos, sou um "colecionador de títulos acadêmicos"… Tenho todos: um bacharelado, uma licenciatura em Ciências da Educação, um mestrado em Sociologia do Emprego e um doutoramento. Sou PhD em Economia de Empresa pela *Universidad Rey Juan Carlos*, em Madri. E também nunca deixei de ensinar.

Quais os principais desafios e resultados que você vivenciou ao longo da sua carreira?

Um bom gestor de pessoas é alguém que consegue, em simultâneo, desafiar, desinstalar, mobilizar, obter sinergias, mas também valorizar, reconhecer e confiar… naqueles que são o bem mais precioso das empresas – as pessoas – por forma a que se consigam atingir resultados.

Gosto de pessoas, de trabalhar com pessoas, mas nunca perco de vista o foco nos objetivos e nos resultados.

Sou por natureza "muito irrequieto", comunicativo, talvez até excessivamente interativo! Gosto de arregaçar as mangas e ir ao "terreno" falar com as pessoas e viver os seus momentos mais significativos. Assim, procuro estar próximo por forma a ajudar na procura das melhores soluções para prestar um serviço de excelência aos nossos clientes.

Logo, os desafios que eu mais tenho gostado de vivenciar ao

longo da minha carreira são os relacionados com o atingimento de resultados com as pessoas e através das pessoas.

Quem da sua história de vida inspirou/motivou a sua carreira?

Tenho tido ao longo da minha vida várias pessoas que me têm inspirado e ajudado (mesmo sem saberem) a querer fazer melhor e bem todos os dias! Mas um presidente da companhia com quem aprendi muito ao longo de cerca de cinco anos nos quais tive o privilégio de trabalhar diretamente disse-me uma vez algo que ainda hoje me serve de profunda inspiração: "Pedro, as maldades, quando temos de as fazer, fazem-se todas de uma vez só, as bondades devem ser feitas aos bocadinhos"... Esta frase tem-me servido em todos os momentos para me ajudar sempre que tenho de dar boas ou más notícias aos meus colaboradores, mas sobretudo ajuda-me a não perder o foco nas pessoas e no meu papel na valorização das suas ações.

Alguma história na gestão de pessoas que você gostaria de compartilhar?

Sim, há vários anos quando eu fui desafiado para ser diretor de RH de uma grande empresa estatal que estava prestes a falir (a fechar portas) se não fosse privatizada e verdadeiramente reorganizada. Achei inicialmente uma grande loucura aceitar esse desafio, dado que estava numa situação muito confortável de um projeto profissional "altamente seguro"... Mas, achei que gostava de perceber porque tinha sido desafiado para tal. E aceitei o desafio do novo presidente dessa companhia em efetuar uma visita às instalações e falar com alguns dos seus trabalhadores. Bem, posso dizer que foi "um amor à primeira vista" com aquelas pessoas. Os olhares e os sorrisos de comprometimento das pessoas em relação à esperança que eu lhes podia trazer em ajudar no processo de mudança foi avassalador. Obviamente, disse de imediato que "sim"! e aceitei o desafio de ser o RH nesse projeto. A empresa foi privatizada, teve um crescimento extraordinário e ainda hoje é um simbolo de sucesso de transformação e grande mudança no setor aeronáutico em Portugal e no mundo.

Quais dicas você daria para aqueles que estão iniciando a carreira profissional?

Que nunca deixem de ser alunos... Aprender, aprender, aprender ao longo da vida é mesmo a "palavra de ordem"...

Depois, que nunca deixem de acreditar que as pessoas são o melhor das empresas. Mas, em certos casos, as pessoas também podem ser "o pior". O seu papel como profissionais e líderes é amplificarem esse "melhor" por forma a reduzir esse "pior"!

Ao recrutar um profissional, quais características comportamentais você considera fundamentais?

Procuro sempre "boas pessoas", com valores firmes e sólidos, que gostem de pessoas, de trabalhar em equipe, mas que tenham para si próprios "projetos de vida" e projetos profissionais que não atropelem os outros. Depois, considero cada vez mais fundamentais os *soft skills*: a comunicação, forte resiliência, abertura à mudança, inovação, criatividade, orientação para o sucesso, entre outros aspectos que considero cada vez mais essenciais.

Qual legado profissional e pessoal você gostaria de deixar para a sociedade?

Ser alguém "todo o terreno"! Inovador, capaz de aceitar desafios, constantemente irrequieto e dinâmico, mas sempre com a maior vontade de através das pessoas atingir sucessos e resultados. E, por outro lado, alguém que ao longo da sua vida aprendeu sempre, melhorou sempre, errou muitas vezes e assumiu isso e que partilhou tanto os sucessso como os insucessos. Gostaria que fosse este o meu legado...

Quais os reflexos das práticas de cidadania empresarial para as organizações, profissionais e sociedade?

As empresas e todo o mundo corporativo são partes integrantes da sociedade. Logo, afetam e são afetadas pelos diversos aspectos que influenciam e interagem com a própria sociedade. As práticas de cidadania empresarial são, desta forma, essenciais às empresas. A ética e a conduta empresarial de "elevados padrões" são determinantes para o sucesso das empresas e para o bem-estar das pessoas. Por isso, acredito que um "bom profissional" só pode ser uma "boa pessoa". Essa tem sido a minha experiência.

Cite alguns líderes que, em sua opinião, são inspiradores.

Não foram muitos os líderes com quem trabalhei que verdadeiramente tenho nesse estatuto "de inspiradores" para mim... Muito poucos, aliás... Mas recordo (sem dizer nomes...) um, talvez dois... que ainda hoje me servem de exemplo. Sim, e é pelo exemplo que um líder se pode tornar inspirador... Alguém que nos ajudou a perceber o verdadeiro valor das nossas ações e os múltiplos impactos que as mesmas podem ter nas nossas pessoas.

Mas gosto sobretudo de fazer um outro exercício. Também gosto muito de me inspirar nos "liderados"... em elementos das minhas várias equipes, com quem interagi ao longo dos tempos, e que foram as minhas grandes fontes de inspiração diárias.

Como você define o papel da liderança? E afinal como vai ser o futuro da liderança?

Ao longo da minha vida profissional e acadêmica, e também como autor e palestrante nas áreas da Liderança, tenho falado com muitos líderes de variadas empresas e organizações.

E, um aspecto transversal, tem a ver com a cada vez maior necessidade de envolver as pessoas, as equipes nos processos relacionados com o próprio negócio das empresas e das organizações. Apesar de uma profunda consciência de que a revolução digital está a afetar fortemente a forma como o trabalho, a produção propriamente dita, mas sobretudo as relações que se alterarão dentro e fora das organizações, um fator dominante é que criatividade, inovação e mobilização farão parte sempre das pessoas exatamente como forma de se produzirem e alcançarem resultados. No fundo, uma "ligação direta" entre Negócios e Pessoas.

Este é um futuro altamente desafiador! Hoje já se fala e escreve muito sobre as características do atual mundo dos negócios que usualmente é designado pela sigla VICA (volátil, incerto, complexo e ambíguo). Esse efeito estará definitivamente relacionado com a necessidade de se assegurar e empreender novas formas de pensar e de atuar em relação aos processos de liderança. Eu diria que o caminho do futuro é, afinal, o caminho do "muito"... muito volátil, muito incerto, muito complexo e muitíssimo ambíguo... Assim, haverá uma cada vez maior pressão para que as organizações se tornem mais competitivas, muito mais ágeis e rápidas a reagir e muitíssimo focadas nos clientes. Este é também um mundo cheio de oportunidades! Será um novo mundo marcado por uma extrema longevidade por um incremento brutal a nível das *"smart machines & systems"* como forma de amplificação das capacidades humanas, um mundo onde quase tudo pode ser programado, um mundo verdadeiramente multimídia, multiplataforma e verdadeiramente conectado em tempo real e onde novas formas de organização terão de imperar por forma a dar sentido e consistência a todos os processos de trabalho.

Mas, no "fim do dia", o papel dos líderes é sempre o mesmo: inspirar, mobilizar, fazer acontecer!

O que você faz para se manter motivado?

Liderar pessoas é, definitivamente, uma paixão. Mas a esta carga emocional cada vez mais é importante associar um forte componente racional...

Um bom gestor de pessoas é alguém que consegue, em simultâneo, desafiar, desinstalar, mobilizar, obter sinergias, mas também valorizar, reconhecer e confiar... naqueles que são o bem mais precioso das empresas – as pessoas – por forma a que se consigam atingir resultados.

Gosto de Pessoas, de trabalhar com Pessoas, mas nunca perco de vista o foco nos objetivos e nos resultados.

Sou por natureza "muito irrequieto", comunicativo, talvez até excessivamente interativo! Gosto de arregaçar as mangas e ir ao "terreno" falar com as Pessoas e viver os seus momentos mais significativos.

Assim, procuro estar próximo (presencialmente ou de forma digital), por forma a potenciar um maior *link* entre as nossas pessoas e as nossas organizações internas, na procura das melhores soluções para podermos prestar TODOS – cada um à sua medida e no seu contexto específico – um serviço de excelência aos nossos clientes.

Leio muito, faço muito *networking*, partilho muitas histórias de sucesso e insucesso e isso contribui muito para a minha automotivação.

Qual a importância da inovação nas organizações? O que tem mudado na Gestão das Pessoas e das organizações?

A inovação tem um papel principal!

Tudo na gestão das empresas e das pessoas mudou muito ao longo dos anos... Mudou desde logo a forma como a própria área de gestão de pessoas passou a ser encarada na empresa. De mera área que sabia recrutar, formar, gerir processos administrativos e, quanto muito, gerir o processo da avaliação de desempenho que, nem sempre, tinha verdadeira ligação à performance da própria empresa... Passamos para um novo enquadramento de fato! Deixou de fazer sentido a própria designação "Gestão de Recursos Humanos", dada a alteração de foco e de processos, passando a fazer mais sentido a expressão "Gestão das Pessoas", dado que cada vez mais são analisadas, medidas, monitorizadas e geridas as pessoas nas empresas na sua relação e intervenção diretamente com o negócio.

Assim, em termos práticos, houve nestes últimos tempos uma profunda mudança nos perfis de competências dos gestores de pessoas. Deu-se uma clara alteração de perfis, dos mais *hard* (onde se tinha de saber tudo sobre os instrumentos de recrutamento, seleção, avaliação, formação e gestão administrativa, como verdadeiro perfil de requisitos necessários), para uma nova conciliação entre competências *hard* do tipo "*hr analitycs*" ou um conjunto de conhecimentos tecnológicos e de âmbito financeiro, por exemplo, relacionados com um novo pacote de competências *soft* cada vez mais críticas como a comunicação em diferentes plataformas, negociação, persuasão, visão estratégica, capacidade de mobilizar... Este não era nada o perfil necessário quando há uns anos estava nesta profissão...

Como você realiza o networking de maneira efetiva?

Basicamente trabalho um forte *networking* que me tem permitido estar presente em momentos poderosos de partilha, de comunicação com vários grupos e onde em outros profissionais de gestão de pessoas podemos aprofundar e explorar novas e renovadas formas de estar na função, nas empresas e a posicionar a área de gestão das pessoas junto dos círculos da decisão das empresas. Sou um comunicador "convicto", sou um fanático por equipas e por pessoas... Gosto de palavras e expressões tais como: Confiança, Entusiasmo, Mobilização, Coesão e, sobretudo, foco nas pessoas para a obtenção de resultados... Gosto de aprender e de partilhar, de ajudar a valorizar a experiência e de celebrar os sucessos, por exemplo...

Do que você tem saudades?

Apesar de ser português, o fado e a saudade não fazem muito parte da minha forma de estar. Sou uma pessoa mais de futuro do que do passado...

Do que você tem orgulho?

De todos os projetos profissionais em que estive envolvido e em que tive um papel principal. De ter deixado algo de mim em cada empresa e projeto por onde passei.

Qual o significado da palavra felicidade?

Passar frescura e leveza, bem como a emoção sentida em cada momento.

Qual a sua citação favorita e por quê?

Como sou uma pessoa mais de futuro do que de passado, acredito tal como o Peter Drucker que "a melhor maneira de predizer o futuro é criá-lo!"

O que você aprendeu com a vida que gostaria de deixar registrado nesta obra?

Duas coisas essenciais: a primeira, que ninguém tem sucesso sozinho! A segunda, que nada se deve desperdiçar em termos de conhecimento, tudo se integra, mistura e se volta a recriar...

Qual mensagem de motivação você gostaria de deixar para os leitores deste livro?

As histórias inspiradoras de outros ajudam-nos sempre muito nos nossos processos individuais de aprendizagem!

Com base no que você vivenciou, ao longo de sua vida corporativa, qual o segredo do sucesso para ir da teoria ao topo?

Aprender, aprender muito e sempre! E... trabalhar, trabalhar, trabalhar...

Mesmo quando parece ser "por acaso" ou por sorte, por detrás desse acaso ou sorte... está sempre muito trabalho, muita organização, muita persistência, muita resiliência e (sempre!) um forte desejo de fazer melhor no dia seguinte... todos os dias!

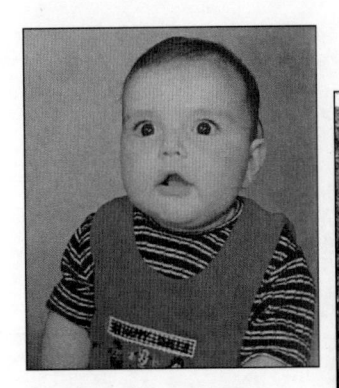

Família

Pedro Ramos

SEGREDOS DO SUCESSO V

Da teoria ao topo: histórias de executivos da ALTA GESTÃO

32

Nome: **Rafaela Coutinho da Costa**
Empresa: Salesforce
Função: Executiva

Como e onde você iniciou a sua trajetória profissional?

Iniciei minha trajetória profissional em 1996, como gestora do projeto de toda a instalação da elétrica da fábrica da Glaxo Smith Kline (GSK) no Rio de Janeiro, na época a maior indústria farmacêutica da América Latina.

Quais os principais desafios e resultados que você vivenciou ao longo da sua carreira?

Sem dúvida, um dos meus maiores desafios foi minha primeira experiência internacional, quando assumi a posição de diretora de Operação da Nortel para a conta da Vodafone Portugal, sendo responsável pelo projeto de implementação da rede de telefonia 3G.

A Vodafone Portugal é reconhecida pelo seu enorme comprometimento com os serviços prestados aos seus clientes. Poder ter atendido a expectativa dos clientes e executivos da Vodafone foi motivo de muita satisfação como profissional.

Quem da sua história de vida inspirou/motivou a sua carreira?

Meu pai, Vitor Costa, foi uma inspiração para mim e sempre me motivou em momentos difíceis, me fazendo acreditar que poderia vencer os desafios. Também gostaria de citar dois executivos que foram muito importantes na minha carreira, Otto Ewald, que me deu a primeira oportunidade profissional, e Colm Murray, que confiou no meu talento e me deu a oportunidade profissional que foi um divisor de águas na minha carreira.

Alguma história na gestão de pessoas que você gostaria de compartilhar?

Tenho o privilégio de fazer a gestão de um time extremamente talentoso, mas me sinto particularmente gratificada em ter conseguido construir um ambiente de trabalho saudável e baseado em confiança, onde a profissional com maior senioridade, Maria Paula Casaroli, demonstra a motivação de um iniciante e ao mesmo tempo a grandeza de ajudar a mim e seus colegas menos experientes a serem melhores profissionais.

Alguma história no relacionamento com o cliente que você gostaria de destacar?

Sinto muito orgulho em como venci a desconfiança inicial de ser uma mulher jovem, brasileira e recém-chegada em Portugal para ser a responsável pelo que era naquele momento o projeto mais importante da Vodafone Portugal. Isto foi conseguido com muito trabalho, dedicação, humildade, empatia e respeito à cultura e idiossincrasias de um país que aprendi a amar.

Quais dicas você daria para aqueles que estão iniciando a carreira profissional?

Escolha a profissão pela qual você tenha paixão, seja sempre um aprendiz, trabalhe duro, seja autêntico e trabalhe em empresas com as quais você tenha alinhamento com os valores.

Ao recrutar um profissional, quais características comportamentais você considera fundamentais?

Profissionais que se posicionem na vida como "aprendizes", que demonstrem paixão pela profissão e alinhamento com os valores da empresa.

Qual legado profissional e pessoal você gostaria de deixar para a sociedade?

Ter um papel protagonista na inclusão no mercado de trabalho, principalmente na área de tecnologia, das mulheres jovens menos favorecidas.

Quais os reflexos das práticas de cidadania empresarial para as organizações, profissionais e sociedade?

Contribuição efetiva para tornar a atmosfera das empresas mais saudável, sociedade mais inclusiva e igualitária e profissionais mais motivados por terem sentido de propósito.

Cite alguns líderes que, em sua opinião, são inspiradores.
- Mahatma Ghandi
- Marc Benioff
- Satya Nadella
- Angela Merkel

Como você define o papel da liderança?
Somos responsáveis por trazer clareza em relação aos objetivos a serem alcançados, dar sentido de propósito, inspirar e garantir o engajamento para que todos se posicionem como agentes de mudança e parte fundamental do atingimento dos resultados.

O que você faz para se manter motivada?
Sempre estar em busca de oportunidades onde me sinta desafiada, saindo da minha zona de conforto, desenvolvendo outros conhecimentos e aptidões.

Qual a importância da inovação nas organizações?
Independentemente da indústria, todas as empresas deveriam se posicionar também como empresas de tecnologia e inovação, única forma de sobreviver em um mundo onde a única constante é a mudança.

Como você realiza o networking de maneira efetiva?
Acho que existem várias formas e técnicas mas nada substitui a empatia e estar realmente disposto a ouvir e aprender.

Do que você tem saudades?
De não ter mais minha mãe, Violeta Coutinho, e meu irmão, Marcelo Costa, caminhando ao meu lado nesta linda jornada da vida.

Do que você tem orgulho?

De ser reconhecida pela minha integridade e pelo meu comprometimento em desenvolver e cuidar do meu time.

Qual o significado da palavra felicidade?

Amar e ser amada em retribuição.

Qual a sua citação favorita e por quê?

"Eu não sou o que aconteceu comigo, eu sou o que escolhi ser." Pois agarro o caminho que escolhi e não o que desenharam para mim.

Quais são seus hobbies preferidos?

Leitura acompanhada de um bom vinho, assistir futebol (especialmente o Vasco da Gama, meu time de coração) e tênis (Federer, meu ídolo).

Qual sonho você gostaria de realizar?

Quero ao longo da minha jornada realizar meus pequenos sonhos.

O que você aprendeu com a vida que você ostaria de deixar registrado nesta obra?

Que devemos ser eternos aprendizes, fiéis aos nossos princípios e assumir riscos.

Qual mensagem de motivação você gostaria de deixar para os leitores deste livro?

Faça suas escolhas profissionais por paixão e procure sempre ser a melhor versão de si mesmo

Com base no que você vivenciou, ao longo de sua vida corporativa, qual o segredo do sucesso para ir da teoria ao topo?

Posicionar-se na vida como um aprendiz, estar sempre comprometimento com a excelência e colocar o desenvolvimento do seu time como prioridade.

Família

Rafaela Coutinho da Costa

SEGREDOS DO SUCESSO V

Da teoria ao topo: histórias de executivos da ALTA GESTÃO

33

Nome:	**Rita de Cácia Rodrigues de Oliveira Knop**
Empresa:	KPMG
Função:	Sócia

Como e onde você iniciou a sua trajetória profissional?

Nasci em uma cidade pequena que hoje tem 7 mil habitantes, filha de uma mãe faxineira de escola pública e de um pai aposentado, por ter sofrido um acidente e ficado hemiplégico e cego. Tive que trabalhar desde cedo. Comecei aos dez anos vendendo chupe-chupe na porta da escola, onde observava minha mãe varrer pátios imensos sob sol escaldante e ficava pensando em ter uma vida menos dura, em ter uma profissão para mudar aquela realidade. Ela dizia: "Você pode ter uma caneta ou uma vassoura como diploma, a escolha é SUA!". Fui em busca de educação e trabalho aos 14 anos, tive meu primeiro emprego formal como auxiliar administrativa e depois caixa, atendente em loja e em hospital, professora de cursinho. Aos 17 anos ingressei na Engenharia Elétrica. Estagiei na CEMIG e fui contratada pela AlgarTelecom aos 21 como engenheira. São 30 anos de uma carreira sólida.

Quais os principais desafios e resultados que você vivenciou ao longo da sua carreira?

Na vida executiva nunca se perde: se ganha ou se aprende. Todos os desafios me fizeram grande! Liderei na PwC a primeira empresa de medição de banda larga do Brasil (EAQ), com o desafio de estruturar uma operação em 270 dias, em que participavam como proprietárias as empresas de telecom e a Anatel como interveniente. A operação contou com 15 mil equipamentos instalados em 27 estados, com medições em tempo real, sistemas de monitoramento e cálculos estatísticos sofisticados e uma equipe multidisciplinar e multicultural, numa operação 24x7. Como resultado desse trabalho, os brasileiros conheceram, de forma inédita, a qualidade da prestação de serviços de banda larga. Estes resultados trouxeram visibilidade e, para muitos, surpresa. Recebemos reconhecimento internacional por alguns agentes do setor, bem como premiações de projeto mundial de inovação na PwC. Liderei a criação da primeira área de Marketing e Vendas de Atacado na Telefônica, desenvolvendo um modelo de negócio de coopetição (inovador para a época pós-privatização do setor de telecomunicações), transformando uma área regulatória em comercial. Liderei projetos de Risk Compliance e Estratégia Operacional na KPMG com relevantes resultados para a rentabilidade do negócio, recebendo o reconhecimento "clear choice" e nota máxima do cliente como consultora. Recebi condecorações internacionais como a primeira e mais jovem mulher presidente do Rotaract no Brasil, mas entendo que todos os desafios corporativos, ao seu modo, me trouxeram resultados positivos.

Quem da sua história de vida inspirou/motivou a sua carreira?

Tenho em mim a bravura que me inspira, um passado que não me permitiu fraquejar e pais notáveis que em sua simplicidade reforçaram com sabedoria que eu podia ir além. Meu pai sempre me dizia: "Se quer ser alguém na vida, seja a melhor. Conhece algum vice?" E minha mãe, reforçando o que já citei: "Você pode ter uma caneta ou uma vassoura como seu diploma". Há muita sabedoria nessas duas frases.

Alguma história na gestão de pessoas que você gostaria de compartilhar?

Eu e minha equipe passamos juntos pelo processo de privatização do setor de telecom, que nos exigiu uma profunda mudança do nosso modelo mental, comportamental, cultural e de coordenação de nossas vidas e carreiras. Nesse processo de transformação do mercado vimo-nos diante de um novo mundo que nos parecia indomável: juntamos nossos esforços e conseguimos melhorar nossa satisfação organizacional de 56% para 94%; e criamos um programa para conhecer e reconhecer todos os talentos (pré e pós-privatização) da nova empresa, que intitulamos "Olhos para o Futuro", no qual todos tiveram a oportunidade individual de fazer um programa de reflexão sobre suas vidas e desafios. Esse programa reforçou laços internos e nos permitiu seguir adiante naquela nova fase, tornando nossa área a mais atrativa da empresa para trabalhar.

Alguma história no relacionamento com o cliente que você gostaria de destacar?

Destacar uma única história é um risco, mas escolho aqui um cliente, que um dia me abriu as portas para meu primeiro emprego como engenheira, e após 23 anos tive o prazer de atendê-lo como consultora. Isto é um privilégio, uma honra. Fomos convidados para auxiliá-lo em seu maior projeto estratégico daquele ano. Desenvolvemos em conjunto com o cliente uma metodologia que foi testada com sucesso e logo contratados. Mas nossa área de auditoria também tinha sido selecionada para ser auditora da empresa. Importante: uma empresa auditada tem restrições regulatórias para adquirir serviços de consultoria da mesma empresa da qual contrata auditoria. Normalmente quando é necessário decidir pela condução de somente um dos dois projetos, a escolha é pela auditoria, que gera mais visibilidade externa e receitas de longo prazo. Neste caso específico o cliente optou pela consultoria, postergando a contratação da auditoria, por nos considerar equipe confiável, comprometida e de alta qualidade e com solução exclusiva de mercado. Sinto-me reconhecida por isso.

Quais dicas você daria para aqueles que estão iniciando a carreira profissional?

A carreira está diretamente associada às escolhas que fazemos. Então, significam definir critérios para optar pela profissão. Deve-se pensar no que está alinhado a seu propósito de vida, senão será um fardo, do qual nunca se orgulhará. Aproxime-se de pessoas que admira e que o inspirem e que complementem suas habilidades. Não se importe com reveses. Eles o fortalecerão. **Trabalhe duro, estude muito, ouse - não tenha medo, assuma responsabilidade e faça a diferença!** Nada na vida é de graça. E tudo depende de você, da sua determinação. Trate sua carreira como uma bem-aventuraça.

Ao recrutar um profissional, quais características comportamentais você considera fundamentais?

Vontade de aprender, energia e proatividade, assertividade, assume riscos, influencia o ambiente, integridade e compromisso com a sociedade.

Qual legado profissional e pessoal você gostaria de deixar para a sociedade?

Como líder empresarial e social que fez a diferença nas organizações e na vida das pessoas, que criou, transformou, inovou, batalhou, acertou e errou, **mas que nunca desistiu.**

Quais os reflexos das práticas de cidadania empresarial para as organizações, profissionais e sociedade?

Registro aqui minhas verdadeiras impressões, e não as politicamente corretas. Sempre fui questionadora do *status quo* e da desconexão entre empresas e sociedade. Por exemplo, sempre questionei por que não havia iniciativa Público-Privada efetiva nas universidades brasileiras. Critico a maioria das ações de cidadania empresarial, pois na minha visão concentram-se em grandes cidades e em projetos de maior visibilidade e publicidade. Existem poucas voltadas para cidadãos carentes nos rincões do Brasil.

Cite alguns líderes que, em sua opinião, são inspiradores.

Acredito que para inspirar é preciso reconhecer algo de você no outro. Cito grandes estadistas (Angela Merkel, Fernando Henrique Cardoso), algumas executivas (Luiza Helena Trajano, Sharyl Sandberg) e líderes humanitários (Nelson Mandela e Zilda Arns). Também me inspiro **em líderes anônimos** do dia a dia, que, como eu, lutam por um mundo melhor.

Como você define o papel da liderança?

Liderança é a arte que transforma e influencia: negócios, pessoas e sociedade. Liderar também é identificar pessoas únicas e desenvolver habilidades extraordinárias em pessoas comuns. Deixar um legado, senão nada valerá a pena. Sou a idealizadora e fundadora do "Grupo Mulheres Diamante" em São Gonçalo do Abaeté, com o objetivo de engajar mulheres na busca de todas as suas formas de liberdade.

O que você faz para se manter motivado?

Fazer o que amo, viver no país que nasci e de que muito me orgulho, trabalhar com pessoas notáveis, e acreditar que posso fazer mais e melhor, **que posso impactar vidas**.

Qual a importância da inovação nas organizações?

A inovação é fundamental para que as organizações se mantenham relevantes ao desenvolver novas formas de criação de valor para a sociedade. As constantes mudanças demográficas, comportamentais, regulatórias e tecnológicas impõem às organizações o desenvolvimento de novos modelos de gestão e negócios e, principalmente, novas formas de interagir com seus clientes, fornecedores e talentos. A inovação impulsiona todos ao futuro. Sem inovação as empresas tendem a desaparecer.

Como você realiza o networking de maneira efetiva?

Networking é investimento, doação e dedicação de tempo e conhecimento para seu próprio crescimento pessoal, e para as organizações. Para manter isso vivo, participo de eventos em que tenho interesse e de outros que não fazem parte do meu cotidiano, pois creio que isso promove a criatividade e gera novos laços. Dedico-me intensamente às causas sociais.

Do que você tem saudades?

Poucas coisas. Prefiro olhar para frente. O que herdei de bom do passado trago comigo em forma de amizades, lembranças e força que me impulsiona.

Do que você tem orgulho?

Da minha história de vida e superação pessoal. Onde nasci

não tinha energia elétrica, mas consegui chegar ao doutorado. Sou fruto da escola pública do Brasil, mas aqui estou, entre os selecionados. Compartilho um texto que escrevi em meu diário aos 16 anos, ele traduz tudo: "Talvez serei a primeira escritora a falar de uma coisa que não pratico. Já tentei várias vezes escrever este livro, mas por um motivo banal parei. Hoje noite chuvosa, dia tenso de trabalho e aulas pesadas, tive força para começar. Já imaginei escrever várias coisas, várias histórias, mas cheguei a uma conclusão: **não há experiência maior que a história de minha vida**. Talvez eu lute tanto para escrever este livro, e depois de tanta luta e sacrifício aconteça alguma coisa que me impeça de editá-lo. Imaginei várias vezes escrever um livro, sentada em uma escrivaninha de mogno, ou melhor, numa máquina de escrever 'Olivetti', olhando uma paisagem como fonte de inspiração. Mas ao voltar à realidade percebi que escrevo sentada numa cama, encostada numa almofada, com um caderno de folhas amarelas e capa marrom. Sem perceber peguei uma caneta preta, que representa para mim o negrume da solidão (caneta de propaganda da Wurth). Talvez a primeira escritora que deu nome ao livro sem, contudo, escrevê-lo. Mas decidi que é a partir desse título (Olhai para trás) que muito me marcou e que no decorrer do livro vocês saberão o porquê. Vou falar de fantasias dos meus sonhos que sonho em realizar e o mais importante, falarei da minha dura realidade. A minha única inspiração é minha mala velha, amiga de tantas idas e vindas com minhas roupas mais velhas ainda (elas são provas da minha luta de vida), em cima de um papelão velho. Meu guarda-roupa de quatro portas dividido para três pessoas. Meus sapatos velhos e furados, mas limpinhos em suas caixetas em cima do guarda-roupa. Em minha frente um espelho embaçado começando a descascar. Um minipôster de Elis, Elvis Presley e Cazuza. No outro lado de meu quarto um arame com minha toalha de banho e os meus dois uniformes, escola e trabalho. Ao meu lado esquerdo, o que é mais importante para mim, a minha biblioteca, que é feita de uma caixa de pinga aberta, contendo pouquíssimos livros, mas para mim é o bastante. Mas sonhava em ter uma igual à de Fernando Collor de Mello, que vi no Globo Repórter. Do lado de minha biblioteca está uma caixeta fechada com os meus guardados, cartas, pensamentos etc. Na cabeceira da minha cama mensagem de coragem, serenidade e sabedoria, e amizade que ganhei de amigos, e, também um terço, de continhas peroladas. Uma medalha que ganhei, embora sem conquistar 4x400 rasos em 1989 nos jogos estudantis. E meu radinho, sempre ouvindo a Mundial, com Samuel França e a Capital, com as lindas cartas de Osvaldo Betio. Este é o meu quarto, que com certeza escreverei este livro. Feliz da Vida! Rita de Cácia, 19/06/1990."

Qual o significado da palavra felicidade?

Gratidão. Tenho muito mais do que sonhei ter. Acordo e gosto de ser quem sou, me sinto realizada!

Qual a sua citação favorita e por quê?

"Acredito demais na sorte, quanto mais duro eu trabalho, mais sorte eu tenho" (Thomas Jefferson). Sempre me dediquei incansavelmente às minhas metas. Só com muito trabalho realizam-se sonhos e atingem-se propósitos.

Quais são seus hobbies preferidos?

Viajar e ter contato com tudo que é novo e desconhecido, exótico, que me constrange, me desafia, me faz refletir. Seja em culturas diferentes, lugares incomuns ou nos livros. Também aprecio vinhos, combinados com a gastronomia local.

Qual sonho você gostaria de realizar?

Dedicar-me à vida pública. Ser prefeita na cidade em que nasci e devolver à sociedade tudo que aprendi nesta longa jornada executiva.

O que você aprendeu com a vida que gostaria de deixar registrado nesta obra?

Sempre tive muito claro quais eram meus sonhos, e não me distraí. Quem nasce com pouquíssimos recursos financeiros como eu, e chega a ser reconhecida neste livro, sabe que aprendeu muito com a vida. Escolhi estudar em uma época onde a maioria escolhia casar, vivi longe de casa desde os 15 anos de idade, quando a maioria seguia no aconchego dos seus pais. Escolhi ter uma profissão que "não era para mulheres" e trabalhar em empresas grandes e internacionais, posicionando-me em terra de gigantes. Aprendi que a vida são escolhas, e que você nunca perde, ou se ganha ou se aprende!

Qual mensagem de motivação você gostaria de deixar para os leitores deste livro?

A vida executiva me deu prestígio, reconhecimento e realizações de muitos sonhos. Mudou meu padrão de vida, fui da restrição à abundância. Ganhei liberdade intelectual, financeira e emocional. Se tudo isso for aliado ao que você ama na vida, será um ser humano feliz. Eu sou feliz!

Com base no que você vivenciou, ao longo de sua vida corporativa, qual o segredo do sucesso para ir da teoria ao topo?

Ter propósito de vida claro! É preciso ser forte! Tenha uma dose de audácia e bravura! Explore suas habilidades, cuide de suas fragilidades; tenha uma rede de relacionamento sólida; seja perseverante e disciplinado; estude muito; trabalhe duro; aprenda, desaprenda e reaprenda; busque líderes inspiradores. Tenha ao seu lado as pessoas que o amam verdadeiramente, e que aceitem este desafio da carreira executiva. É preciso ter um grande companheiro de jornada, que a torna uma estrela quando você acha que já não tem mais brilho, e quando tudo dá errado, estará lá para a acolher, pois o caminho é árduo e desafiador.

Família

Rita de Cácia Rodrigues de Oliveira Knop

SEGREDOS DO SUCESSO V

Da teoria ao topo: histórias de executivos da ALTA GESTÃO

34

Nome:	**Roberto Pina Figueiredo**
Empresa:	Sevensete
Função:	CEO e FOUNDER

Como e onde você iniciou a sua trajetória profissional?

A necessidade me fez trabalhar muito cedo. Aos nove anos já vendia sorvetes na rua e posteriormente pipas e flores nas feiras. O objetivo era compor o orçamento familiar. Aos 14 ingressei numa indústria química (Akzo Chemie) como *office boy* e aos 23 era responsável pelos departamentos de Contabilidade, Custos e Fiscal. Já liderava 15 pessoas e assim teve início minha carreira profissional. Depois entrei no Grupo Santista, numa empresa que cuidava do processamento e tecnologia do grupo, se chamava Proceda. Lá atuei como chefe de controladoria e foi onde pude me relacionar com pessoas que tinham muito apreço pelo estudo e foi quando "esse bichinho me picou" e nunca mais parei de estudar. Formei-me em Contabilidade, fiz um MBA em Finanças na USP, um MBA em Marketing na ESPM, um curso chamado *STC – Skill Tools and Competences* na Kellogg School of Business em Chicaco na Northwestern University (uma das melhores escolas de marketing do mundo) e também um curso chamado PGA – no INSEAD Paris (uma das melhores escolas de ADM da Europa). Por último me formei como Conselheiro Profissional no IBGC – Instituto Brasileiro de Governança Corporativa. Além destes, fiz diversos cursos rápidos e sempre que posso ainda faço.

Saí do Grupo Santista para montar uma empresa voltada para meios de pagamentos eletrônicos chamada Elo Tecnologia. Essa empresa era 50% Proceda e 50% Bradesco. A Elo Tecnologia precedeu a Visanet/Cielo (uma empresa majoritariamente do Banco do Brasil e Bradesco) e se tornou uma das maiores empresas do mundo em meios de pagamentos. Foi muito prazeroso ser um dos fundadores dessa renomada e lucrativa empresa até ter exercido a função de VP de Finanças.

Depois de quase dez anos saí para montar a Visa Vale, atual Alelo, uma empresa que atua no ramo de benefícios alimentação e refeição e cartões pré-pagos dentre outros produtos. É a líder de mercado e, na época, foi considerada uma das maiores inovações no segmento. Nela atuei como VP de Finanças e Produtos.

A partir da Alelo, o Grupo Elopar se formou com origem no ideal dos acionistas do Banco do Brasil e Bradesco. Pude participar então da construção da:

- Livelo, empresa que compete no segmento de fidelização e coalizão de pontos;
- Bandeira Elo, empresa constituída como uma bandeira de cartões nacional;
- Banco CBSS, um banco de varejo;
- Stelo, uma empresa de *e-commerce*, meios de pagamentos físicos e online;
- Elo Holding, a gestora do grupo.

Tive o prazer de participar de toda a construção do grupo e atuei como CFO do grupo por muitos anos. No início de 2016 tive o desafio de ser CEO da Stelo, reestruturei e reorientei estrategicamente a empresa que passou a ser importante no contexto do mercado e do grupo.

No final de 2017, deixei o Grupo Elopar para me dedicar a minha empresa, Sevensete, uma empresa de participações e consultoria. Seu objetivo é atuar nos segmentos de educação, meios de pagamento e saúde, sempre de forma digital e inovadora, mesmo que a inovação seja na junção de produtos e/ou funcionalidades já existentes.

Até setembro de 2018, a Sevensete já participa de seis empresas que estão já operando e de alguns outros projetos que estão em fase de desenvolvimento e/ou implantação.

Quais os principais desafios e resultados que você vivenciou ao longo da sua carreira?

Como sempre "troquei" a empresa grande pela *startup*, o maior desafio era colocar a empresa para rodar o mais rápido possível e equilibrá-la financeiramente o quanto antes. Nesse contexto as decisões difíceis o acompanham sempre – como pilotar, rever estratégias, reestruturar.

Acredito que o principal aprendizado dessa vivência é que, com a mesma velocidade que decidimos fazer, temos que também decidir parar o que não está indo bem. Não fique sentado em cima de uma decisão que não produz o que se esperava inicialmente.

Quem da sua história de vida inspirou/motivou a sua carreira?

Quem mais me inspirou foi minha mãe. A luta que ela travou para alimentar, educar e formar seres humanos capazes de respeitar e se solidarizar com os outros foi o que mais me fez refletir e motivou. Entendi que é possível, através do amor e do respeito ao próximo, construir seres humanos dignos. Isso me fez crer que um bom time, coeso, parceiro, detentor de suas capacidades e conhecedor de suas ineficiências é capaz de levar o grupo aonde quiser.

Por isso digo sempre que somos reféns e produtos de nossas equipes e quem reconhece isso vai além.

Alguma história na gestão de pessoas que você gostaria de compartilhar?

Gosto de dividir uma história da qual me orgulho muito. Após quase dez anos de Visanet/Cielo, fui convidado e aceitei me transferir para a Visa Vale/Alelo. Essa mudança significava trocar uma gigante de muito sucesso (Visanet) por uma *startup* (Visa Vale). Era trocar os mais de 100 amigos e colaboradores diretos e tantos outros indiretos pelo novo, para começar tudo outra vez. Um desafio que tinha de ser encarado.

E, no meu último dia na Visanet, no 2º andar de um prédio de três andares em Alphaville, ao me dirigir para a porta de saída, triste e ao mesmo tempo motivado, antes de colocar a mão na maçaneta da porta de saída, me viro para trás e para minha grande surpresa ali estavam todos os colaboradores de todos os andares, de pé e me aplaudindo. Nem preciso dizer que a emoção foi gigante e que chorei feito uma criança de tanta felicidade. Naquele momento entendi como é recompensador ser justo e correto, tratando todos de maneira igual, ensinando e aprendendo com quem quer que seja.

Esse foi o meu maior presente naquela transição – ver aquelas pessoas que pararam o que estavam fazendo para se despedir de mim. Jamais esquecerei isso e tenho certeza que quem esteve lá também não irá.

Alguma história no relacionamento com o cliente que você gostaria de destacar?

Deixo aqui apenas uma certeza – o cliente tem de sentir que você é um parceiro dele. Que você se interessa genuinamente pelo negócio dele e que fica feliz em contribuir para seu sucesso.

Quais dicas você daria para aqueles que estão iniciando a carreira profissional?

Sem nenhuma dúvida: seja correto, íntegro e trate todos com respeito, independentemente da posição hierárquica.

Quem pode lhe fazer mais mal? O presidente do Conselho ou a copeira? O presidente do Conselho pode no máximo demiti-lo, mas a copeira, se ela colocar um veneno no seu café...

Por isso trate todos muito bem, sem distinção, estude bastante, procure ter uma visão sistêmica e fique atento em aprender, sempre!

Ao recrutar um profissional, quais características comportamentais você considera fundamentais?

1. Atitude
2. Atitude
3. Atitude

Depois avalie o *currículo vitae* e etc....

Qual legado profissional e pessoal você gostaria de deixar para a sociedade?

O maior legado que eu poderia querer deixar é ajudar o maior número de pessoas a se tornarem melhores profissionais e, claro, seres humanos.

Quais os reflexos das práticas de cidadania empresarial para as organizações, profissionais e sociedade?

Os reflexos são inúmeros, a Cidadania Empresarial diz respeito a como tratamos negócios, pessoas, governos, clientes, fornecedores etc. Claramente isso reflete nas famílias, sociedade e governo, gerando um ciclo virtuoso.

Cite alguns líderes que, em sua opinião, são inspiradores.

Ao longo da minha vida profissional tive o prazer de trabalhar e aprender com alguns nomes que me inspiram até hoje e que certamente fizeram a diferença em minha trajetória. Posso citar Reginaldo Zero, Ruben Osta, Jair Scalco e Bartholomeu Ribeiro, dentre outros.

Cada um com sua maneira de ver e agir, mas todos com algumas características em comum: a vontade de fazer, sempre de forma ética e correta, sempre por meio de pessoas, com muita energia e prontidão e visando sempre o bem comum (sócios, colaboradores, clientes, fornecedores e governo).

Como você define o papel da liderança?

A liderança deve buscar surpreender positivamente todos os dias. Liderar significa alcançar grandes conquistas por meio de um time coeso e feliz, em que a motivação e a satisfação sejam o ar que se respira a cada segundo. É saber rir e chorar junto de todos mas acima de tudo mostrar o caminho que leva aos objetivos de cada um. É se preocupar genuinamente com cada colaborador, em sua vida profissional e pessoal, ajudando-o a crescer e se reinventar em todos os momentos.

O que você faz para se manter motivado?

O que mais me motiva é a troca de experiências com empresários já consolidados em suas empresas, que buscam crescer, inovar ou reinventar seus negócios.

Ao mesmo tempo, conversar e conviver com os mais jovens, sempre inovadores em seus projetos audaciosos, com aquela vontade típica de resolver algum problema.

Conversar também com jovens estudantes que buscam a formula mágica, como se ela existisse, para se conseguir sucesso na vida profissional.

No final, todos têm muito a fazer ainda para essa nossa sociedade sempre carente de soluções, facilidades e serviços que possam tratar todos com o respeito e a atenção necessários.

Qual a importância da inovação nas organizações?

A mesma importância que o oxigênio tem em nos manter vivos. Inovar significa prosseguir, dar continuidade a algo. Contudo, inovar não significa necessariamente ser a maior descoberta das galáxias. É possível ser inovador juntando o que já existe para construir um produto ou solução que resolva determinado problema.

Como você realiza o networking de maneira efetiva?

Procuro estar sempre em eventos interessantes, sempre marco um almoço ou café para atualizar a relação.

Do que você tem saudades?

O que mais me dá saudade são as situações que se vive em uma sala de aulas ou de reuniões, participando da construção de algo junto com um time.

Do que você tem orgulho?

Tenho muito orgulho de ter uma reconhecida trajetória de sucesso sempre alicerçada no respeito total às pessoas e construída independentemente de atitudes políticas e/ou interesses de pequenos grupos.

Orgulhome também por ter ajudado muitas pessoas a conseguir o mesmo.

Os relacionamentos que construí são sem dúvida, meu maior orgulho.

Qual o significado da palavra felicidade?

Ser feliz é viver em paz consigo, ter energia para correr atrás de seus sonhos e poder olhar para trás e se orgulhar do que fez.

Qual a sua citação favorita e por quê?

Tenho algumas que gosto muito:
Nunca Desista!
Quando a vaidade é maior que a vontade de vencer, o fracasso é inevitável.
Nada é por acaso, portanto fique atento.
Se quer algo diferente, faça algo diferente.

Quais são seus hobbies preferidos?

Praia, música, esportes e um bom filme. É assim que costumo me distrair.

Qual sonho você gostaria de realizar?

Gostaria de ver o nosso Brasil bem, próspero, seguro, digno. Enfim, um lugar inspirador para se criar um filho.

O que você aprendeu com a vida que gostaria de deixar registrado nesta obra?

Que a vida vale a pena ser vivida, que julgar é desnecessário, que tratar as pessoas com respeito e dignidade é obrigação, que ser justo, correto e digno sempre vale a pena.

Qual mensagem de motivação você gostaria de deixar para os leitores deste livro?

Planeje seu futuro, escreva os compromissos que vai assumir com você mesmo. Mude sempre que preciso a rota, sem medo. Corra atrás de seus sonhos, prepare-se bem e busque parcerias que partilham dos mesmos valores que você. Sempre agradeça o que conquistou e continue em frente.

Com base no que você vivenciou, ao longo de sua vida corporativa, qual o segredo do sucesso para ir da teoria ao topo?

Para mim é um conjunto de situações, acredito que a principal é que não se consegue nada sozinho. É preciso um time forte e sua equipe tem que sentir e vivenciar que você se preocupa genuinamente com cada um deles. Dividir os ganhos e aprender com os erros é fundamental.

Ser um eterno insatisfeito de forma positiva, porque isso o levará mais longe. Saber comemorar cada centímetro conquistado. Surpreender sua equipe, positivamente, todos os dias. Ela espera isso de você. Ser o maior influenciador de um clima bem-humorado, porém de muita responsabilidade. Enfim, o sucesso do trabalho, mas é muito proveitoso. Vá em frente e encontre sua própria fórmula.

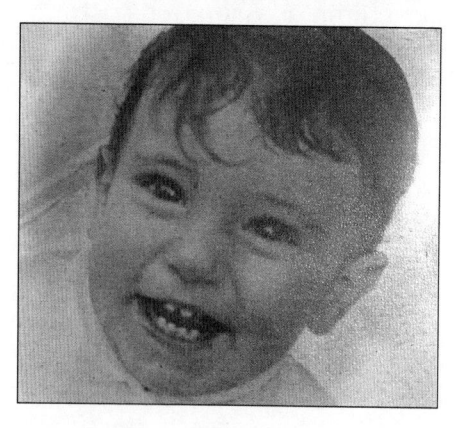

Família

Roberto Pina Figueiredo

SEGREDOS DO SUCESSO V

Da teoria ao topo: histórias de executivos da ALTA GESTÃO

35

Nome: **Rodrigo Ferreira Fonsêca Pedroso**	
Empresa: Pacto Energia S.A.	
Função: CEO	

Como e onde você iniciou a sua trajetória profissional?

Iniciei minha carreira profissional como estagiário na antiga CELG, Companhia Energética do Estado de Goiás, em 1998, quando estava no primeiro ano do curso de Engenharia Civil.

Quais os principais desafios e resultados que você vivenciou ao longo da sua carreira?

Sem dúvida alguma que os principais desafios foram, e ainda

continuam sendo, o acesso a financiamento em um setor [elétrico] de capital intensivo, em um país [Brasil] com um mercado de capitais ainda muito imaturo, e com alta concentração bancária.

Quem da sua história de vida inspirou/motivou a sua carreira?

Na minha história de vida, meu avô materno, Geraldo Fonsêca, foi não somente minha inspiração profissional, mas também meu grande mentor, ele foi o fundador e presidente de uma companhia regional de construção, que atuou no estado de Goiás e Distrito Federal entre as décadas de 50 e 80, que chegou a ter 15.000 funcionários.

Alguma história na gestão de pessoas que você gostaria de compartilhar?

Na minha visão, o gestor deve ser aquela pessoa que inspira seus liderados de modo que o seu sonho se torne também o sonho dos seus liderados, nesse sentido, tenho o exemplo de uma funcionária, chamada Marcela Alves, que iniciou no Grupo há mais de nove anos, ainda como estagiária, e atualmente é a diretora Administrativa e Financeira do Grupo RODRIGO PEDROSO S/A, minha holding de participações que é uma das acionistas da Pacto Energia S.A.

Quais dicas você daria para aqueles que estão iniciando a carreira profissional?

Jamais inicie uma carreira profissional em uma área que não seja sua PAIXÃO, e quando digo PAIXÃO é justamente porque se deve ter a certeza de que se ama o que irá fazer, pois é impossível fazer bem feito aquilo que não se ama, sua profissão não pode ser aquela "paquerinha" de criança, mas sim o primeiro e único grande AMOR!

Ao recrutar um profissional, quais características comportamentais você considera fundamentais?

É fundamental que tenha espírito de equipe, que se importe com o futuro da companhia acima de sua carreira, que seja honesto, transparente, obcecado por resultados e que considere a empresa como a sua segunda família.

Qual legado profissional e pessoal você gostaria de deixar para a sociedade?

Hoje, após 18 anos de uma carreira no setor elétrico brasileiro, eu gostaria muito de me envolver cada vez mais com projetos na área de educação, pois a cada dia que passa aumento mais e mais a minha convicção de que mais importante do que MW [mega-watts] são pessoas moldadas em um sistema educacional que ensine conhecimento e princípios de caráter. Tenho a mais plena convicção de que somente a educação é capaz de transformar pessoas e os ambientes nos quais elas estão inseridas.

Cite alguns líderes que, em sua opinião, são inspiradores.

Jorge Paulo Lemann, na área empresarial. Jesus Cristo, na área espiritual e Winston Churchill, na área política.

Como você define o papel da liderança?

O líder deve ser, antes de mais nada, uma pessoa que inspira, que motiva, mas que também tenha capacidade de ouvir e de se colocar no lugar do outro.

O que você faz para se manter motivado?

Essa parte é a mais fácil, basta apenas lembrar das centenas de famílias que dependem daquilo que fazemos, dos empregos que geramos, eu diria que quando cada um de nós vem ao mundo DEUS nos dá uma missão e, fazendo um paralelo ao setor elétrico, com certeza a missão que DEUS me deu não foi a de "bateria" [armazenamento], mas sim de transmissão, devemos ser esse instrumento de fluxo, de transferência, de conexão, e isso é o que mais me motiva.

Qual a importância da inovação nas organizações?

Eu diria que as empresas que não estiverem conectadas nesse novo mundo digital estão fadadas ao desaparecimento. No setor elétrico tenho dito ultimamente em minhas palestras que estamos entrando em uma era 3D [descentralização, digitalização e descarbonização]. E essa nova era será de extrema importância para a renovação do setor.

Como você realiza o networking de maneira efetiva?

Costumo realizar *networking* através da participação em eventos corporativos, grupos empresariais e associações setoriais.

Do que você tem saudades?

Tenho saudades da minha adolescência, quando tinha um convívio mais próximo com meus pais, irmãos e avós e também da minha época na graduação, quando pude conhecer um mundo diferente e ter contato com as primeiras grandes transformações pessoais e profissionais da minha vida.

Do que você tem orgulho?

Em primeiro lugar sem dúvida por ter constituído uma família maravilhosa, da qual fazem parte, minha esposa, Fernanda, e meus filhos, Maria Eduarda e Rodrigo Filho, e em segundo lugar por ter criado uma companhia que hoje é sem dúvida referência para várias pessoas e empresas do setor elétrico.

Qual o significado da palavra felicidade?

Felicidade é ser pleno, é acima de tudo ser grato por tudo aquilo somos.

Qual a sua citação favorita e por quê?

"Uma criança, um professor, um livro e uma caneta podem mudar o mundo", de Malala Yousafzai, por acreditar que somente a educação e o conhecimento são capazes de mudar a história de um povo e de uma nação.

Quais são seus hobbies preferidos?

Sou piloto privado de aeronaves e minha grande paixão sem dúvida é o céu, gosto de voar, quando estou lá em cima sou "forçado" a me desconectar do mundo "aqui de baixo" e viver aquele momento intensamente. Gosto também de praticar esportes como corrida, tênis e golfe.

Qual sonho você gostaria de realizar?

Correr uma temporada completa em qualquer categoria do automobilismo, quando adolescente tive oportunidade de correr de kart por um tempo, mas limitações financeiras e de dedicação me obrigaram a parar.

O que você aprendeu com a vida que gostaria de deixar registrado nesta obra?

Seja humilde, tenha obsessão por estudar e aprender, tenha foco e sonhe grande sempre, dá o mesmo trabalho que sonhar pequeno.

Qual mensagem de motivação você gostaria de deixar para os leitores deste livro?

Como você vive é a prova de quem você é! Não perca tempo se

esforçando para manter "duas" personalidades, mas sim invista seu tempo tentando melhorar e corrigir seus defeitos a fim de que somente o seu lado "bom" prevaleça.

Com base no que você vivenciou, ao longo de sua vida corporativa, qual o segredo do sucesso para ir da teoria ao topo?

Prepare-se, dedique-se, tenha foco, não desista nunca, por mais difícil que às vezes os desafios possam parecer, os enfrente, se proponha a realizar o impossível e o milagre peça a DEUS! No final tudo dará certo, se não deu certo é porque ainda não chegou ao final.

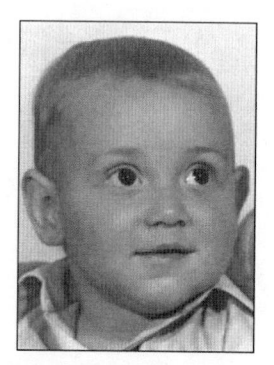

Rodrigo Ferreira Fonsêca Pedroso

Família

SEGREDOS DO SUCESSO V
Da teoria ao topo: histórias de executivos da ALTA GESTÃO

36

Nome: **Rodrigo Tavares**
Empresa: 99
Função: Head de Experiência e Relacionamento

Como e onde você iniciou a sua trajetória profissional?

Comecei minha carreira profissional um pouco tarde. Assim que me graduei como Bacharel em Estatística em 1995 pelo IME-USP, decidi emendar um mestrado na mesma área. No final de agosto de 1998, defendi minha dissertação e, na sequência, comecei a trabalhar na área de Modelagem de Crédito, com o cargo de estatístico, na BBA Financiamentos. O Banco BBA havia adquirido a carteira de crédito da Financeira do Mappin apostando no potencial do mercado de financiamento de veículos e crédito pessoal. Esse ciclo, que durou cerca de um ano, foi muito desafiador para mim. Após uma longa temporada no mundo acadêmico, aos 25 anos entrei completamente cru para o mundo real... único estatístico na empresa! Aprendi muito sobre como era o mundo real do mercado de trabalho num setor extremamente competitivo e agressivo. Esse início foi essencial para me moldar como profissional... aprendizados que carrego até os dias de hoje!

Quais os principais desafios e resultados que você vivenciou ao longo da sua carreira?

Foram inúmeros desafios!!! O primeiro emprego na financeira que foi o batismo de fogo no mundo corporativo. Depois de alguns anos, o início da trajetória de liderança em 2004 no Banco Itaú... descobri a paixão por pessoas e por gestão, mas me deparei com o desafio de me formar como líder. A mudança da carreira mais técnica em Estatística para uma trilha focada em negócios que ocorreu com a minha ida para o Banco Real em 2006. Em 2009, a decisão de mudar de segmento após 11 anos de Mercado Financeiro e aí veio o desafio da *startup* da Multiplus. E continuei com novas mudanças de segmento indo para a Fast Shop (varejo) em 2011 e por fim para Tecnologia e Marketplaces em 2012 quando aceitei a proposta de liderar o time de Customer Experience Brasil no Mercado Livre... nunca havia trabalhado com Operação de Atendimento a Clientes e Melhoria Contínua e tampouco com um time de quase 350 pessoas. Após 13 anos trabalhando sempre com CRM (Customer Relationship Management), me apaixonei por Atendimento e Relacionamento direto com clientes. Em 2017, realizei um desejo antigo de liderar uma área comercial e foi na Expedia Brasil. Queria ter essa vivência intensa da dinâmica de vendas e geração de negócios dentro de uma empresa tecnologia. Foi incrível, mas em 2018 senti o desejo de voltar para Atendimento a Clientes.... aceitei o desafio de Mobilidade Urbana na 99. Em todos esses desafios, além do aprendizado intenso, tenho orgulho de resultados na dimensão de pessoas formando profissionais e novos líderes, assim como também como reposicionamento da modelagem estatística no Itaú, participar de uma *startup* com direito a IPO na Multiplus e nos últimos anos atuando no setor de Relacionamento com Clientes em empresas de tecnologia, participar da construção de uma cultura centrada no cliente no Mercado Livre, tendo vários reconhecimentos no mercado com *cases* de sucesso de projetos implantados com êxito, assim como reconhecimentos individuais, que tenho muito orgulho (Executivo do Ano em 2014 no XIV Prêmio ABT, Personalidade do Ano Cliente SA em 2015 no Prêmio CIC e Executivo do Ano América Latina em 2016 no Prêmio LATAM).

Quem da sua história de vida inspirou/motivou a sua carreira?

Tive a felicidade de conviver com muitas pessoas e profissionais brilhantes e inspiradores. Como antes do profissional vem o indivíduo, devo muito aos meus pais (Sonia Tavares e José Tavares) pela formação e valores pessoais transmitidos para toda a vida. Além deles, minha esposa, Andréa Tavares, que acreditou em mim e na minha carreira antes que eu mesmo acreditasse. Quando ainda éramos namorados, ambos trabalhávamos no Banco Itaú, eu era analista na área de DBM do Personnalité e ela me disse que me via, no futuro, como um diretor... isso foi em 2003... em 2012 essa visão se realizou quando fui para o Mercado Livre. Tudo que realizei e conquistei em minha carreira devo a ela... sem o apoio incondicional dela, nada seria possível.

Alguma história na gestão de pessoas que você gostaria de compartilhar?

Sim! Todas as histórias com gestão de pessoas são únicas e especiais. É o que mais me motiva como profissional e indivíduo. Mas gostaria de citar uma dos tempos de Banco Real de uma estagiária que estava passando por várias áreas na diretoria em que eu trabalhava como gerente de CRM em 2007. Vanessa estudava numa universidade muito simples, mas era onde ela podia estudar. Sua família não era de São Paulo. Após as rotações, inclusive no meu time, ela escolheu seguir o estágio na minha área. Era bonito de ver sua dedicação, profundidade e alto nível de entregas... superando os de analistas que tiveram muito mais oportunidades que ela na vida. Sempre sedenta por conhecimentos e novos desafios... gerenciá-la era desafiador e gratificante. Ela se destacou, concluiu o estágio e foi efetivada. Na cerimônia de formatura desse programa, me agradeceu pela oportunidade... eu que sou grato a ela por tudo que me ensinou. Ela segue firme e forte até hoje no Banco, atualmente Santander, com uma carreira brilhante... que orgulho!!!

Alguma história no relacionamento com o cliente que você gostaria de destacar?

Sim. Clientes são a razão de existência de uma empresa e nos ensinam sempre. Tive uma história no Mercado Livre que foi marcante porque foi uma lição dura, mas crucial. Em 2012 eu estava há menos de cinco meses na empresa e surgiu um caso de um cliente comprador que buscou ajuda em um programa de televisão para resolver o problema dele com a gente. Erramos no atendimento e na tratativa... sem sucesso pelos canais da empresa, ele buscou outras vias. Entendemos o caso dele e a situação com o cliente vendedor de quem ele havia comprado um produto que foi entregue com problemas. Falei com ambas partes para resolver e deu tudo certo. Mas o que me marcou foi a última ligação para esse comprador... um senhor morador de Brasília... ele me agradeceu, mas disse pra mim: "Rodrigo, sabe o que mais me doeu em tudo isso? Foi que vocês me ignoraram por meses... teria até sido melhor me responder que não dava pra resolver num prazo bem rápido do que me ignorar". Deu tudo certo, mas aprendi que nunca se deve ignorar um cliente... no fim, é um ser humano que merece todo o respeito sempre. O valor de humanizar as relações com os clientes para uma empresa é imenso... deve ser nossa obsessão!!!

Quais dicas você daria para aqueles que estão iniciando a carreira profissional?

Antes de tudo, faça sempre o que está de acordo com seu propósito de vida!! Dessa forma, seu trabalho será uma extensão da sua vida... sem conflitos.... será a realização do que você acredita. Segundo, seja um eterno aprendiz... pergunte... de tudo... sem tabus... busque ouvir e ouvir muito todos a todo tempo. Por fim, seja um empreendedor na sua carreira... mude, assuma riscos, seja ousado e tome a frente. O mundo mudou muito e quem tiver conexão com propósito de vida, postura de aprendiz e atitude de empreendedor seguramente vai trilhar um caminho de conquistas e realizações.

Ao recrutar um profissional, quais características comportamentais você considera fundamentais?

Muito alinhado à pergunta anterior! Pessoa tem que ter propósito e valores claros... personalidade... brilho. Somado a isso, a atitude de aprender sempre porque valores pessoais não se ensinam no trabalho, mas é possível desenvolver novas habilidades e competências. E, claro, o desejo de empreender na carreira... de querer mais e de ter atitude de dono, sendo protagonista do que faz e realiza.

Qual legado profissional e pessoal você gostaria de deixar para a sociedade?

Gostaria muito mesmo de deixar o legado da importância dos relacionamentos humanos. Clientes são pessoas, as empresas são feitas de pessoas e as equipes são feitas de pessoas!!! Pessoas sempre fizeram, fazem e farão a diferença. Quero sempre ser visto como alguém que fez a diferença nas relações humanas pessoais e profissionais impactando a vida das pessoas com as quais me relaciono.

Quais os reflexos das práticas de cidadania empresarial para as organizações, profissionais e sociedade?

Altíssimos. Não há mais como uma empresa se portar como uma entidade alheia ao ecossistema na qual está inserida. A sociedade, cada vez mais, espera e valoriza muito empresas com um nível de participação alto na sociedade. Empresas de sucesso são e serão aquelas que têm causa, propósito e impactos claros na sociedade com as quais estão conectadas e se relacionam. Acabou o "nós" e "eles"... estamos todos juntos!

Cite alguns líderes que, em sua opinião, são inspiradores.

Para mim, dois são fortes inspirações. Roberto Setúbal (ex-presidente do Banco Itaú) pela sua capacidade de liderança orientada a execução e resultados, e Fábio Barbosa (ex-presidente do Banco Real) pelo foco em pessoas, consistência e propósito.

Como você define o papel da liderança?

O líder é um facilitador. É um papel de servir. A liderança bem-sucedida é aquela que existe para abrir portas para o time, formar novos líderes e criar oportunidades para a equipe brilhar intensamente. Em resumo, ser líder é inspirar e engajar o tempo todo!

O que você faz para se manter motivado?

A minha maior fonte de motivação é me colocar fora da zona de conforto o tempo todo. Fora da zona de conforto a gente é desafiado, aprende coisas novas e conhece gente nova e brilhante. É certeza de desenvolvimento constante. Trabalho onde não aprendo me desmotiva muito.

Qual a importância da inovação nas organizações?

Imprescindível!!! Mas é importante deixar claro o que é inovação. É sim fazer algo novo e diferente, mas é mandatório que seja algo de valor percebido pelos clientes. Como vivemos uma era em que o diferencial não é mais produto, mas sim Experiência do Cliente, a inovação é necessária porque é o caminho para criar produtos e valores que geram valor percebido pelos clientes. Por fim, inovar requer execução!! Tem que sair do plano de ideias e projeto. Em resumo, inovação move as empresas a gerarem valor de verdade para os clientes por meio da entrega (execução) de experiências consistentes com a marca.

Como você realiza o networking de maneira efetiva?

Aproveito toda e qualquer oportunidade concreta (eventos,

congressos e palestras) para conhecer mais gente e trocar contatos. Além disso, as redes sociais são uma realidade e é importante usá-las para alavancar a sua rede de relacionamentos e manter contato frequente. E, sem dúvida, é necessário também dar retorno para as pessoas que nos acionam e nos procuram. Empatia gera conexões sólidas e duradouras.

Do que você tem saudades?

Sinto saudades de pessoas queridas e importantes da minha vida que já partiram. Mas uma saudade com alegria porque vivi histórias e momentos marcantes com cada uma delas.

Do que você tem orgulho?

Tenho orgulho das minhas escolhas de vida... todas. Profissionais e pessoais. Principalmente daquelas em que cometi erros. Graças a elas, tive ensinamentos valiosos que me proporcionaram ser a pessoa e profissional que sou hoje.

Qual o significado da palavra felicidade?

Felicidade é poder ser quem você é sem qualquer medo, fazendo o que você acredita... realizar o propósito de vida. Felicidade é estar com a minha esposa Andréa e as minhas filhas Manuela (Manú) e Fernanda (Fefê) não importa onde.

Qual a sua citação favorita e por quê?

"Se você quer ir rápido, vá sozinho. Mas se você quiser ir longe, vá acompanhado" (provérbio africano). Gosto desse pensamento porque reflete muito o que eu acredito como líder: não existe conquista individual e não existe sucesso sem pessoas.

Quais são seus hobbies preferidos?

Filmes, ouvir música e passear com a família.

Qual sonho você gostaria de realizar?

São dois: ver as minhas filhas se tornarem pessoas realizadas e felizes e viajar pelo mundo com a minha esposa.

O que você aprendeu com a vida que gostaria de deixar registrado nesta obra?

Aprendi quão é importante ser fiel, a todo momento, aos valores e crenças pessoais... isso é o começo de tudo e a base a partir da qual se constrói e o que deve servir de guia para as decisões na vida. Que ouvir é a maior disciplina que existe, e se requer muita coragem para ouvir, e que respeito amplo e irrestrito é algo inegociável.

Qual mensagem de motivação você gostaria de deixar para os leitores deste livro?

Sempre façam tudo de coração e busquem incansavelmente fazer o que é melhor para todos e não para si mesmos.

Com base no que você vivenciou, ao longo de sua vida corporativa, qual o segredo do sucesso para ir da teoria ao topo?

Sabedoria para escolher as batalhas que precisam ser vencidas e executar com excelência, com foco no resultado e se cercando sempre por pessoas melhores que você.

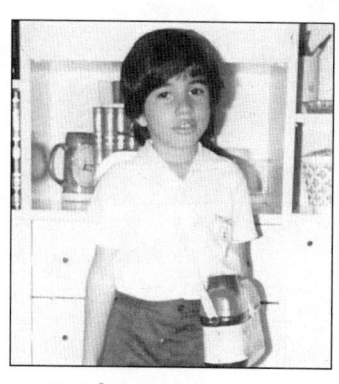

Rodrigo Tavares

Família

SEGREDOS DO SUCESSO V

Da teoria ao topo: histórias de executivos da ALTA GESTÃO

37

Nome: **Sérgio Luiz Barbosa Neves**
Empresa: PGE-RJ
Função: Subprocurador Geral do Estado do Rio de Janeiro

Como e onde você iniciou a sua trajetória profissional?

Avô deixa escritório de advocacia como legado. Ambiente de trabalho, mas só membros da família. O jovem, próximo de concluir Direito na UERJ e mal saído da adolescência aos 21 anos, depara-se com sua primeira "encruzilhada dos talvezes", na expressão de Euclides da Cunha. Trabalhar com a família, buscar espaço no mercado ou prestar concurso público. A opção foi seguir com a família, mas e os seus próprios clientes? Uma imobiliária foi a ideia. Administrar alugueres e vender imóveis gerava renda, relacional, divulgava o nome, angariava ações e, obviamente, clientes.

A opção foi lógica e encontrava espaço para êxito no mercado. Porém, havia um lado acadêmico dos que amam estudar e propor inovações que restava insatisfeito. Apenas dois anos após a primeira iniciativa profissional, meu eu jovem prestou e foi aprovado no que, então, era considerado o mais difícil de todos os concursos públicos do país, o da Procuradoria Geral do Estado do Rio de Janeiro, Casa de inúmeros juristas de proa e conhecida como "o melhor escritório de advocacia do país". Seus membros chegaram a ser conhecidos como "os príncipes do Direito". O concurso habilitava todos a terem o Estado do Rio de Janeiro como cliente, além de poderem manter seus próprios escritórios de advocacia particulares. No concurso que durava um ano, mais de dois mil canditados increviam-se, porém, os aprovados pouco passavam de 20, vontade e muita dedicação levaram meu nome àquela restrita lista em 1990.

Quais os principais desafios e resultados que você vivenciou ao longo da sua carreira?

Como convencer um gestor, eleito pelo povo, que se entende querido por milhões de pessoas e gerindo bens e dinheiro que não lhe pertencem, a fazer o que é certo? Assessorar um empresário da iniciativa privada demanda competência. Na esfera pública e nesse nível de responsabilidade, com orçamento de bilhões de Reais ao mês, além da competência, a persuasão é fundamental. Considero esse trabalho jurídico um grande desafio. Penoso, porém, é ter de se afastar durante governos que não se comportam da forma legal, como houve no Rio de Janeiro, e ter de aguardar que o povo tenha a consciência e a oportunidade de promover a alternância de poder. Governos que se sobrepõem a seu qualificado assessoramento jurídico, são de alto risco em matéria de legalidade e uma porta aberta à malfadada corrupção. Conter a ansiedade para retomar as rédeas e agir em *compliance* é, sem dúvida, o maior desafio.

Quem da sua história de vida vida inspirou/motivou sua carreira?

Meu avô, um dos criadores da ainda vigente Lei das Sociedades Anônimas e que foi consultor jurídico de grandes empresas como Brahma, Souza Cruz e FIAT Lux. Em 1979, conheci, ainda garoto, Roberto Paraíso Rocha, então Procurador Geral do Estado. Sua postura profissional chamou minha atenção. Perguntei a meu pai o que fazia. Ainda nos bancos escolares, pensei: "Um dia serei Procurador Geral do Estado igual a ele". E fui, 24 anos depois.

Alguma história na gestão de pessoas que você gostaria de compartilhar?

São mais de mil pessoas gerenciadas, com cerca de 300 Procuradores do Estado, aprovados naquele concurso rigoroso. O importantante na gestão de pessoas é não haver histórias. Isso só se conquista se você trata igualmente desde o mais simples dos empregados até o ocupante do mais alto cargo. Todos têm de ser prestigiados e responsabilizados por todo e qualquer sucesso ou revés.

Quais dicas você daria para aqueles que estão iniciando a carreira profissional?

Tem de gostar do que faz. Ganhar dinheiro é importante, mas isso é reflexo da sua capacidade em dedicar-se ao que faz profissionalmente, portanto, não desafie as suas paixões. Cumpra a sua tarefa de amanhã ainda hoje. Se deixares para amanhã, deixarás por dez dias – é bíblico. Comprometimento e responsabilidade não se afirmam por palavras, demonstram-se por atos.

Qual legado profissional e pessoal você gostaria de deixar para a sociedade?

Na minha profissão, segurança jurídica e justiça. Segurança jurídica sem a qual uma economia não funciona. Justiça para que todos se sintam integrados e aptos a desfrutar da economia.

Quais os reflexos das práticas de cidadania empresarial para as organizações, profissionais e sociedade?

Amar pode ser definido em três palavras: é querer bem. Ser cidadão é querer o bem da sociedade, praticar atos em seu prol. As práticas de cidadania empresarial, quando verdadeiras, são o fomento do bem.

Cite alguns líderes que, em sua opinião, são inspiradores.

Em matéria de vida, adoro os Analectos de Confucio. Em matéria de formação de equipe, posso falar desde Gandhi, que uniu povos distintos e foi o único homem da história capaz de derrotar o poderoso Império Britânico (as pessoas não prestam atenção a esse aspecto do Mahatma, o de formador de equipe e de propagador da coesão e união por objetivos comuns), até o nosso Bernardinho do vôlei: existe maior motivador?

Como você define o papel da liderança?

Identificar pessoas que comunguem objetivos e capazes de comprometimento. Motivar esse grupo, reconhecer que deve ouvi-lo e guiá-lo coeso pelo caminho, sem se valer das coerções do temor reverencial, que só agrega medrosos e bajuladores. O líder tem de querer a determinação pelo resultado institucional e não ter a manutenção de sua liderança como foco principal.

O que você faz para se manter motivado?

Acordar e olhar para o mundo como algo novo todo dia. O descaso ao cotidiano conduz à falsa percepção de que o tudo é o mesmo de sempre. Não é. Temos de reter experiências e vivências como alavancas para um novo amanhã, jamais acumular o cansaço.

Qual a importância da inovação nas organizações?

Como disse, só a inovação desafia. Se, hoje, você vê o mundo como ontem, é sinal de que seu tempo passou. Buscá-la é, por si só, motivador.

Do que você tem saudades?

Da minha infância. Brincar e sonhar, criar seu próprio mundo. Tem aprendizado maior?

Do que você tem orgulho?

Orgulho-me de haver construído uma família e de estar sempre com ela e participar ativamente da vida de meus filhos. Isso é um feito nos dias atuais.

Qual o significado da palavra felicidade?

Felicidade sente-se, não se define. É uma palavra que não se traduz com palavras, mas que se percebe como estado de espírito. O segredo é ter poucos desejos como fundamentais à sua vida. Ter muitos aumenta as chances de frustração e demonstra que você não tem paixão de verdade, só ambição.

Qual a sua citação favorita e por quê?

"Os sete pecados sociais são: política sem princípios, riqueza sem trabalho, prazer sem consciência, conhecimento sem caráter, comércio sem moralidade, ciência sem humanidade e culto sem sacrifício" (Gandhi). O texto é autoexplicativo.

Quais são seus hobbies preferidos?

O voleibol, de que fui atleta, viajar e os filmes europeus, que assisto em casa com a família.

Qual sonho você gostaria de realizar?

Já realizei muitos, mas gostaria de montar uma Consultoria Jurídica para empresas que pretendam ter algum tipo de relação séria com a Administração Pública brasileira.

O que você aprendeu com a vida que gostaria de deixar registrado nesta obra?

Busque apenas o que te faz bem e não prejudica a ninguém. Afastar-se de pessoas e coisas que não agregam nada de positivo é fundamental para o bem-viver.

Qual mensagem de motivação você gostaria de deixar para os leitores deste livro?

Se você sai de casa para matar um leão por dia, você está indo para uma selva e não para o seu trabalho. Esqueça frases feitas e insatisfações eventuais. Proponha algo de novo para você e sua empresa. Garota de Ipanema não foi composta num único dia, Tom Jobim levou anos para esse resultado fenomenal e inovador de apenas três minutos. Ou seja, acredita em si mesmo e inova sempre.

Com base no que você vivenciou, ao longo de sua vida corporativa, qual o segredo do sucesso para ir da teoria ao topo?

O topo só guarda espaço para um. É uma consequência de trabalho e comprometimento, mas envolve a sorte de estar no lugar certo na hora certa. Tive essa sorte e cheguei lá. O segredo é ter paciência e não se frustrar com os reveses, que sempre existirão. Aguarde o amanhã, sempre, e supere o que passou. Como digo, somente o amanhã tem a aptidão do amanhecer.

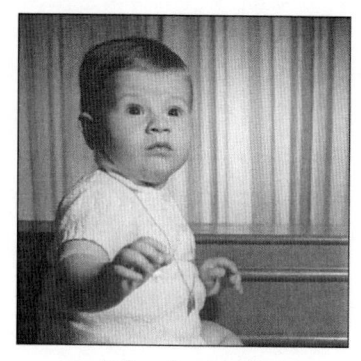

Sérgio Luiz Barbosa Neves

Família

SEGREDOS DO SUCESSO V
Da teoria ao topo: histórias de executivos da ALTA GESTÃO

38

Nome: **Silvia Vieira Aragão**	
Empresa: TSYS do Brasil	
Função: Diretora Executiva	

Como e onde você iniciou a sua trajetória profissional?

Iniciei minha trajetória profissional em 1980. Foi o meu primeiro contato com o consumidor. Sentada em uma pequena mesa na passagem para o andar de presentes na rede de Supermercados Bazar Treze, na região de Pinheiros, em São Paulo. À minha frente ficava uma placa que anunciava:

"... troque os seus comprovantes de compra por descontos nas suas próximas compras..." Minha tarefa era simples, devia conferir os gastos, converter em pontos e trocar por um cupom de desconto escrito a mão... E como eu adorava fazer isso.

Na verdade, eu não poderia imaginar o que estava por vir obviamente, mas hoje olhando pelo "retrovisor" posso perceber que desde este início sempre estive em contato com tudo que iria me interessar durante minha carreira profissional: Comercial, Produtos, Canais, Marketing e Inovação.

Quais os principais desafios e resultados que você vivenciou ao longo da sua carreira?

São mais de 30 anos de carreira em bancos e empresas de meio de pagamentos.

Em 1981, aos 17 anos, entrei na faculdade (FAAP) para cursar administração de empresas. Nesta data, meu maior desafio era conseguir pagar a faculdade. Filha única de pais professores precisei buscar alternativas para garantir minhas despesas com os estudos. Então, ao completar 18 anos, e cursando o segundo semestre da faculdade, passei a dar monitoria em contabilidade introdutória na FAAP. Com isso tinha desconto na mensalidade. Mas, ainda não era suficiente. Então, por vários dias eu chegava mais cedo à faculdade para ficar procurando no mural de vagas estágios em bancos, pois alguém havia me dito que bancos investiam em treinamento para seus profissionais. Eu queria muito aprender e crescer profissionalmente.

Em 1982, estagiei durante um ano na Caixa Econômica Federal na avenida Paulista em São Paulo. Ingressei na área de *layout* de agências. Minha tarefa era burocrática. Devia datilografar memorandos. Mas, na verdade eu ficava tentando participar das conversas com os arquitetos preocupados na construção do melhor *layout* para os clientes circularem dentro de suas agências bancárias.

Em 1983, soube que o Citibank, através de seu Banco de Investimento Crefisul, havia aberto oito vagas para estagiários. Eram 800 inscritos, mas eu participei de cada etapa acreditando que conseguiria. E foram mais de 16 anos de experiências em bancos. Desde Banco de

Atacado, como executiva de Contas no Corporate e gerente de Ativos na Tesouraria como depois no Banco de Varejo através de Diretorias Financeiras, Comercial e Produtos na Credicard e Orbitall.

Foi um período de muito crescimento profissional. Foram mais de 30 certificados de treinamentos realizados dentro e fora do Brasil, inclusive com fotos dos participantes. Meu orgulho era tanto que cheguei a emoldurar cada certificado em um quadro entre vidros, que preencheu durante alguns anos uma parede do escritório de minha casa.

Estava encantada com o mercado financeiro brasileiro em crescimento e acabei por aceitar o desafio para gerenciar a mesa de ativos no Credibanco – Banco de Investimento do Frances e Brasileiro (na época um novo conceito dentro das Tesourarias de Banco) e depois, encantada pelo mercado de meios de pagamentos, aceitei o convite para ingressar no Bank Boston como diretora de Cartões Co-Branded e vivenciei a gestão completa de um P&L de cartões de credito.

A partir de 2000, eu tive uma breve passagem de dois anos na gestão da empresa do meu marido. Tomar a decisão de pedir demissão do mundo corporativo foi um momento difícil, mas hoje sei que um dos meus grandes aprendizados na vida veio desta época, quando vivenciei a "dor de dono" e que me ensinou a "fazer muito utilizando-se de pouco" e também a observar com mais cautela as relações profissionais no dia a dia; afinal no fim do dia o meu "par profissional" continuava presente na minha vida.

Depois deste período empreendedor, voltei para o mercado de pagamentos em diferentes posições de Diretoria que me proporcionaram aprendizados importantes. A exemplo do Santander, onde aprendi a importância do senso de urgência, na Cetelem, onde aprendi a fazer gestão com diferentes modelos e culturas, na Brinks ePago em que aprendi a importância do canais de distribuição e recentemente no Grupo Stefani, onde vivenciei a tecnologia e participei de importantes momentos na transformação e inovação do mercado brasileiro em pagamentos digitais e *customer experience*.

Em outubro deste ano de 2018 recebi um convite para liderar um "movimento de transformação" de uma empresa global em soluções para processamento de cartões e adquirência no Brasil e não tive dúvidas em aceitar; principalmente porque se tratava da TSYS e porque percebi que seria mais um novo período de muito aprendizado.

Adoro aprender e ser agente de mudança, e nesta longa jornada posso dizer que o meu maior desafio nesta vida de muita dedicação profissional foi sempre conciliar o profissional com o pessoal. E a maior prova em que acredito ter conseguido este equilíbrio é que tenho duas filhas lindas, maduras e criadas para respeitar o próximo. Hoje (2018) a mais velha com 28 anos, pertencente à Geração Y, e que me ensinou a respeitar as mudanças recorrentes; e a mais nova de 18 anos, pertencente a Geração Z, que me ensinou a entender o real propósito das coisas. E não poderia deixar de mencionar que aprendi e continuo aprendendo muito com minhas filhas.

Quem da sua história de vida inspirou/motivou a sua carreira?

Minha carreira sempre foi norteada por momentos de muita resiliência e aprendizado.

Por isso, sempre me inspirei em figuras fortes, inteligentes e que soubessem respeitar o próximo:

Meu pai, que além de professor e gestor de controladoria em grande varejista do passado, foi também importante na educação das minhas filhas e me ensinou a ser ética acima de tudo. Minha mãe, que aos 45 anos teve uma grave doença deixando-a deficiente visual e com dificuldades na locomoção e que fez meu pai escolher pelo pedido de demissão para estar cuidando dela, é hoje a senhora mais positiva e forte que conheço. Que, mesmo sem o meu pai mais por perto e de seus 70 anos, continua me ensinando a ser agente de mudança e a me reinventar a cada novo desafio a ser enfrentado.

Já no mundo corporativo são muitos os que eu gostaria de citar aqui, principalmente durante minha passagem pelo Grupo Citibank, que considero ter sido minha grande escola, a exemplo de Gil Picanço no Crefisul e Cassio Casseb no Citibank e na Credicard.

Estes dois, entre muitos, foram os que mais tiveram paciência e atenção em me ensinar e corrigir. Que se mostraram líderes natos e que me motivaram e desafiaram a segui-los.

Aliás, tinha uma frase que escutava muito no Grupo Citibank e guardo comigo até hoje: "Preste atenção nos sinais. São eles que te ajudam a tomar descisões!"

Alguma história na gestão de pessoas que você gostaria de compartilhar?

Este é o maior desafio a ser enfrentado em qualquer carreira profissional.

Tenho alguns exemplos de profissionais que consegui motivar e hoje são profissionais de sucesso. Mas, claro que também investi em alguns profissionais que não reagiram positivamente ou desistiram. Este é o campo em que sempre aprendemos e continuaremos a aprender.

Como exemplo especial, gosto de citar o de um profissional que encontrei na Tesouraria do Citibank e que convidei para ser meu gerente na Tesouraria da Credicard. Inteligente e provocador. Daqueles que tira qualquer indivíduo da zona de conforto de forma positiva. Depois de alguns anos juntos, certo dia ele me pediu para recomendá-lo para uma Universidade no exterior. Obviamente ele foi embora para novas experiências e hoje ele traz na bagagem, entre muitas realizações, a posição de CEO em empresa de grande porte.

Alguma história no relacionamento com o cliente que você gostaria de destacar?

Clientes devem ser o propósito de tudo e devem estar sempre no centro de nossas atenções.

Certa vez um CFO de um varejista me disse que sempre que aguardava um tempo maior para tomar uma decisão importante, acabava tomando uma decisão mais adequada. Então, eu me acomodei melhor na cadeira e disse: espero quanto tempo for necessário para fecharmos este negócio com meu banco! E demorou quase três horas, mas saí com o negócio fechado.

Quais dicas você daria para aqueles que estão iniciando a carreira profissional?

Planejar e procurar por apoio do seu líder-tutor, ser protagonista de sua própria jornada, acrescentar uma certa quantidade de resilência, ser humilde para apreender com os seus prôprios erros, estudar muito sempre para se manter atualizado e ser agente de mudança sempre que possível.

Ao recrutar um profissional, quais características comportamentais você considera fundamentais?

Em tempos de grandes mudanças ocorrendo de forma rápida e em diferentes mercados, originados da chegada da transformação digital e das novas gerações Y e Z, deixou de ser tão importante a formação acadêmica e os dados históricos do profissional. Na verdade, eu sempre procuro entender no profissional o seu nível de inteligência emocional e a sua capacidade de agregar na estratégia futura da Empresa. Atualmente é mais importante identificar as capacidades de "fazer no futuro" do que saber sobre o que foi realizado no passado.

Cite alguns líderes que, em sua opinião, são inspiradores.

Mahatma Gandhi, por vários motivos, mas tem uma frase que me encanta em especial:

"Voce nunca sabe que resultados virão da sua ação, mas se não fizer nada não existirão resultados".

Isto quer dizer que temos que ser protagonistas, tentar sempre e não ter medo da frustração. Sempre existirá algum aprendizado que virá após as nossas ações.

Como você define o papel da liderança?

Liderar é engajar e motivar pelo exemplo. É ter um próposito em comum. O bom líder sempre tem crenças e valores próprios, que sem grande esforço já estão alinhados com as crenças e valores da instituição a que pertencem. Costumo dizer que nesta jornada de liderar tudo precisa ser autêntico e construído com reconhecimento profissional.

O que você faz para se manter motivado?

Minha maior motivação está em perceber que o meu principal propósito está alinhado com o que está acontecendo com a minha vida naquele momento.

Qual a importância da inovação nas organizações?

Nem sempre é facil conviver com o novo, pois nos tira da zona de conforto. Mas, inovar é fundamental. É muito importante começar pela cultura dentro da empresa para depois sair para encantar os clientes. Inovação é fundamental para a evolução das empresas e dos profissionais. Agora mesmo estamos vivendo grandes transformações nos meios de pagamentos no Brasil. É a era digital que veio para mudar as formas de nos relacionarmos com produtos, serviços e clientes. Uma "atormentação" positiva que veio para ficar.

Como você realiza o networking de maneira efetiva?

Networking para mim é quase um mantra. Realizo todos os dias em diferentes formas.

Sempre que reencontro ou conheço uma nova pessoa (em um evento profissional) procuro retribuir com uma mensagem positiva logo alguns dias depois. Este fato cria empatia e estimula continuar se comunicando. Com os canais virtuais, algumas relações acabaram sendo simplificadas demais, nos fazendo esquecer o quanto é bom se relacionar pessoalmente. Embora, claro, eu use bastante os canais digitais para fazer *networking* (e-mail, WhatsApp, LinkedIn, Facebook, Instagram etc.) procuro sempre intercalar com momentos de contato pessoal.

Do que você tem orgulho?

Tenho orgulho de ter construído uma família linda; na qual sempre recebi muito apoio de meus pais, marido e filhas. Orgulho infinito em ter educado minhas filhas para serem independentes e grandes amigas. Orgulho de uma história profissional construída de forma solida e que permance por mais de 30 anos junto a instituições de grande porte, onde fiz grandes amigos. E que apesar de ter nascido na década de 60, ainda posso atuar como agente de mudança. Enfim, resumindo o meu maior orgulho é que me sinto ainda em evolução!

Qual o significado da palavra felicidade?

Felicidade é um estado de "bem-estar infinito". Eu procuro viver a vida de forma fluida e enfrentando os problemas como aprendizado. Lógico que já enfrentei momentos na vida de muita preocupação, onde a felicidade parecia estar ausente. Nestes momentos, eu procuro viver um dia de cada vez e quando me dou conta a felicidade já está de volta.

Quais são seus hobbies preferidos?

Momentos de lazer com a família e amigos são fundamentais para mantermos o equilíbrio emocional e recarrregarmos energias. No geral, procuro estar ao sol e acompanhada de boa companhia para longas caminhadas; inclusive com meu cachorro, que atualmente está com 15 anos.

O que você aprendeu com a vida que gostaria de deixar registrado nesta obra?

Não existe boa conquista sem esforço e dedicação. Não devemos ter receio de arriscar. E, se errarmos, não devemos encarar como um problema. Devemos encarar como uma oportunidade de aprendizado.

Acredito que através dos meus erros e acertos eu pude ir construindo uma "capa protetora" que me permite arriscar e aprender sempre mais. Costumo dizer que olhar sempre o quanto o copo está cheio é muito melhor do que ficar mirando apenas no quanto o copo ainda está vazio.

Qual mensagem de motivação você gostaria de deixar para os leitores deste livro?

Além de dedicação e resiliência é preciso fazer as atividades profissionais com amor e alegria.

Quando não encontrar este sentimento de alegria no seu ambiente profissional, não se desespere. Com o tempo, observando de forma adequada, sempre acabará identificando uma área, uma equipe com que se identificará mais. O importante é sempre saber o seu real propósito e atuar com paciência.

Com base no que você vivenciou, ao longo de sua vida corporativa, qual o segredo do sucesso para ir da teoria ao topo?

Planejar, ser protagonista com certa dose de resiliência e ter humildade para apreender com os erros. Não parar nunca de se atualizar. E sempre que possível tentar ser agente de mudança, para que possa colocar tudo isso em pratica de uma forma ainda mais potente.

Família

Silvia Vieira Aragão

SEGREDOS DO SUCESSO V
Da teoria ao topo: histórias de executivos da ALTA GESTÃO

39

Nome: **Simone Maia Feu**
Empresa: Amil-United Health Group
Função: Diretora Nacional

Como e onde você iniciou a sua trajetória profissional?

Comecei muito cedo em negócios da própria família, atendendo clientes e auxiliando nas árduas demandas dos bastidores que qualquer negócio familiar exige. Ao iniciar o primeiro curso universitário, dediquei seis anos à matriz carioca da Seguradora Bradesco, despontando com o conceito de planos de assistência médica unindo o uso de rede de médicos, clínicas, laboratórios e hospitais referenciados ao conceito de reembolso de despesas médicas na livre escolha dos profissionais de saúde. Ali aprendi precificação dos riscos em saúde, impactos de medicamentos e procedimentos de altos custos, àquela época, a ausência de órgãos regulatórios permitia a personalização de coberturas para cada necessidade empresarial, o que tornava incomparável um plano com outro. Nasciam tímidas iniciativas de gestão de saúde através das relações entre medicina ocupacional, ações preventivas, atenção primária (que já naquela época privilegiava a tão especial figura do médico de família), procedimentos de altos custos que me proporcionaram uma excelente base de aprendizagem técnica. Aos 26 anos, recebi um convite do Eugenio Paschoal Antunes para assumir a liderança da área de benefícios da Willis. Recebi total apoio de Eugênio e de um grupo excepcional de executivos, a que atribuo o sucesso que a Willis teve à época, me proporcionando fundamental conhecimento sobre demais benefícios – seguro de vida em grupo, previdência privada e muitos aprendizados vieram com análises gerenciais e a generosidade dos colegas de equipe. Alguns anos depois, recebi o convite para liderar a área de seguros de benefícios da Aon, quando o mercado internacional de assistência médica não só na América Latina, Europa mas principalmente nos Estados Unidos me foi apresentado, descortinando um vasto campo de conhecimento. Nessa época, foi um privilégio participar da transformação da Aon na maior consultoria de seguros em benefícios do Brasil – passamos a ser referência para palestras estabelecendo proveitosas trocas de conhecimento com outros fornecedores da cadeia de saúde e mantendo relações de extrema confiança com gestores de RH e diretores financeiros pelos resultados obtidos. Mais recentemente, em 2017, após tantos anos atuando em outras conceituadas consultorias, e mesmo durante um bem-sucedido projeto de empreendedorismo pessoal, também em consultoria, aceitei o convite da Amil para assumir a diretoria nacional de vendas e concluí, ainda em 2018, a missão de reestruturar 100% da equipe comercial, modificar todos os processos de vendas e eliminar riscos jurídicos e financeiros, encerrando a rica experiência com um excepcional resultado financeiro, mas sobretudo deixando os impactos positivos de uma revisão operacional que eliminou processos conflitantes com os objetivos da operadora principalmente após a aquisição pela United Health Group.

Quais os principais desafios e resultados que você vivenciou ao longo da sua carreira?

Sempre planejei as decisões de carreira visando aprender sobre novos mercados, conhecer dados além das fronteiras naturais e um bom exemplo disso foi a experiência no setor de medicamentos na maior empresa de PBM – Pharmacy Benefit Management – onde usamos a estratificação de riscos em saúde considerando o perfil de consumo de medicamentos – foi uma enriquecedora experiência que elevou, em muito, meu discurso técnico em análise preditiva de riscos em saúde. O maior desafio foi como respeitar diferentes culturas, obedecer aos critérios de cada empresa, sem contudo negligenciar meus constantes impulsos para ir além dos limites que a vida corporativa normalmente traz. Pude contar com muita ajuda de pares e chefes generosos, fosse na liberdade para atuar ou nos investimentos incessantes, sempre com a garantia de retorno e comprometimento das equipes envolvidas em cada um dos muitos projetos inovadores desenvolvidos.

Quem da sua história de vida inspirou/motivou a sua carreira?

Todos os chefes foram estimulantes para meu crescimento profissional – sem exceção. Por vezes, nos desenvolvemos mais em situações de pressão ou desconforto do que nas situações cômodas. Os índices de saúde no Brasil foram os que mais cresceram, mesmo comparando-os com quaisquer outros indexadores governamentais – ou seja, nunca foi fácil explicar os índices de reajustes dos planos de saúde para CEOs altamente preparados e convictos sobre premissas de reajustes em seus setores de insumos tão diferentes dos que o setor da saúde apresenta. Era necessário explicar por analogias e isso me obrigou a estudar diversos ramos de negócios para traçar linhas de similaridade entre diferentes setores e pedi sempre muita ajuda – permitindo admirar muitos chefes e sobretudo os que tenho até hoje como pessoais amigos. De Eugenio Paschoal Antunes, Fabio Hansen a Claudio Lottenberg, só posso agradecer pela indescritível contribuição e generosidade. Foi uma honra ter chefes como eles, dentre tantos.

Alguma história na gestão de pessoas que você gostaria de compartilhar?

Após tantos anos de lindas histórias, seria injusto citar algumas e esquecer tantas outras, mas gostaria de destacar a importância dos gestores para uma silenciosa e sutil contribuição para o resultado das empresas: quando esquecemos as regras e políticas corporativas para identificar quais as realizações pessoais de cada colaborador que podem e devem estar atreladas ao sucesso da empresa. Obviamente, isso inclui o processo remuneratório mas não menos importante, a habilidade do gestor de reconhecer o empenho independentemente do desempenho. Isso faz a diferença! Quando tratamos a individualidade, apuramos a meritocracia com a isenção e senso de justiça necessários ao gestor honesto, de excelência. Isso é difícil de encontrar nas empresas, pois alguns gestores transferem para o RH a responsabilidade de gerir pessoas. Um amigo, José Luiz Bichuetti, escreveu um artigo para Harvard – cujo título é "Gestão de pessoas não é com RH" – esse artigo mudou meu conceito sobre a essência da liderança e vale a leitura.

Alguma história no relacionamento com o cliente que você gostaria de destacar?

Em três décadas de atuação não poderia citar uma situação em particular, sem deixar de ser injusta com tantas outras, mas vale citar que cada uma delas foi produto da colaboração de muitos, da integração entre áreas envolvidas em cada projeto e sobretudo pela relação de mútua confiança estabelecida com os clientes. Ultrapassar os limites dos negócios, buscando impactos positivos para a sociedade, fornecedores e parceiros nas mais diversas situações e relembrá-las ao longo do tempo chega a ser tão divertido quanto prazeroso.

Quais dicas você daria para aqueles que estão iniciando a carreira profissional?

Que sigam seus instintos sempre baseados na maior quantidade possível de conhecimento. Que nunca parem de aprender e que usem a escuta e percepção sobre o meio para decidirem seus caminhos – provavelmente isso os tornará executivos mais realizados, mais felizes. Os modelos mentais se transformaram na última década. O sonho da moradia própria já não é mais parte das prioridades dos jovens, conhecimento, viagens, realizações pessoais estão à frente dos padrões do passado – isso é muito bom. Minha dica é: preocupem-se em não fazer parte da geração que tudo idealiza e nada realiza – há muito ainda por fazer!

Ao recrutar um profissional, quais características comportamentais você considera fundamentais?

Resiliência é fundamental para o mundo corporativo atual. As decisões são tomadas com velocidade muito acima das adotadas na última década e, mesmo com outras características importantes para desempenho, o executivo sem resiliência não consegue se adaptar às diferentes demandas, focos ou objetivos que se alteram constantemente nas empresas.

Qual legado profissional e pessoal você gostaria de deixar para a sociedade?

Integridade e honestidade. Mesmo com tanto para aprender, me orgulho de deixar um legado de honestidade e superação sobre os desafios, que ainda enfrentamos no ambiente corporativo. Em qualquer situação, vale a pena ser honesto, cumprir a tarefa e seguir de cabeça erguida.

Quais os reflexos das práticas de cidadania empresarial para as organizações, profissionais e sociedade?

Identifico vantagens das mais diversas formas. Quando os colaboradores já não sentem cansaço ao término da jornada, pois estão comprometidos com as tarefas sociais mesmo após o horário de trabalho, quando a sociedade reconhece o engajamento da empresa numa causa social comum, quando os clientes consideram que os projetos sociais traduzem o espírito de cidadania e valores de uma empresa. Muitos exemplos de que cidadania empresarial vale a pena são traduzidos em bons negócios também.

Cite alguns líderes que, em sua opinião, são inspiradores.

Muitos líderes me inspiraram, mas depende do propósito de cada um encontrar o líder que mais lhe inspira. Seria presunçoso mencionar alguns exemplos e julgá-los especiais para todos. Em sempre gostei dos exemplos do Richard Branson – com mais de 400 empresas mantém-se disponível para ouvir e receber críticas –, comprometido com a evolução de si mesmo e dos que dependem de suas empresas – investe em diversos setores e aprende, pessoalmente, um pouco de cada um sem deixar a diversão, o bom humor – usa o equilíbrio como lema de vida.

Como você define o papel da liderança?

Ao líder cabe ficar atento aos impactos futuros, antecipar soluções, aproveitar oportunidades para alavancar os negócios e cumprimento das metas, estabelecendo laços de confiança com a equipe. Em resumo, líder tem que gostar de pessoas. Líder distante, de portas fechadas e focado em apresentações e relatórios para a *holding* não tem mais espaço no mundo corporativo. O foco deve ser na equipe, pois dela sairão as melhores sugestões de melhorias, adequação, superação. Se o líder alimenta fofocas, por exemplo, a liderança e a própria gestão ficam prejudicadas, os valores são violados e não adianta mencionar valores corporativos pois a prática desses valores se observa no dia a dia. Um líder bem preparado, competente, que goste de pessoas e honesto com sua equipe, invariavelmente atinge resultados incríveis.

O que você faz para se manter motivado?

Respondo a cada dia a uma só pergunta: se o que estou fazendo contribui para o bem maior, me mantém comprometida com meus valores morais e compromissos como cidadã. Se a resposta for sim, continua valendo a pena seguir em frente.

Qual a importância da inovação nas organizações?

A inovação é crucial para a longevidade das empresas. Além da inovação num mundo tão conectado e exposto às mudanças, julgo importante considerar se os novos objetivos da empresa estão comprometidos verdadeiramente com impactos positivos para a sociedade, se impulsionam nosso país, nossa sociedade. Percebo que as empresas resgatam o patriotismo e as multinacionais cada vez mais respeitam a realidade local dos países que escolheram para expandir suas atividades. Tornou-se uma preocupação constante das empresas manter o alinhamento com esses conceitos. Era quase impossível prever impactos circunstanciais num país em que diretrizes políticas eram tão suscetíveis às decisões de um pequeno grupo. Somente empresas comprometidas com a nação terão sucesso num mundo globalizado e de poder crescente que a informalidade das redes sociais traz. O povo brasileiro elegeu seu presidente independentemente de marketing, veículos tradicionais de comunicação – esse foi o maior sinal de que a população não aceita mais manipulação. Traçando um raciocínio análogo, o resultado da inovação precisa ser convincente para o público-alvo e a empresa que deseja inovar tem que se antecipar, compartilhando com a sociedade os novos impactos gerados, ganhando credibilidade, promovendo o diálogo e facilitando a aceitação/adesão às mudanças.

Como você realiza o networking de maneira efetiva?

É um desafio constante diante dos crescentes compromissos e demandas que a vida corporativa normalmente traz, mas também um bom exercício para saber se estamos equilibrando as demandas executivas. No mercado em que atuamos, alguns eventos são fundamentais para bons encontros. Participar de seletos e bons grupos de discussão nos permite evoluir com conhecimento sobre setores complementares. Procuro participar de alguns eventos, mantendo conselheiros e mentores sempre conectados com os projetos e decisões importantes a serem tomadas. Outra fonte de *networking* são os cursos de aprimoramento e os próprios jovens que trazem ótimas ideias aos debates – o ambiente acadêmico oferece excelentes fontes de inspiração e novos membros para *networking*. Uma mudança importante na última década é que antes nos aconselhávamos com os mais experientes e atualmente também temos que aprender com os mais jovens.

Do que você tem saudades?

Procuro olhar para o futuro e reconhecer o que foi realizado, mas em tempos remotos havia o "acordo entre cavalheiros", quando a palavra de um executivo era suficiente e valia tanto quanto um contrato assinado. Por *compliance*, e necessidades de se implantar mecanismos de controles nas empresas, essas práticas não existem, mas deixaram saudade, pois facilitavam em muito o sucesso entre partes numa época em que a ética e moral eram naturais.

Do que você tem orgulho?

De ser livre para novas escolhas a cada dia, de ter uma história limpa, honesta, íntegra. Respeitar os valores das empresas, mas sobretudo honrar meus próprios valores.

Qual o significado da palavra felicidade?

Reconhecer o valor do que já foi vivido, conquistado. Ser grata.

Qual a sua citação favorita e por quê?

"Nunca é alto o preço a ser pago pelo privilégio de pertencer a si mesmo." – Friedrich Nietzsche. Gosto dessa citação por traduzir minha trajetória de vida.

Quais são seus hobbies preferidos?

Como boa carioca eu adoro praia, caminhar na areia, mergulhar no mar e contemplar a mata Atlântica com a água cristalina de uma cachoeira. Desfrutar de tudo isso num mesmo refúgio tem sido o meu maior *hobby* ultimamente.

Qual sonho você gostaria de realizar?

Venho realizando a maioria deles. Seguir aprendendo e gerando oportunidades me realiza bastante. Observar os impactos positivos causados por uma carreira de muita dedicação mas proveitosa me tornam realizada. A cada vez que me pedem conselhos e até mesmo quando eu peço ajuda e recebo tantas orientações, percebo que as relações floresceram e isso é o reflexo de que tornar um grupo de pessoas impactado positivamente compartilhando conhecimento é realizador.

O que você aprendeu com a vida que gostaria de deixar registrado nesta obra?

É perda de tempo lamentar, arrepender-se por mais do que os instantes para compreender que não valeu a pena e seguir adiante livres do que fizemos antes. A hora de dar outra oportunidade para nós mesmos começa quando nos damos conta de que erramos e sempre, sempre conseguimos evoluir para transformar o futuro. *O autoperdão impede o autoengano* desde que seja genuína a vontade de reparar os erros anteriores – não perder tempo é o melhor caminho: mãos à obra!

Qual mensagem de motivação você gostaria de deixar para os leitores deste livro?

A cada novo dia podemos ter o grande momento de nossas vidas. O tempo não é negociável, então vale a pena construir o melhor.

Com base no que você vivenciou, ao longo de sua vida corporativa, qual o segredo do sucesso para ir da teoria ao topo?

Organização, planejamento e propósitos claros são grandes aliados para não perder o foco e deliciar-se com os resultados – isso também dá ânimo. Cada vez mais sofremos com a velocidade da informação, com as diversas opções para cada tomada de decisão e somos testados a cada momento com distrações. Manter-se no propósito e exercitar a revisão contínua das metas pessoais pode ser uma boa forma de manter-se alerta.

Simone Maia Feu

Família

SEGREDOS DO SUCESSO V

Da teoria ao topo: histórias de executivos da ALTA GESTÃO

40

Nome: **Tania Aparecida Fernandes Gurgel**
Empresa: TAF Consultoria Empresarial
Função: CEO

Quais os momentos mais importantes da sua carreira?

A carreira de um executivo é marcada de grandes desafios, superações, desvios, mudanças de trajetórias e realizações. Muitas vezes, no primeiro momento, não entendemos o porquê de determinados caminhos, mas depois compreendemos que é a mão de Deus trilhando nossa trajetória de vida.

Falar sobre os momentos mais importantes da minha carreira é algo difícil, tudo foi e continua sendo importante. As fases, os desafios, as experiências me proporcionaram grandes aprendizados que hoje refletem no que eu sou, a mulher que me tornei e profissional que conhecem.

Todos que passaram pela minha vida acadêmica e profissional foram importantes para o meu crescimento e aprendizado. Hoje eu só consigo sentir gratidão em relação a todos, assim como considero-os minha família, não de sangue, mas de vida.

Hoje, após 40 anos de experiências vividas em diversos mercados e empresas, posso citar alguns exemplos que me mostraram novos caminhos na minha trajetória profissional e pessoal.

Para começarmos, gostaria de falar do meu maior exemplo de vida que foram meus pais. Eles são de origem nordestina, vieram morar em São Paulo em busca de novas oportunidades. E eu, filha mais velha, nasci em plena Revolução de 1964, sempre fui agitada, penso ser reflexo dos sentimentos vividos por minha mãe enquanto me gerava, assim, desde pequena foi me ensinado que era meu dever ajudar minha família e garantir meu grande sonho: estudar. Logo cedo, aos 13 anos, comecei a procurar meu primeiro emprego, meu pai queria me levar para trabalhar em uma fábrica no setor da produção, mas eu sabia que ali não conseguiria crescer dentro da empresa, então o objetivo era trabalhar em um escritório e foi assim que consegui meu primeiro emprego, em um cartório. A remuneração só dava para a condução e a escola, foi um período difícil, eu dormia pouco, trabalhei muito, conforme evoluía nos estudos mais oportunidades foram surgindo, assim mudei várias vezes de emprego. Depois do cartório, trabalhei em banco e em empresas nacionais e multinacionais. O desânimo nunca bateu em minha porta, durante minha ascensão à adolescência, conheci meu grande ídolo: Ayrton Senna. Desde jovem eu gosto de esportes e o Senna me mostrou como vencer os obstáculos, os adversários, focar em um objetivo e correr para a vitória. Apesar de a semana ser muito cansativa por conta do trabalho e dos estudos, era só chegarem os fins de semana de corrida que eu me revigorava, a motivação, a garra afastava qualquer desânimo, bastava ver o Senna guiando e falando sobre sua determinação.

Depois de estudar mais sobre ele, notei que todas aquelas vitórias não vinham fáceis. Tudo era questão de estudo, análises e dedicação.

Foi aí que eu percebi que sem obstáculos e fases ruins não conseguiria chegar à vitória. Até hoje eu menciono uma frase dele que gosto muito: **"Seja quem você for, seja qual for a posição social que você tenha na vida, a mais alta ou a mais baixa, tenha sempre como meta muita força, muita determinação e sempre faça tudo com muito amor e com muita fé em Deus, que um dia você chega lá. De alguma maneira você chega lá"**. Eu sou o exemplo vivo dessa frase, eu cheguei!

Ainda no mundo dos esportes, gostaria de citar mais um exemplo pelo qual aprendi que desde cedo grandes profissionais treinam muito, Zico, jogador de futebol do Flamengo e de nossa Seleção, demonstrou-me o amor pelo que fazia e a vontade de aperfeiçoar suas habilidades. Muitas vezes assisti reportagens sobre a insistência dele em continuar treinando mesmo depois de o treino ter acabado. Sim, ele continuava e com certeza foi um dos melhores batedores de falta que eu já vi jogar.

Certa vez, assistindo a um programa esportivo, vi uma matéria com o jogador Marcelinho Carioca, onde ele foi questionado sobre sua perfeição em faltas, a resposta foi clara: via o Zico bater faltas no fim do treino e como ele treinava mais que os outros e, isso o motivou a também utilizar essa metodologia, para ser o melhor. Hoje, posso afirmar que bons exemplos são seguidos e deixam legados.

Sem dúvida, esses são exemplos que refletem na minha vida, mas eu não poderia deixar de citar, também, um dos executivos que motivou minha vida empresarial, foram vários, mas aqui quero deixar uma super dica para o leitor que está no início de sua carreira em empresas. A biografia de Lee Lacocca, com esse livro eu comecei a entender como funcionava o clima dentro de uma organização, desde o comportamento até os altos egos que, infelizmente, existem até hoje em algumas empresas.

A lição que o livro me deixou foi que podemos reescrever nossas histórias e quem sabe essa seja melhor que a anterior. Mudanças são necessárias e é sempre bom sair da zona de conforto, não achar que possuímos um cargo intocável ou que somos insubstituíveis, o mundo corporativo é competitivo, então, se acomodar não é uma opção.

O livro serviu muitas vezes de inspiração durante momentos em minha carreira, até hoje ainda é um grande exemplo para mim. Quando tenho certeza que conseguirei resolver um problema e a empresa não tem dinheiro naquele momento para me remunerar, utilizo o que eu aprendi nele, sugiro uma remuneração em percentual do lucro que o meu resultado oferecer. Posso afirmar que foi o grande pilar da remuneração variável que aplico em minha empresa nesses 20 anos.

Depois de anos no mercado, adquirindo experiência e conhecimento, eu decidi que estava na hora de empreender. Esse, de fato, foi um dos grandes marcos durante minha trajetória profissional. A TAF Consultoria Empresarial nasceu com a ideia de oferecer soluções empresariais alicerçadas no *know-how*. Assim, apliquei todo o meu conhecimento e experiência na empresa, crescemos e nos tornamos uma das maiores organizações de conhecimento tributário aliadas ao mundo SPED.

Mas calma, para chegar aqui, passamos por muitos obstáculos e desafios, e com eles vieram grandes vitórias. Desafios sempre fizeram parte da minha rotina, então eu tinha que os superar, por isso fui atrás de expandir ainda mais meus conhecimentos, saí da zona do conforto e fui cursar Direito e agregando o nosso conhecimento à Controladoria, isso impulsionou novos horizontes, um grande avanço e mais uma experiência adquirida. O conhecimento é o maior dom do ser humano, é ele que lhe abre caminho para o mundo e do imaginável.

Realizei planejamentos tributários em empreendimentos de mais de um bilhão de reais, elaboramos planos de negócios com detalhamento de toda carga tributária e de todos os procedimentos que as empresas deveriam seguir, parte desse legado tenho compartilhado em livros e redes sociais.

Foi dessa forma que o que menciono hoje que é minha grande realização, meu legado: fazer parte da carreira e evolução profissional das pessoas. Depois de muitos anos na carreira e de ter trabalhado em muitos setores, eu pude ver a importância de tudo isso e como o conhecimento me ajudou a chegar aqui, hoje semeio o conhecimento, colho os frutos de tudo que plantei lá atrás, quando eu tinha apenas 13 anos e trabalhava para pagar meus estudos.

Acredito que posso deixar meu legado em múltiplas áreas para as pessoas e empresas. Sou semeadora de conhecimento, professora e palestrante. Tenho aprendido com os melhores, destaco aqui Edilson Lopes, que me desafiou muitas vezes a montar meus primeiros passos para essa nova fase na carreira, quando me vi já tinha escrito meu próprio livro, "eSocial: você e sua empresa estão preparados? ", no mesmo ano fui coautora de mais dois livros, criei um *blog* e comecei a fazer palestras.

Era um sentimento que estava adormecido em mim por muito tempo, pois no início dessa nova etapa eu tinha um certo receio que me perguntassem se eu era consultora ou palestrante. Sim, essa nova trajetória poderia agregar insegurança a alguns clientes, que queriam minha dedicação exclusiva na parte de consultoria, mas com o tempo demonstrei que todos ganhariam, pois comecei a capacitar também as equipes internas, hoje, sem receio eu digo que sou professora, palestrante e empresária. Sinto-me realizada, foram mais de 100 turmas de MBA do eSocial, estou semeando meu legado e compartilhando o conhecimento que adquiri e é uma honra fazer parte da trajetória das pessoas dessa forma. Hoje, eu me orgulho de tudo que superei e dos obstáculos que enfrentei, foram horas trabalhando mais do que outras pessoas, fins de semana estudando, li livros e mais livros, abri mão de muitas coisas para chegar até onde estou. Sinto gratidão! Essa é a palavra de ordem na minha vida pessoal e profissional.

Quais as competências essenciais para o profissional do futuro?

Acredito que existem habilidades que são essenciais: interagir, trabalhar em equipe, capacidade de se atualizar, liderança, atitude, organização, foco, criatividade, integridade, flexibilidade, resiliência, capacidade de adaptação e visão de dono do negócio. Mas, não basta ter tudo isso se você não consegue pensar fora da caixa. Gostaria de citar aqui um exemplo da minha carreira, quando superei as expectativas dos meus superiores com atitudes inovadoras.

Em 1988, eu trabalhava em uma empresa líder no mercado, onde as pessoas tinham receio de compartilhar conhecimento por medo de perder o emprego. Eu cuidava da contabilidade, nela elaborava e consolidava o balancete mensal de várias filiais. O fechamento era todo dia 10 de cada mês, um sufoco! Então, conversei com a minha equipe, com todos os responsáveis, para estabelecermos uma meta, fechar todos os relatórios no dia 3. Logo, criamos um grupo de melhorias, que mudou completamente o clima comportamental da organização, ali compartilhávamos conhecimento e aprendemos a trabalhar em equipe. Aos poucos a minha maneira de dividir responsabilidade e liderar resultou na conquista da meta, foi um sucesso! O ser humano gosta de desafios, então tracei um outro: aprender novas tarefas, fazer o *business plan* e converter o balancete em *US GAAP,* isso era o "diamante" para a presidência da empresa. No entanto, a equipe não recebeu muito bem essa nova missão, então eu mesma me desafiei e falava que iria aprender, "custe o que custar"!

    De início foi bem difícil, eu ia ao outro departamento pedir explicação de como eles faziam o relatório, mas a resposta que eu recebia era "estou ocupado não há tempo para ensinar". Eu não desisti, sabia que se aprendesse a sistematizar o modo como era feito conseguiria novas oportunidades futuramente. Continuei tentando, ficava até tarde e pedia os rascunhos que eles descartavam no lixo para servir como anotações pessoais, na época tinha uma irmã pequena e também dizia que ela gostava de desenhar no verso. Porém, eu percebi que eles não me passavam as últimas versões dos rascunhos, então eu tive que pegar essas versões no lixo mesmo, às vezes era quase a última a sair da área administrativa.

    Não tinha Google ou mesmo internet na época, o conhecimento se dava em livros e livros.

    Quando percebi, tinha em casa um grande quebra-cabeça de números e dados. O autoaprendizado foi meu grande mentor na solução desse problema, com o tempo eu fui automatizando algumas rotinas, já estava com meu próprio manual. Com ele tive a ideia de desenvolver relatórios agregados à contabilidade e ERP da empresa, uma vez que a contabilidade estivesse fechada o sistema geraria o mesmo relatório, até hoje aplico isso em minha carreira, ou seja, amo automatizar dados e *compliance* de informações. A minha forma de comemorar era adquirindo mais conhecimento, na época comprei tantos livros que deram início a minha biblioteca.

Ao sair de férias, quem me substituiu foi o gerente do departamento responsável pelo *Business Plan*, não demorou para ele descobrir que eu já estava criando tudo informatizado.

Quando retornei, fui chamada na sala do diretor, estavam presentes vários executivos da empresa, ele começou me perguntando quem mais sabia da consolidação das informações, disse que somente eu, mas poderia treinar mais pessoas, todos ficaram espantados. Eles perguntaram: Como? Quem tinha me ensinado? Eu lhes disse que aprendi analisando os rascunhos e o relatório final. Meu diretor ficou impressionado com minha atitude e me encorajou a continuar. A empresa foi adquirida por outra e nesse processo de transferência de informações a equipe da nova empresa ficou surpresa com meu nível de conhecimento, fui convidada a permanecer e implementar tudo em todo o grupo de empresas que eles possuíam. Tive a oportunidade de aplicar todo o meu conhecimento em um novo cenário e um novo sistema e hoje posso afirmar que implementei esse processo em mais de 200 empresas.

Em sua opinião, a inteligência artificial pode alterar o nosso estilo de liderança?

Entendo que a IA será uma ferramenta de meio, toda essa tecnologia nos permitirá aplicar a ciência dos dados às interações humanas no trabalho, permitindo que em menos tempo possamos executar tarefas com maior precisão, mais calma, até os robôs precisam ser treinados e estaremos aprendendo todo dia com a inovação e com o reflexo disso na condução das equipes e das empresas.

Quais atitudes do líder conquistam a cooperação da equipe?

Os líderes são grandes motivadores e verdadeiros treinadores de sua equipe, a atitude de escutar, entender e direcionar tarefas é essencial. Um líder deve exigir, cobrar, fazer com que sua equipe cresça e transforme as pessoas em ativos valiosos para as suas organizações.

O líder tem também a missão de agradecer e encorajar.

Fale sobre resiliência.

A resiliência é a capacidade de lidar com seus próprios problemas, vencer obstáculos e não ceder à pressão. Seja qual for a situação, é crer em si mesmo, acreditar no objetivo e lutar, custe o que custar. É ter atitude e garra.

Quais valores são importantes para você?

A família, a amizade, a humildade e a gratidão.

Quais habilidades pessoais você adquiriu com a sua vida executiva?

Transformar problemas em soluções e pessoas e empresas em *cases* de sucesso. Saber o momento de ouvir, compreender e propor soluções que ajudem as pessoas e organizações a alcançar seu objetivo, estar ao lado, como treinadora, às vezes cobrando e, em outras, incentivando, demonstrando que somos capazes, ao final, ver a felicidade de todos não tem recompensa maior.

O que te faz feliz?

Ver a felicidade das pessoas, estar com semeadores do bem, assim como agradecer a todo momento a dádiva da vida a Deus. Amo estar com minha família de sangue e de vida.

Como você concilia a vida pessoal com a vida profissional?

Como amo o que faço, sempre procuro estar com pessoas iluminadas, amigas e de boa índole, assim, transformo os momentos de trabalho em encontros prazerosos.

O que você não tolera?

A inveja é um sentimento que transforma o ser humano e o faz ter atitudes inimagináveis, quase sempre está associado à falsidade, que acaba acarretando traições. São ações que ferem qualquer um, procuro me afastar de tais pessoas.

Quando você erra reconhece isso?

Com certeza, sou uma pessoa que aprendeu a ouvir as pessoas! Os anos me mostram que ter a humildade de admitir o erro e tentar consertar é uma das melhores virtudes do ser humano.

Como você lida com a frustração? Frustração está ligada a algo que se planeja ou se almeja e não se concretiza?

Quando algo não acontece, não vejo como frustração. Analiso o que aconteceu e tento refazer com maior perfeição ou me pergunto se é importante para aquele momento no que estou me esforçando. Às vezes, me programo para tentar futuramente com maior planejamento. Ou, mesmo acabando, entendendo que Deus não quer aquilo em minha vida.

Como você se define?

Acredito que minha origem familiar seja minha maior influência do que eu me tornei hoje, sou uma pessoa simples, meiga e determinada. Sempre fui uma pessoa certa do que queria desde jovem, tinha ciência que o *não* era algo certo em tudo que eu tentasse, mas eu tinha que transformá-lo no *sim*, eu corri atrás e muitas vezes trabalhei e estudei mais para mostrar que eu era capaz de realizar aquela função. Tudo o que eu me tornei hoje é consequência da experiência e do conhecimento que fui atrás, nada veio de graça, nada veio fácil. Todavia, mesmo conquistando mais do que sonhei, isso não muda meu modo de ser: uma pessoa simples e que tem uma gratidão por tudo.

Como você mantém o foco para a realização dos seus objetivos?

Planejamento. Organizo minhas ações, o que devo fazer, quando e como. Mas acredito que fazer as coisas sem vê-las como obrigações seja a melhor forma de chegar às realizações, tanto pessoais como profissionais, desde que se tenha disciplina e determinação, e isso eu tenho.

Qual a sua visão sobre a solidão do poder?

O uso indevido do poder resulta nesse isolamento, na falta de compartilhamento, engajamento. O "eu" deve se decentralizar e dar lugar ao "nós".

Fazer o que se gosta é fundamental para o sucesso?

O sucesso é o resultado de todo o esforço e etapas de evolução. Amar o que se faz, com que se faz e para quem se faz são prerrogativas para obtenção do sucesso. Tudo isso resulta na sensação de missão cumprida.

Tania Aparecida Fernandes Gurgel

Família

SEGREDOS DO SUCESSO V

Da teoria ao topo: histórias de executivos da ALTA GESTÃO

41

Nome: **Thiago Spiess Stauffer**
Empresa: Studio Prime e Equipa PDV
Função: CEO e Sócio Diretor

Quais os principais desafios e resultados que você vivenciou ao longo de sua trajetória profissional?

Sou carioca, nascido em 30 de outubro de 1989, judoca por esporte e empresário.

Aos 13 anos, na sétima série vendia balas e refrigerantes na escola e ajudava meus pais a vender acerola, verduras, humos de minhoca e tudo que o sítio proporcionava; aos 15 anos, no primeiro ano da escola alugava filmes, fazia manutenção de computadores e aos finais de semana cortava grama, capinava e limpava piscinas porque não aguentava mais colher acerola "risos). Aos 16 anos virei DJ, montei uma equipe de som e comecei a trabalhar com filmagem e edição, já prestava serviços para a escola "Electra" e nos finais de semana ajudava a iluminar e filmar casamentos. Aos 17 já havia feito mais de cem casamentos junto com meu mentor, Ricardo Petersen, e mais de cem festas como DJ e diversos outros trabalhos. Também ao final dos 17 anos fui convidado para fazer a direção de projeção do espetáculo "O Baile". Lá tive a oportunidade conhecer Max Haus, que me convidou a inaugurar o Teatro Oi Casa Grande, assim surgindo a oportunidade de abrir a Studio Prime.

Atuo há 15 anos nos ramos de comunicação, audiovisual e tecnologia. Sou diretor Comercial e Criativo de áreas como marketing, trade marketing, audiovisual, *digital signage*, e mídias digitais. Sou CEO da Studio Prime desde 2008 e sócio da Equipa PDV, sou produtor executivo e diretor criativo, e lidero junto com meus sócios mais de 150 colaboradores em diversas áreas. Também sou diretor de videografismo, de cenografia digital para espetáculos e shows, como Rock in Rio O Musical, SamBra 100 anos de Samba, Cazuza O Musical, Gilberto Gil O Musical, Constellation, 60 Década de Arromba e 70 Divino Maravilhoso.

A Studio Prime é uma empresa que atua como produtora e agência, foi criada em 2008 por mim e Thiago Silva, Ian Paletta e Aldo Haroldo, com foco em tecnologia e comunicação em serviços de produção de conteúdo, gestão de mídia *indoor*, tecnologias para *business intelligence*, audiovisual, *design* e inovações. Em seu portfólio possui clientes como Oi Casa Grande, Venancio, Americanas, B2W, Leader, Melissa, Reserva, Del Pueblo, Drogaria Globo, Metro Rio, Rádio Mix, Rede Dor, L'Oreal, Pierre Fabre, Johnson&Johnson, Vigor, Heineken, Grupo Technos, Boticário e outros.

Já a Equipa PDV foi criada em 2011 por Patrício Malvezzi e Gaston Serrão, e é especialista em Trade Marketing. Já projetou, fabricou e instalou mais de 3.500 projetos para grandes marcas corporativas, indústrias e varejos. É uma das empresas mais inovadoras e disruptivas do ponto de venda.

Fui responsável por diversos *cases* de inovações tecnológicas para ponto de venda, além de criação de experiências entre consumidor, varejo e indústria. No portfólio tenho clientes como: Drogaria Venancio, Vigor, Red Bull, Grupo Technos, O Boticário, Drogaria Del Pueblo, Heineken, Grupo Petrópolis, Johnson & Johnson, L'oréal, Pierre Fabre, Hyperapharma, Theatro NET, Cidade das Artes, Reserva, e MetrôRio.

Também realizei projetos conceito da Mega Store da Drogaria Venancio, no Rio de Janeiro, da Drogaria Globo, no Piauí, e da Drogaria Del Pueblo, na Argentina.

Ganhei ainda o Prêmio POPAI de Inovação com a Geladeira do Futuro da Vigor 2017 e 2018; o Estandarte de Ouro em Inovação pelo uso de tecnologia na comissão de frente da Grande Rio no Carnaval 2018; prêmios na Latam Retail Show e Retail Design Institut com o Projeto da Loja Conceito da Venancio. Ganhei o Case Interação com Código de Barras junto com Mantecorp no Prêmio GS1 de automação 2018, além de ser indicado ao prêmio da Digital Signage Expo por projetos de retails digitais em Las Vegas. Sou membro do Comitê Executivo, do XIII Congresso Nacional de Gestão Corporativa e IV Congresso de Direito Digital e Compliance da FIESP, um dos embaixadores da Divina Academia Francesa de Artes Letras e Cultura, e vice-presidente de Inovação do POPAI Brasil.

Quais os desafios da liderança no cenário atual?

Propósito, o líder precisa demonstrar qual a importância de manter os valores sempre sólidos, o propósito vai ajudar para que a equipe tenha mais clareza e entenda a direção que o líder está conduzindo. E nem sempre esse propósito está claro, ele muitas vezes é maquiado. Atualmente, com as novas gerações entrando no mercado de trabalho, faz-se necessário criar laços maiores do que a vocação ou o salário. Ninguém mais se mantém forçado a estar por muito tempo em um ambiente com que não tenha empatia e em que seu esforço não traga resultado.

O líder deve saber identificar os valores e apresentar a cada um seu papel e importância para que juntos cheguem ao resultado desse propósito.

Qual a sua dica para os que desejam acelerar a carreira?

Há quem diga que fazer cursos específicos, aprimorar o Inglês, fazer *coach*, trará aceleração, e pode ser que sim, mas cada pessoa tem seu tempo e nem sempre deve ser comparado ao outro. Acredito e deixo claro que ainda não consegui pessoalmente, mas o equilíbrio entre todas as partes da sua vida trarão mais eficiência ao seu dia a dia. Conseguir equilibrar os tempos do profissional, pessoal, família, corpo, mente e espírito trará benefícios significativos.

Como você desenvolve a sua inteligência emocional para manter o equilíbrio produtivo e positivo?

A verdade é que talvez eu ainda não tenha toda essa inteligência emocional, ainda me pergunto muitas vezes o porquê de algumas pessoas terem certas atitudes, tratamentos ou formas de condução, seja no dia a dia, na forma de pedir ou de criticar. Pergunto a mim mesmo se o tempo ou os problemas da vida me farão ser uma pessoa igual, ou se vou conseguir manter minha calma, minha inquietude e vontade de sempre entregar o melhor de mim.

Como você define o seu estilo de liderança?

Pelo exemplo, sempre fui de colocar a mão na passa e trabalhar nas 11 posições, mas isso me custa muito, me custa às vezes achar que sou melhor produzindo do que delegando, acabo sendo centralizador e me prejudico. Apesar disso sei que todos em algum dia me chamaram de líder, me seguiram pela empatia de acreditar no que eu estava querendo construir. Suando a camisa, virando noite e entregando o melhor de mim. Ainda estou trabalhando nos meus pontos negativos, mas acredito que sou uma pessoa positiva, que se entusiasma com o novo e tento passar isso para minha equipe.

Como você cria equipes mais motivadas e comprometidas com o negócio?

Completando a pergunta anterior, com a mesma motivação que

tenho quando consigo um novo desafio, um novo *job*, um novo cliente, talvez seja o meu brilho nos olhos que permite engajar a equipe. Sem a gente conseguir passar essa verdade não se trará propósito.

Obviamente nem todos os trabalhos são legais, muitos são repetitivos e cansativos, com clientes chatos, mas o importante é mostrar que aquela função faz parte de um todo e que impacta alguém no final.

Em sua opinião, como será o futuro do trabalho?

Acredito que ainda temos muitos modelos a testar para o futuro do trabalho, ao longo dos últimos cem anos vivemos nas transições das massas trabalhadoras entre fábricas, comércios e escritórios.

Os novos modelos para as novas gerações tentam acompanhar estilos menos rigorosos em vários aspectos, inclusive o trabalho à distância, como o de *home office*. Acredito que o importante é que a empresa e o colaborador consigam ter o melhor modelo produtivo para ambos os lados, o futuro deve ser baseado em achar esse melhor modelo. Não será possível enquadrar todos em uma nova forma ou formas corretas e sim garantir que seja a melhor forma e mais produtiva.

Na sua visão, como as "novas tecnologias" estão impactando o mundo dos negócios?

Sempre surgirá uma nova tecnologia, no início tudo era usado pelos militares, depois empresas, depois consumidores. A Tecnologia está aí e não tem mais volta. Ela possibilita uma maior distribuição de informação em todos os sentidos. Pode haver muitas bolhas no meio do caminho, muitas modinhas, mas tudo isso também é um aprendizado.

Eu sou uma pessoa de tecnologia, mas tenho uma única certeza, que independentemente de qual seja o negócio, tudo é tratado num modelo P2P.

- Marcas são feitas por pessoas
- Empresas são feitas por pessoas

- Produtos e Serviços são inventados por pessoas
- Produtos e Serviços são comercializados por pessoas
- Produtos e Serviços são consumidos por pessoas

No final tudo é de Pessoas para Pessoas, independentemente do meio, da tecnologia, da forma. A percepção sempre será humana.

Cite um exemplo de oportunidade que você encontrou na dificuldade.

É importante dizer que nunca estaremos totalmente preparados, e por isso eu me agarro à coragem de seguir em frente mesmo que sem direção, mas com a convicção de realizar. Aos 18 anos comecei a empresa do zero com dez colaboradores, aos 22 anos já tínhamos 25 colaboradores e estávamos mudando da minha casa para uma casa que transformamos em escritório; aos 25 anos eu estava liderando 60 colaboradores. E o meu erro era pensar que tinha tudo sob controle. Mas nesse momento não tínhamos processos definidos, cargos e salários, metas, nada. E foi um momento bem difícil de liderança. Foi um momento em que me deparei perdendo o rumo da empresa, sem força ou voz, lutando contra a parede, e foi difícil ver que estava incapaz de achar soluções, mas mesmo no escuro eu olhava pra cima e via que eu tinha que fazer algo, afinal, era minha história, meu legado, foi onde aprendi que certas decisões são tomadas com a razão e outras com a emoção, importante identificar quais terão mais resultados a curto e a longo prazo, e que farão diferença naquele momento.

Hoje, aos 29 anos, me deparo com mais sócios e mais de 150 colaboradores, parcerias que já ultrapassam o Brasil, com entregas latino-americanas e projetos sendo realizados nos EUA.

Vai ser sempre difícil, sempre haverá aquele momento injusto, ou o cliente que você quer mandar para o espaço, haverá sempre maus momentos, talvez sempre mais do que bons momentos, mas o importante é não desistir. Tenho três palavras que me guiam: CORAGEM, PACIÊNCIA E RESILIÊNCIA.

E, em todos os momentos nos quais me sinto perdido, eu leio um poema que escrevi.

> *Perdido em vários lugares*
> *Às vezes não me encontro*
> *Me procuro e não me acho*
> *Em tempo de estar no caminho certo*
> *Espero estar correto*
> *Perdido, mas não cego*
> *Sentindo cada pedaço*
> *Mesmo que perdido*
> *Estou ganhando meu espaço*

Como você vê o empoderamento feminino nas organizações?

Acho que logo ultrapassaremos ou, senão, espero que logo a questão do empoderamento feminino ou de gênero ou de minorias, de raça, de classe social ou de pessoas portadoras de necessidades especiais. Temos que dar oportunidade sem julgar e sem dar oportunidade por obrigação, o empoderamento tem que ser de todos que fazem a diferença e querem mudar o jogo, querem fazer o bem. Quero ter a oportunidade de sempre aprender com o outro. Somos todos iguais e diferentes, somos todos humanos e com suas histórias.

O que você faz para transformar o mundo e deixar o seu legado?

Procuro ser um cidadão consciente dos meus atos, procuro não fazer com os outros o que não gostaria que fizessem comigo, simples atitudes diárias que geram mais importância do que deixar um legado. Espero conseguir impactar pelo menos os que estão a minha volta, e aos que acham que posso ser algum exemplo a ser seguido, espero sempre estar no caminho certo.

O que mais você admira em outra pessoa?

Admiro a Verdade, admiro quando a pessoa tem verdade no seu propósito, que tem clara a sua vontade, seu desejo, no profissional e no pessoal, quando há de verdade uma entrega. Pessoas admiráveis são as que transpiram verdade.

Qual o seu propósito de vida?

Meu propósito sempre foi fazer, ser útil, conquistar, entregar, ser reconhecido, mas ao longo dos anos e amadurecendo, sabendo que minha jornada está só começando, identifiquei que espero poder contribuir, de verdade, ser uma pessoa com boas atitudes, fazendo o bom, prospectando o bem, criando relações mais que profissionais.

Outro propósito que tenho é de "Formação e Oportunidade", ajudar a evolução dos nossos colaboradores e criar em conjunto projetos transformadores para que sempre possamos ser pessoas melhores para a sociedade. Já temos um projeto realizado chamado de "Vídeo-Arte" que junta captação de histórias de vida, exposição dessas histórias e *workshops* de audiovisual, tudo de graça, o último realizado foi na Cidade das Artes, no Rio de Janeiro, que teve mais de 400 depoimentos e 50 alunos.

Qual a sua definição de sucesso?

Viver e não sobreviver, estar no agora e não no futuro, adquirir bagagem de experiências e não de materiais, encontrar seus valores e buscar sua felicidade.

Que a inquietude seja sempre para o bem, esse é o sucesso.

Do que você tem saudades na sua infância?

Tenho saudades dos momentos felizes em família, meus pais conseguindo realizar suas vontades, e agradando os filhos. Saudade de quando meus avós vinham de longe nos visitar uma vez ao ano. Saudade apertada do meu pai que se foi recentemente, aos 80 anos, no dia 15/02/18.

Qual mensagem você gostaria de deixar para a sua família?

Que demorei para entender que família é mais importante do que tudo, que agradeço por ter nascido, agradeço por cada grão de comida, roupa, teto e tudo que recebi, agradeço ainda mais pelo amor e carinho. Agradeço por batalharem e me transformarem em um homem digno e que busca ser verdadeiro. Agradeço a minha mãe, Edite Maria Spiess Stauffer, por sua garra e resistência, agradeço a meu irmão Gabriel Stauffer pela sua paciência, e agradeço a meu pai, Adolfo Stauffer, a quem dedico minha participação neste livro, a ele que me mostrou o quanto é bom ser do bem e fazer o bem, ser querido e útil. Obrigado, meu pai, por cada segundo que pude estar ao seu lado, pelos momentos que vivemos, brindamos e rimos juntos. Sempre será minha inspiração. Te amo.

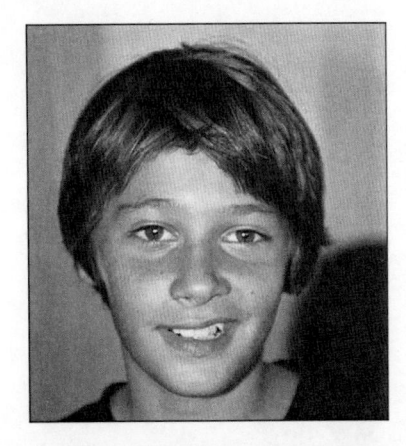

Thiago Spiess Stauffer

Família

SEGREDOS DO SUCESSO V

Da teoria ao topo: histórias de executivos da ALTA GESTÃO

42

Nome: **Umberto Tedeschi**	
Empresa: Abile Consulting Group	
Função: CEO	

Como e onde você iniciou a sua trajetória profissional?

Iniciei minha trajetória profissional em 1975, aos 15 anos de idade, na I.R.F. Matarazzo S/A, importante grupo econômico brasileiro, com atuação em diversos segmentos de mercado, incluindo a indústria alimentícia, a têxtil, a de papel e celulose, a química, a metalúrgica e a de sabão entre outras.

Filho dos imigrantes italianos Vincenzina Battaglia Tedeschi e Fortunato Tedeschi (tambéem funcionário doa Grupo), que chegaram ao Brasil

17 dias antes de meu nascimento. Desde cedo aprendi e adotei para mim o lema do grupo, que era: "Fides, Honor, Labor" (Fé, Honra, Trabalho).

Lá atuei na subsidiária de Comércio Exterior como auxiliar de serviço contínuo, na Indústria de papel e papelão como auxiliar de departamento pessoal e na Indústria Têxtil, já na área contábil, como assistente de custo padrão.

Jovem sonhador e ambicioso, trabalhei em dois escritórios de contabilidade antes de ser admitido como Técnico de Ferramentaria na Volkswagen do Brasil S/A em 1979, onde atuei até 1981 na área de Planejamento e Controle de Produção, valendo-me de minha formação técnica em mecânica concluída em 1974 no Instituto Dom Bosco na Capital de São Paulo.

No mesmo ano de 1981 voltei a atuar na área contábil, desempenhando atividades fiscais e contábeis, desempenhando funções de planejamento e controladoria. Em 1988 ingressei na Diversey Brasil como supervisor de planejamento, galgando os postos de gerente de fábrica e diretor industrial até ser expatriado para o Chile em 1993 na posição de gerente geral.

Com a venda da Diversey Corporation para a Unilever me tornei um dos sete gerentes gerais de todo o grupo que foram mantidos e alçados para a posição de diretor geral na nova companhia DiverseyLever.

Regressei ao Brasil em 1998, repatriado pela Unilever para finalizar o processo de fusão e lá permaneci até 1999, quando decidi sair e fundar a Abile Consulting Group, que em julho de 2019 completa 20 anos de existência.

Quais os principais desafios e resultados que você vivenciou ao longo da sua carreira?

Lidar com pessoas sempre foi e é um grande desafio, porque processos e sistemas têm uma lógica e as pessoas nem sempre possuem. Não importa em que posição você está em uma organização, sempre haverá pessoas à sua volta e assim a necessidade de entender o momento, a intenção e a direção de cada indivíduo que o rodeia.

Em cargos de comando, entender estas dimensões nas pessoas

de sua equipe (momento, intenção e direção) é vital para o desenvolvimento da organização, e foi assim que em 1988, quando assumi minha primeira posição de gerência, na Diversey do Brasil, que pude experimentar o sucesso através da motivação de minha equipe.

Adotei minha ideia de pirâmide (organograma) invertida, onde ao invés de estar no topo eu passei a estar na última posição organizacional, e assim apoiar e motivar toda minha equipe (que chegou a ter mais de 100 pessoas).

Recordo-me que os inventários de materiais que tomavam mais de cinco dias para serem realizados (parando assim fabricação e vendas) passaram a ser feitos em um dia e meio. A equipe motivada, todos envolvidos e comprometidos, e eu, o gerente da área, levando lanche e água para os funcionários na frente de contagem (para não perder foco). No principio minha equipe demorou um pouco para assimilar a mensagem, mas quando entenderam, o time foi transformado e se tornou imbatível, pois ao invés de criticar companheiros de baixa performance passaram a apoiá-los e carregá-los ao topo, já que, claro restou, que cada um tem sua responsabilidade e seu momento, e assim, em seu momento, ele é o mais importante na organização. Quando todos se sentem importantes os resultados vêm, e foi então que comecei a entender a importância de valorizar as pessoas. O sucesso foi questão de tempo.

Quem da sua história de vida inspirou/motivou a sua carreira?

Tive muitos ídolos: Francesco Matarazzo, Peter Drucker, Bill Gates, Steve Jobs, Kurt Kremel e Oswaldo Motta (dois de meus ex-chefes), mas foi meu pai que me inspirou, por sua determinação, resiliência, persistência, perseverança e forma cognitiva para enfrentar seus desafios na vida.

Muitas vezes são as coisas mais simples que nos trazem vantagens competitivas e é necessário estar atento não só ao resultado, mas principalmente como ele foi obtido. Meu pai sempre soube de suas limitações, e apesar de ser por vezes orgulhoso, tinha a humildade para reconhecer que precisava fazer as coisas de forma diferente, assim, desenhava os processos, as funções e os detalhes em um papel quadriculado e, transformando temas complexos em modelos simples de serem entendidos. Dessa forma, criou seu próprio método para aprender temas difíceis. Ele sempre me dizia: "Vamos comer o boi em bifes".

Alguma história na gestão de pessoas que você gostaria de compartilhar?

No ano de 1999, eu era o diretor de Negócios Institucionais da DiverseyLever Brasil, uma subsidiária da Unilever S/A. Estávamos concluindo o primeiro trimestre do ano e as vendas estavam muito abaixo do plano, todas as expectativas eram de um resultado pífio, e como minha divisão era responsável por mais de 75% do resultado da companhia, o resultado total do trimestre seria péssimo.

Meus superiores já davam como certo um resultado ruim, mesmo porque faltava menos de um mês para encerrar o trimestre. Mas eu não me dei por vencido, me reuni com toda a minha equipe e perguntei o que eu deveria fazer para que eles conseguissem vender em apenas um mês quase o dobro da média mensal do último semestre. Afinal, quem conhece o problema também conhece a solução, e quem não participa da solução continua fazendo parte do problema. Foram necessárias três reuniões para então definir uma estratégia e daí um plano para alcançar o resultado inimaginável. Teríamos que envolver muitos departamentos, divisões e diretorias, mas com a estratégia da pirâmide invertida eu assumi a responsabilidade de empurrá-los para frente.

Fui pessoalmente solicitar apoio dos vendedores, distribuidores, clientes e buscar ajuda da equipe da fábrica (porque deveríamos produzir mais), também busquei apoio do departamento de compras, até porque, para produzir mais deveríamos ter matéria prima para tanto.

Ao ter "todos" envolvidos e comprometidos com o resultado, este deixou de ser improvável e se tornou um "modelo", como sendo a maior virada de resultado durante muitos anos dentro do Grupo.

Alguma história no relacionamento com o cliente que você gostaria de destacar?

Quando fui transferido para o Chile em 1993 para assumir a Gerencial Geral da subsidiária da Diversey naquele país, meu maior desafio foi dar continuidade ao trabalho do meu antecessor em relação à área comercial (os resultados eram excepcionais), já que minha experiência ainda se limitava à área logística e industrial. Naquele primeiro ano, os clientes tentaram se aproveitar da minha pouca experiência comercial e me colocaram em situações delicadas.

Em uma ocasião, saindo de uma reunião na fábrica da Pepsi-Cola em Santiago, o gerente da fábrica da Coca-Cola me chamou para uma reunião de emergência. Assim que lá cheguei, ele me recebeu de forma muito solícita e me tratando muitíssimo bem me perguntou: quais eram as novidades na fábrica da Pepsi-Cola. Ao que imediatamente eu disse não saber de nada, para o que ele me respondeu: "Se a Diversey já é parceira, será ainda mais se compartilhar o que viu". Sem saber como reagir, tive que recorrer a meus princípios e valores pessoais, e assim respondi: "Se eu te contar qualquer coisa do que vi você vai deixar de confiar em mim, porque ninguém lhe garantirá que eu tambem não vou contar para a Pepsi-Cola o que vi na tua fábrica". O resultado foi que a confiança dele aumentou e passamos a vender mais nos dois grupos com participação expressiva nos cinco anos em que estive à frente da empresa. Definitivamente naquele momento aprendi que muitas respostas não estão nos livros, mas sim dentro de nós mesmos, em nossos princípios e valores pessoais.

Quais dicas você daria para aqueles que estão iniciando a carreira profissional?

Nunca desistam de seus sonhos, dividam seu objetivo em etapas e tracem o caminho para o topo, haverá muitas dificuldades e pedras no caminho que deverão ser contornadas. Ao olhar o topo de uma montanha desde sua base, pode parecer difícil ou até impossível chegar lá, mas com planejamento, foco e persistência se alcançará o objetivo.

Ao recrutar um profissional, quais características comportamentais você considera fundamentais?

O perfil pessoal do candidato, princípios, caráter e valores, a garra e a determinação são fundamentais. Em minha opinião a inteligência emocional é mais importante que o quociente de inteligência do profissional, porque ao longo da carreira profissional haverá a necessidade de lidar com derrotas e frustrações, saber lidar com elas é fundamental. A formação acadêmica é importante apenas para distinguir quem já foi selecionado nos quesitos anteriores. O importante não é saber tudo e sim o que se faz com o que se sabe.

Qual legado profissional e pessoal você gostaria de deixar para a sociedade?

Os valores éticos são fundamentais para ter sucesso profissional, assim como a determinação e a resiliência. Desde criança eu sempre fui muito comparado e sempre me disseram que havia um único ganhador e um único prêmio. A vida me ensinou que ter sucesso não é chegar em primeiro na busca por um mesmo prêmio, poderão existir tantos prêmios quanto competidores. Sucesso é a capacidade de visualizar e alcançar tudo o que você pode ser, independentemente dos outros.

Como você define o papel da liderança?

Liderança nas organizações é um papel a ser desenvolvido por aqueles que conseguem ver formas diferentes de conquistar objetivos comuns através das pessoas, pelas pessoas e para as pessoas. Liderança servidora é a que sempre pratiquei e que melhor resultado traz para pessoas e organizações.

O que você faz para se manter motivado?

Não é uma tarefa fácil, mas olhar para baixo, olhar para as pessoas menos favorecidas, me faz reconhecer que estou melhor que muitos e me motiva para alcançar objetivos maiores nutrindo tambem o desejo de ajudar os necessitados.

Qual a importância da inovação nas organizações?

As organizações que não inovarem e escreverem seu futuro terão que aceitar o futuro do jeito que este vier.

Do que você tem saudades?
Da vitalidade dos meus 30 anos.

Do que você tem orgulho?
Tenho orgulho do legado que deixo para meus filhos, exemplo de determinação, perseverança, ética, consideração e gratidão a todos que me ajudaram (e olha que não foram poucos).

Qual o significado da palavra felicidade?
Felicidade é continuar desejando aquilo que você já tem. Fazer tudo com amor, olhar para trás e sorrir.

Qual a sua citação favorita e por quê?
"Never give up" – Esta frase definitivamente representa meu espírito. Nunca desista! Aprendi esta citação desde cedo com meu pai, que sempre me incentivou a nunca desistir dos meus sonhos e a ouvi novamente, muitos anos depois, do vice-presidente da Diversey Corporation, David Hull. Esta citação é meu lema de vida e há muito tempo deixou de ser apenas uma citação para ser um estado de espírito. Não pode e não deve ser confundido com teimosia, mas sim na mais pura definição de persistência e perseverança.

Quais são seus hobbies preferidos?
Sou cinéfilo, gosto de uma boa música e de viajar.

Qual sonho você gostaria de realizar?
Criação de uma fundação de apoio a idosos.

O que você aprendeu com a vida que gostaria de deixar registrado nesta obra?
A vida é uma viagem, então por que não a fazer em primeira

classe? Primeira classe não é ter tudo do bom e do melhor, mas o bom e o melhor de tudo.

Qual mensagem de motivação você gostaria de deixar para os leitores deste livro?

Não é a força que você tem que determina o seu sucesso e sim a capacidade que você desenvolve de absorver golpes. Ter um sonho e a determinação para alcançá-lo. Você não vai ganhar sempre, mas quando perder tem que ter a certeza que você fez o seu melhor e assim continue tentando e tentando. *Never give-up* (nunca desista).

Com base no que você vivenciou, ao longo de sua vida corporativa, qual o segredo do sucesso para ir da teoria ao topo?

Ética, Determinação e Perseverança, Foco e Fé, respeitando as leis e as instituições, com senso de propriedade, sentido de urgência e obstinação pela excelência. *Never give up!*

Umberto Tedeschi

Família

SEGREDOS DO SUCESSO V

Da teoria ao topo: histórias de executivos da ALTA GESTÃO

43

Nome: **Yves Moyen**	
Empresa: Icircle – The Innovation Circle	
Função: Sócio-Diretor e Professor – FIAP	

Como e onde você iniciou a sua trajetória profissional?

Como estagiário em empresa de projetos de Engenharia Civil|Mecânica em Belo Horizonte. Foi uma experiência que me marcou pela lição de liderança – lembro-me que, ao compartilhar meu avanço nos cálculos para dimensionar a torre de esticamento de um teleférico, meu "chefe" me perguntou, após alguns segundos de silêncio: "E o vento?". Ele sabia que eu não tinha ainda considerado a força do vento nos cálculos – mas foi elegante e cirúrgico no *feedback*. Fez-

-me pensar, me estimulou a melhorar. O meu "tem razão" foi apenas burocrático pois ambos sabíamos que o recado estava dado.

Meu primeiro líder era competente, humilde e generoso – qualidades que desde cedo me pareceram centrais para o exercício da boa liderança. Mas ele era também pouco ambicioso, talvez acomodado, vítima de um certo determinismo, de que sua carreira estava selada como calculista de estruturas. Todo dia era o mesmo dia, de novo. E isto me incomodou – não esqueço o momento quando decidi não seguir os caminhos do meu primeiro mestre.

Quais os principais desafios e resultados que você vivenciou ao longo da sua carreira?

Foram muitos – mas vou destacar um desafio de superação que mais me estimulou a buscar o melhor de mim. Lembro-me que recebi o *feedback* de que eu era um consultor generalista (em inglês, *Jack of all trades*) e pouco criativo, e fui aconselhado por um sócio a mudar de profissão – foi a primeira vez que havia ouvido aquilo e justamente quando estava sendo considerado para minha segunda promoção na empresa. Foi o momento mais difícil da minha carreira. Refleti, discordei e concluí que fui vítima de mim mesmo. Nos dois anos anteriores tinha sido o "bom soldado" e o "bombeiro" de plantão para projetos problemáticos e clientes insatisfeitos – "chama o Yves que ele resolve o pepino". E resolvia – mas paguei o preço por atuar em vários setores/indústrias e não me aprofundar em nenhum – daí o "generalista". Alguns dos meus líderes de projeto entenderam que eu aceitava suas ideias sem questionar – na minha avaliação, estava obedecendo ordens. Eu sabia que era criativo – mas, de novo, exagerei no respeito à hierarquia. Foi meu momento "aha". Deste dia em diante, passei a ser ativista do pensamento lateral, e a questionar qualquer um, sempre que julgava necessário provocar o bom debate. A partir daí, minha carreira acelerou-se significativamente – e provei que acreditar e investir em mim era um ótimo negócio!

Cite alguns líderes que, em sua opinião, são inspiradores.

Curioso, os líderes que mais me inspiraram não foram empresariais. No esporte, Airton Senna, pela sua paixão incondicional por correr, pela perseverança e pela coragem em cruzar a linha do "normal" para alcançar suas metas. Roger Federer, por fazer o melhor com o seu talento, sem desperdícios, com disciplina, com humildade, com respeito aos adversários, ao esporte, à sua profissão.

Na ciência da administração, a liderança intelectual de Herbert Simon e Henry Mintzberg me inspirou profundamente – o primeiro, pai da inteligência artificial, por expandir a discussão de como pessoas tomam decisões, e pôr abaixo o paradigma do *Homo Economicus*; e o segundo, por sua intrigante curiosidade intelectual na busca de caminhos para organizações tornarem-se sustentáveis e competitivas – uma mente brilhante, inquisitiva, inquieta.

Do que você tem orgulho?

De onde vim, da história de meus pais, imigrantes e batalhadores – foi nela que foram forjados meus valores e minha espinha dorsal.

De minha família – fui privilegiado em ter Corina, Thaís, Sophia e Helena ao meu lado –, minha fonte de inspiração, de energia, meu porto seguro.

De minha modesta contribuição para o crescimento, competitividade e cidadania corporativa das empresas em que trabalhei; e para a lateralidade do pensamento administrativo.

Do impacto positivo na vida das pessoas que enxergaram valor em minhas ideias, palavras e ações.

Quais dicas você daria para aqueles que estão iniciando a carreira profissional?

São muitas, e em retrospectiva, me ajudaram ao longo da carreira (e nem tanto quando não soube usá-las!). Seguem minhas dez dicas!

- **Aprenda sempre – em qualquer situação.** Tenha curiosidade intelectual. Esteja sempre aberto a ter experiências que tragam aprendizado novo. O conhecimento liberta. Às vezes, você estará em uma empresa ou trabalho que não "conversam" com sua visão de mundo. *It's ok – enjoy the ride*, e parta para outra, com o aprendizado que teve. Você precisa experimentar o que não gosta para reconhecer o melhor sabor.

- **Mão na massa, pau para toda obra.** Aprendizado só vem com "ralação". Não se furte de sujar as mãos de graxa. Vá fundo na execução e entenda como fazer as coisas – principalmente quando não possuir conhecimento. Seja um profissional acessível, disposto a resolver problemas. Não rejeite trabalho duro – se alguém lhe deu a missão é porque confia ou quer testá-lo. Não o desaponte.

- **Ouça, ouça e ouça** – você não aprende falando. Seja humilde, não deixe de opinar, mas encontre o momento para se expressar.

- **Pense, questione, investigue e comunique-se** – pense sistemicamente, enxergue as conexões não óbvias. Traga uma nova perspectiva – mas baseie-se em fatos e análises que fiquem "de pé". Seja sólido nos argumentos, e para isso, aporte conhecimento que os outros não detêm. Invista em sua comunicação verbal e escrita – seja assertivo e impactante nas mensagens.

- **Busque a "milha extra"** – não seja medíocre. Busque o melhor e assim não chegará no pior. Prometa menos e entregue mais.

- **Esteja sempre um passo à frente** – especialmente do seu líder. Antecipe as jogadas, o próximo passo – e prepare-se para fazê-lo. Prefira pedir perdão do que permissão.

- **Seja resiliente, paciente, e vire-se** – não desista no primeiro "não" que ouvir, use-o como combustível para continuar em busca do "sim". Não espere que as coisas caiam no colo ou os problemas se resolvam sozinhos. Não reclame (você não quer a pecha de "reclamão", acredite), aja, busque recursos não óbvios para resolver. Seja paciente, às vezes, o seu momento pode demorar – continue investindo em você.

- **Seja corajoso, meio maluco** – tenha coragem para enfrentar obstáculos, barreiras para seu avanço profissional. E também o discernimento para deixar de lado as batalhas que não lhe dizem respeito. Um mundo maluco necessita de líderes esquizofrênicos – flerte com a borda do caos pois é nela que se encontram as grandes tacadas. Se trabalha em uma grande empresa, avalie se você possui perfil "intra-empreendedor" e se há espaço para empreender sem deixar a empresa.

■ **Colabore, ajude, dê crédito, navegue bem a organização** – seja confiável, ganhe a credibilidade com trabalho de qualidade e consistente. Ajude colegas e "não colegas" a terem sucesso. Seja generoso. Invista na construção de relacionamentos 360° e ganhe visibilidade – sua "marca" terá valor percebido. Qual é a marca que você quer para você?

■ **Não queime suas pontes** – seja generoso, reconheça e não esqueça de quem o ajudou. Não há nada mais nocivo para a carreira profissional do que ser visto como ingrato, egoísta, e incapaz de reconhecer quem lhe estendeu a mão.

Alguma história no relacionamento com o cliente que você gostaria de destacar?

O primeiro cliente a gente nunca esquece. Como *trainee* da área de crédito de um grande banco comercial, senti o drama do empresário endividado, com seu negócio familiar à beira da insolvência – ao visitá-lo, conheci seu lar e sua família, e percebi meu papel (e do banco) no tabuleiro, e o significado do capital na longevidade dos negócios. Aquilo me tocou profundamente – a debilidade, o medo, o legado de uma família empreendedora em jogo. Não consegui salvar aquele empresário mas a lição que tirei desta experiência criou a fundação do meu "jeito" de me relacionar com clientes que viriam em minha vida de consultor empresarial – ouvir, e muito; respeitar o cliente, sua história, suas conquistas, seu momento; argumentar com fatos e análises fundamentadas; ter coragem para dar as más notícias, sem rodeios, com transparência.

Virei a casaca completamente, e terminei meu programa de trainee no banco, contando os dias, já sabendo que nunca mais iria ser o ceifador de sonhos de ninguém. Clichê? Pode ser. Sem perceber, o idealismo e uma visão de mundo começavam a ter mais formas e cores em minha mente, em minha alma. Os valores e crenças tão fortemente cultivados em casa começavam a convergir agora no trabalho, cristalizando uma perspectiva de mundo.

Qual é a sua citação favorita e por quê?

"Nunca desista daquilo que você realmente quer fazer. A pessoa com os maiores sonhos é mais poderosa do que aquela com todos os fatos" – Albert Einstein

Gosto desta citação porque ela reúne a energia para quebrar a inércia de momentos da verdade em nossas vidas – o momento que passamos a acreditar em nós, em nosso potencial. O momento em que deixamos os medos e frustrações dos outros como nossos companheiros de jornada. O momento em que saímos de um limbo existencial e partimos para buscar o que é nosso, e no caminho movemos o mundo.

Com base no que você vivenciou, ao longo de sua vida corporativa, qual o segredo do sucesso para ir da teoria ao topo?

Acredito que a definição do sucesso é individual, relativa, e portanto os "segredos" também precisam ser relativizados. No fim, o sucesso traz o sabor das conquistas, do reconhecimento, do respeito – mas estes sabores diluem-se com o tempo, e o que fica necessita ser ressignificado. É o sentimento de ter combatido o bom combate, de ter caído e levantado, de ter ajudado outros em suas vidas e carreiras, de ter enfrentado e superado desafios, de ter tomado decisões duras e vivido as consequências – ou seja, o caminho ao topo passa a ter muito mais significado do que ele próprio.

Para mim, o topo era sempre o próximo desafio, o próximo degrau – e, sempre que me via acomodado, eis que aparecia aquela voz... "tá na hora!".

O meu segredo para uma trajetória de crescimento? Vou dividir a resposta em duas: a primeira descreve o lado mais visível e aspiracional. A segunda descreve o lado, digamos assim, mais pragmático e menos visível do jogo corporativo.

(1) *O lado mais aspiracional:* Uma **inquietação** quase obsessiva por evoluir, adquirir e compartilhar conhecimentos. Um profundo **respeito** pelas pessoas, independentemente de crachás e origem, e uma preocupação genuína pelo seu crescimento profissional. Uma disposição para **fazer bem feito**, de dar o melhor – mesmo que o meu melhor não fosse o bastante. **Cerque-se de excelentes profissionais** – como se diz em Minas, "é junto dos bão que a gente fica mió". Uma **perseverança e resistência** às pancadas – é preciso força para continuar onde o normal é desistir. Uma "**barra alta**" para mim e para meus times – padrões de qualidade inegociáveis. Ninguém cresce no equilíbrio homeostático. Um alto grau de **empatia** – ninguém vai a lugar nenhum sozinho – e me colocar nos sapatos dos outros sempre foi uma decisão sábia. Uma boa dose de **autoconhecimento** – é preciso se conhecer, virtudes e fraquezas, para posicionar-se, para enfrentar os desafios, para saber a hora de avançar e de recuar. Um compromisso, um **pacto entre a vida profissional e pessoal** – você é um todo, tudo está conectado, e sua ascensão profissional não deve vir em detrimento de sua vida pessoal, de sua família, de sua saúde, de seu tecido social. Esta simbiose e esta cumplicidade são a chave de sua energia vital para ganhar o jogo – em qualquer campo da vida.

(2) O lado mais pragmático: Henry Mintzberg já dizia que as "organizações semeiam sua autodestruição todos os dias" – o que vem a seguir ilustra bem esta citação. **A agenda do chefe** – entenda onde e como você pode ajudar seus líderes a terem sucesso. E ajude, mesmo que não seja o que você gostaria de fazer. Olhe onde pisa – tenha um olhar atento ao navegar a organização, e cuidado para não incomodar quem pode/quer prejudicá-lo. Não compre brigas onde você não tem como brigar/se defender. A maior parte das pessoas possuem *fixed mindset*[1] – ou seja, temem o fracasso, resistem a mudanças e entendem que seu potencial é determinado, inato. As chances de seu "chefe" ser assim também é alta – então, encontre o caminho para neutralizar/minimizar os danos, sem abrir mão de seu *growth mindset*[1]. Toda organização possui **reservas acumuladas de capital social** – são anos de relacionamentos cruzados que geram a tal "politicagem", as "vacas sagradas", conchavos e acordos tácitos entre pessoas, visando preservar poder, influência e status quo. Entenda onde estão e saiba lidar com estes grupos – eles podem atrasar (ou não) seu avanço de carreira. **Patetas na liderança** – sim, eles existem e são ainda maioria. São colocados lá pois obedecem ordens sem questionar, são maleáveis no trato, são bons soldados – não tomam riscos, não querem que você "invente", otimizam seu bônus anual, em detrimento da saúde do negócio e das pessoas. Você tem que sobreviver – respire fundo, faça bem o seu trabalho – se não aguentar e não enxergar perspectivas de mudança, peça demissão!

Confesso que meu lado idealista quase sempre prevaleceu nas decisões, muitas vezes ingênuas, de carreira. Com o tempo, as cicatrizes de batalha foram se avolumando, e consegui visualizar e equilibrar melhor os lados idealista e pragmático – mas nunca fui um mestre neste jogo subterrâneo nem queria ser. Sempre foi para mim um pedágio para subir os degraus – nada mais.

Referências

Fixed e Growth Mindset: **Mentalidade Fixa** (Fixed Mindset) pressupõe que habilidades e inteligências são inatas, ou seja, não podem ser desenvolvidas. Mentalidade de Crescimento (Growth Mindset) é o entendimento de que as qualidades e habilidades das pessoas podem mudar, não há determinismo no potencial individual. Fonte: Carol Dweck, Phd, Stanford.

Henry Mintzberg, escritor, Phd MIT, autor de **Mintzberg on Management**: Inside our Strange World of Organizations (1989), entre outros.

Herbert Simon, economista, prêmio nobel de economia '78; professor Carnegie Mellon University; autor de **Adminstrative Behavior** (1947), **Models of Bounded Rationality** (1982), entre outros.

Yves Moyen

Família